생각의
속임수

이 저서는 2015년 정부(교육부)의 재원으로 한국연구재단의 지원을 받아 수행된 연구임
(NRF-2015S1A6A4A01009170)

권택영

생각의
속임수

인공지능이
따라하지 못할
인문학적 뇌

글항아리

머리말

　영문학자가 웬 뇌과학? 아마 나를 기억하는 문단이나 출판사는 '1990년대에 포스트모더니즘을 소개하고 라캉, 데리다, 푸코 등 후기 구조주의를 선보인 학자가?'라며 의심의 시선을 보낼 것 같다. 물론 라캉을 통해 프로이트를 들여오고 정신분석을 퍼뜨린 사람이니 프로이트를 아는 것쯤은 이해하겠다, 그런데 우리 문학 평론을 활발히 했던 사람, 장자의 도에 반해 수도승의 장자를 우리말로 번역한 사람이 왜 갑자기 뇌과학인가?

　이 책을 쓸 때 가장 자주 들었던 음악은 영화 「미션」에 나오는 '가브리엘의 오보에'였다. 그 전에는 「오페라의 유령」에 나오는 노래를 듣고 또 들었는데 가브리엘에 한번 꽂히면 한동안 또 그것만 듣는다. 그리스 신화에 나오는 예술의 신, 오르페우스의 리라처럼 오보에는 듣는 사람을 숭고한 영역으로 이끈다. 끊어질 듯 이어지는 섬세한 고음은 다른 악기보다 듣는 이의 영혼을 더 높은 곳으로 이끌어가는 것 같다. 마음의 승화란 바로 이렇게 여리고 고와서 부서질 듯하지만 문명은 이 고귀함이 없었더라면 훨씬 더 파괴적이었을 것이다. 오보에와 바이올린을 사랑한 원주민, 그리고 그들을 학살하는 포르투갈 군대, 이들로부터 가브리엘이 지키려 했던 선교의 보금자리는 감각과 의식이 조화를 이룬 마음의 균형이 아니었을까.

'이제 프로이트가 정신분석에서 심리학으로 귀환하는구나.' 2001년 럿거스대학에서 열린 '정신분석과 사회' 학회에서 알았던 사실이다. 라캉과 도 사상에 심취해 있던 내게 대강당에서 들은 프로이트 학자의 기조 강연은 하나의 방향 전환을 의미했다. 애초부터 프로이트는 뇌과학자였고 심리학은 뇌과학이라는 것이었다. 이후 긴 세월, 나는 영어로 논문을 썼고 국제 저널(A&HCI)에 투고했다. 실패를 거듭하며 거의 포기할 지경에 『뉴 리터러리 히스토리』라는 저널에 게재가 결정됐다. 이때 주제가 프로이트의 기억의 방식에 관한 것이었다. 그 이후 프로이트가 만든 『아메리칸 이마고American Imago』에 실린 논문이나 2017년 미국에서 출간한 저서 역시 프로이트와 제임스 심리학이 주장하는 기억의 원리를 문학과 융합한 것이다. 처음 10년은 작품과 포스트모던 이론, 그다음 15년은 우리 문학 평론, 뒤이은 15년은 심리학(뇌과학), 현상학, 문학으로 나의 행로가 이어졌다.

이상한 점은 바로 우리 머릿속에서 일어나는 일들을 다루는 데 있어 사람들이 어려워한다는 사실이다. 쉽게 들키면 의식의 속임수가 아니다. 얼마나 오랜 세월 다져온 텃밭인가. 속임수는 보이지 않기에 어렵고, 보여도 어렵다. 아래에 이 책의 전체 요약을 덧붙여 읽는 이에게 도움이 되기를 바래본다.

제 글이 빛을 보도록 도와주신 연구재단, 강성민 대표님과 이은혜 편집장님 외 글항아리 여러분에게 깊은 감사를 드린다.

인간이 동물과 다른 점은 과거를 회상하는 능력에 있다. 회상은 의식의 진화에 의해 나타나는데 이 자의식은 경험을 무한히 수용하기 위해 저장을 뇌의 다른 부분, 즉 '기억의 흔적'에 넘긴다. '의식'은 시간을 따르고 '흔적'은 시간을 따르지 않는다. 생각의 속임수는 뇌의 이와 같은 "일원적 이중 장치"에 의해 나타난다. 이 책은 이런 이중 장치가 고독, 착각, 후회, 집착, 공감, 그리고 알면서 하지 않거나 모르면서 하는 뇌의 특성으로 나타나는 것을 일관성 있게 밝힌다. 이것이 상상력이고 문화와 예술을 창조한 동력이었다. 그리고 이 허구성은 효율성을 중시하는 인공지능이 결코 흉내 내지 못하는 뇌의 고유한 인문학적 기능이다.

의식과 감각(혹은 흔적)의 이중 장치는 서로 견제하면서 자리다툼을 벌이기 때문에 균형을 잃기 쉽다. 그리고 균형이 깨질 때 여러 정신질환이나 사회 병리가 나타난다. 감각과 의식이 균형을 취하는 데는 잘 짜인 이야기narrative가 필수임을 이 책은 강조한다. 이와 같은 주제는 주로 잘 짜인 내러티브(고전 문학과 영화), 프로이트와 제임스 심리학, 그리고 최근 뇌과학을 통해 다뤄진다.

2018년 7월 서울 장미정원에서 권택영

차례

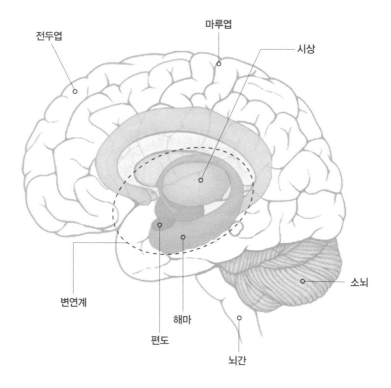

전두엽

마루엽

시상

변연계

소뇌

편도

해마

뇌간

나는 누구인가

나는 이야기 꾸미는 것을 좋아하고 이야기를 즐긴다. 비록 그럴듯한 작품을 쓰지는 못해도 작가가 되고 싶다는 바람은 접지 못한다. 나의 뇌는 작가다. 시작도 끝도 없는 단편들을 지어내며 이야기의 파편들 속에서 살아가는 우리 모두는 이야기꾼이다. 파편들은 주로 과거에 대한 그리움, 내일에 대한 기대, 그리고 오늘 할 일에 대한 염려다. 사실 그 파편들은 모두 허구다. 실제로 일어나는 일과 똑같지 않기 때문이다. 그럼에도 우리는 지치기는커녕 갈수록 더 복잡하고 모호한 이야기를 만든다. 여기엔 어리석은 물음이 뒤따른다. 삶은 무엇이고 나는 누구인가. 이것이 이야기의 제목이다.

저마다 한마디씩 답을 내놓았는데도 이것은 여전히 끝나지 않는 물음이다. 여기에 정답을 내릴 수 있는 철학자나 시인, 정치가는 여태 없었고 앞으로도 그럴 것이다. 신과 인간을 연결하는 종교인도 각자 다른 답을 할 것이고, 실험을 통해 객관성을 증명하는 과학자도 정답을 말하지 못한다. 수없이 많은 답이 가능하다는 것은 답이 없다는 뜻이다. 참 다행스런 일이다. 만일 어느 날 누군가가 정답을 내놓는다면 인류의 문명이나 역사도 지속될 수 없을 것이기 때문이다.

답이 없는 것을 알면서 왜 우리는 같은 질문을 반복할까. 지치거나 싫증 내지 않고 자발적으로 이 물음에 대한 답을 쏟아내는 나는 누구인가.

인간의 속성을 잘 파악한 그리스 신화로 거슬러 올라가보자. 제우스와 그의 아내 헤라는 신이면서도 매우 인간적이어서 남편은 바람을 피우고 아내는 그 대상을 찾아내 벌을 주곤 했다. 묘한 경쟁관계인 이 부부는 어느 날 이렇게 말문을 열었다. 남녀 가운데 성의 희열을 누가 더 느끼느냐? 참으로 신이나 왕답지 못한 질문이다. 서로 당신이 더 크게 느낀다며 실랑이를 벌이던 부부는 논리에 밝은 철학자 테이레시아스에게 묻기로 했다. 남자는 남자끼리 통하는 건지, 아니면 자기 얼굴을 상대방 여성에게서 보기 때문인지, 그는 제우스 편을 들어 여자가 더 강한 성적 희열을 느낀다고 답했다. 화가 난 헤라는 (희열을 더 느낀다는 게 왜 싫었는지 모르겠지만) 테이레시아스에게 벌을 내리는데, 진실을 잘 못 본다는 의미에서 그의 눈을 멀게 했다. 미안한 마음이 든 제우스는 대신 그에게 능력을 주었다. 진실을 볼 수 있는 예언가의 눈이다.

테이레시아스는 눈먼 예언가였다. 오직 눈이 멀어야 진실을 볼 수 있으니 "한 번 보는 것이 백 번 듣는 것보다 낫다"라는 '눈 우월주의'와는 맞지 않는다. 그래서 우리 조상들은 남녀가 사랑에 빠지면 "눈에 콩깍지가 씌었다"는 좀 쓰라린 말을 했다. 어디 사랑에 빠진 사람만 그럴까. 콩깍지는 최근 심리학자들의 용어로 바꾸자면 응시gaze다. 이것은 태어나 죽는 순간까지 벗어던질 수 없는 착각의 가리개이기에 우리는 속임수 없는 세상을 보지 못한다. 내 눈으로 보는 세상과 네 눈으로 보는 세상이 다르기 때문만은 아니다. 개는 흑백의 두 색깔로 세상을 보고 게는 그저 흐릿하게 사물의 윤곽만을 본다. "바보 같아." 거미줄에 걸린 곤충들을 보면서 나는 이렇게 말한다. 그러곤 집 밖에 걸린 거미줄을 털어낸다. 그러나 내 눈에 보이는 거미줄이 곤충들에게는 보이지 않는다는 데는 생각이 미치지 못한다. 그러므로 비교생물학자인 야코프 폰 윅스퀼이 암시하듯이 내가 보는 세상은 오직 인간의 눈으로 보는 세상일 뿐이다.[1] 내 눈 역시 곤충처럼 못 보는 것이 있고, 착각한다. 백문이 불여일견百聞 不如一見이란 보는 것이 정확하다는 뜻이 아니라 눈의 속임수가 저항하기 힘들 정도로 강하다는 의미다. 그래서 '응시'는 강렬한 심리학적, 철학적 용어다.

스핑크스의 수수께끼를 푼 오이디푸스도 자신의 응시 때문에 테이레시아스의 예언을 믿지 않았다. 그리스의 극작가 소포클레스의 『오이디푸스 왕』에서 왕은 테베에 닥친 재난의 원인이 아버지를 죽이고 어머니와 결혼한 아들의 죄 때문이라는 신탁을 듣고는 테이레시아스에게 묻는다. 누가 죄인이고 어디에서 그를 찾아낼 것인가. 망설이던 예언가는 마지못해 입을 열었다.

테이레시아스: 당신이 찾고 있는 살인자는 바로 당신이라고 선언합니다(362행).

오이디푸스: 이것들은 크레온이 생각해낸 것인가, 아니면 당신의 생각인가?(378행)[2]

그는 왕비의 동생인 크레온 삼촌이 왕이 되려고 테이레시아스와 공모해 자신을 죄인으로 몰아붙인다고 착각하며 화를 낸다. 왕뿐 아니라 그 자리에 있던 누구도 예언자의 말을 믿지 않았다. 사실 오이디푸스의 오판이 없었다면 아리스토텔레스가 격찬한 소포클레스의 비극은 시작되지도 못했을 것이다. 착각은 비극의 원형으로, 수많은 담론을 자아낸 역사의 기점이었다. 역사는 진실을 믿지 않는 데서 시작되고 지속된다. 누가 카산드라의 예언을 믿었던가. 지혜의 신 아폴론의 구애를 거절한 벌로 카산드라의 예언은 진실이지만 아무도 믿지 않게 된다.

진실을 부정하는 어떤 성향이 내 안에 있는 것은 아닐까. 그리고 그것이 나는 누구인가에 대한 대답을 끊임없이 내놓게 만드는 것은 아닐까. 오이디푸스는 착각하고 화를 내면서 진실을 추구하기 시작했다. 자신이 바로 그 죄인임을 알아내는 순간까지. 아니 테이레시아스의 말이 진실이라는 것을 깨달을 때까지.

사랑에 빠졌을 때
나는 내가 누구인지 안다

나에게는 세 가지 판단의 자유가 있다. 젊은 시절부터 우리는 "나는 생각한다. 고로 존재한다"는 말을 진리라고 들었다. 그 말을 누가 했는지도 열심히 외웠다. 데카르트. 그런데 나이 들수록 그 말이 진리가 아니라고 반박하는 철학자들과 만나게 된다. 그가 무덤에서 끌려나와 얻어맞을 때마다 한 명의 독창적인 사상가가 태어난다. 데카르트는 자신이 한 유명한 말 때문에 수도 없이 무덤을 들락거린 철학자다. 그런데 '카르티지언 코기토Cartesian Cogito'(데카르트적 이성)라는 말은 맞지 않다. 오이디푸스는 생각하지 않는 곳에서 존재했기 때문이다. 나는 생각하지 않는 곳에 존재한다. 오히려 거꾸로 속임수와 착각이 생각이란 것을 만들어내지 않는가. 마치 오이디푸스가 예언가의 말을 오해하는 데서 이야기가 배태되듯이 사랑과 역사도 오인에서 비롯된다.

나는 생각하지 않는 곳에 존재한다는, 괴변처럼 들리는 이 말에서 잠깐 멈춰보자. 내가 존재하는 '생각하지 않는 곳'이란 어디인가. 데카르트 이후 독일 철학자들은 어디에서 생각했을까. 태어나 자신의 고향을 한 번도 떠난 적이 없고, 긴 강사생활을 거쳐 마흔여섯 살에 교수가 된 조용한 철학자. 평생 독신으로 살았으며 아침에 차 한잔 마시고 글을 쓰며 강의한 뒤 오후에는 산보를 하고 저녁만큼은 푸짐하게 차려 천천히 즐겨 먹었다고 알려진 사람. 그리고 도덕적 실천을 강제할 수 있다고 믿어 비판받았으나 1790년에 내놓은 마지막 저술인 『판단력 비판』에서 사색의 결실을 맺은 철학자 칸트(1724~1804). 그는 가장 공정한 판단이 예술작품을 경험하고 얻는 경우라고 말했다.

나는 세 가지 자유를 누릴 수 있다. 첫째, 내 입맛에 따라 먹을 것을 선택할 자유가 있다. 소가 풀을 먹고 사자는 고기만 먹듯이 인간은 풀과 고기를 다 먹을 자유가 있다. 소가 고기를 안 먹는다고 벌을 받지 않듯이, 나에게 식성에 맞는 것the Agreeable을 먹을 권리는 아무도 강제할 수 없는 고유한 자유다. 나와 동물이 평등하게 미각을 주장하기에, 나는 이성적이기 전에 동물로서, 그리고 '감각'으로서 존재한다.

그런데 나는 동물이지만 여느 동물들과 똑같지는 않다. 그들에게는 내가 누리는 넘치는 문화와 언어가 없지 않은가. 나는 가족과 사회 속에서 타인과 소통하고 문화를 누리며 산다. 동물과 같은 감각의 자유 외에 사물을 판단, 창조하고 사랑하면서 어울려 살아간다. 그러므로 나의 자유만큼 너의 자유도 인정해야 한다. 주관과 보편성이 어우러진 그곳을 칸트는 '미의 영역The Beautiful'이라 부른다. 미는 예술이다. 나는 보통 이익을 목적으로 영화를 감상하지 않는다. 즐거움이나 마음의 정화를 위해 본다. 예술작품을 경험할 때 우리는 즐거움을 느끼면서 강요받지 않는 판단을 내린다. 소설을 읽을 때 주인공의 기쁨과 슬픔에 공감하면서도 그와 거리를 두고 판단하는 나만의 자유가 있다. 이것이 두 번째 자유다. 이야기는 감성에 호소하면서 동시에 판단을 내리게 한다. 동물적 감각과 인간만이 지닌 이성적 판단이 동시에 이뤄지기에 미적 판단은 자발적이다. 내 경험이기에 주관적이지만 예술의 형식을 통한 것이기에 사심에 머물지 않고 공감으로 나아간다. 이익을 앞세우지 않고 순수한 즐거움을 위해 작품을 감상하므로 판단의 속임수가 낮아진다. 오직 예술의 형식이라는 구속만 있을 뿐이다.

이제 내 자유를 좀더 제한해보자. 마땅히 지켜야 할 도덕, 규칙, 원리를 담은 개념concept의 영역이다. 남의 주장이나 견해를 듣고 판단을 내리는 경우다. 학문의 개념, 정치가의 연설, 올바로 살아야 한다는 도덕적 주장은 이성적 판단이 개입되는 상위 영역이다. 동물적 감각이 배제된 순수 개념으로 이뤄진 이 영역을 칸트는 '선The Good'이라 불렀다. 공익이나 논리적 담론은 공적임을 주장하기에 오히려 사적 이익이 개입될 수 있다. 갓난아기를 엄마 품 안에서 떼어놓을 수 없듯이 언어와 판단은 내 경험과 이익에서 떼어놓을 수 없다. 그러므로 내 이익이 공공의 이익에 스며들며, 시대와 장소에 따라 개념은 달라진다.* 이것이 세 번째 자유다.

동물적 감각은 말로 표현할 수 없는 경험의 영역이기에 언어로 표현되는 순수 개념보다 오히려 더 정확하다. 선은 언어로 객관성을 주장하지만 속임수가 깃들고 개인의 이익을 사회적 정의로 포장할 수 있기에 허위일 가능성이 있다. 이에 반해 예술은 사적인 정의이면서 보편성을 지닌다. 칸트는 미적 판단을 주관적 객관성이라 부르고, 객관성을 주장하는 선보다 더 투명하다고 말했다. 이제 칸트의 세 가지 자유 (판단) 가운데 두 번째인 미적 판단을 좀더 물고 늘어져보자. 예술의 형식을 경험하는 일은 즐겁다. 마찬가지로 누군가를 사랑한다는 것은 순수한 즐거움이다. 도덕이나 이익이 개입되지 않는다. 만일 이익이 고려된다면 우리나라 텔레비전 연속극은 모두 막을 내려야 할 것이다. 결혼을 앞두고 이익을 내세우는 재벌 부모에 맞서

• 나는 개념을 절대 가치로 믿지만, 형식이라는 매개를 경험하는 보편적 판단력과 달리 사적인 이익이 개입될 수 있다.

사랑을 지지하는 자녀들이 단골 주제이기 때문이다. 잘 짜인 작품의 형식이 중요하듯이 잘 짜인 사랑은 예술작품이다. 사랑은 형식이고, 주관적 보편성 혹은 사적인 정의에 이르는 미적 경험이다.

사랑은 감각의 영역을 언어로 표현하는 까닭에 모호하며, 그렇기에 지속된다. 사랑이 지속되는 것은 네가 누구인지 알 때까지이고, 모를 때와 알 때는 오직 정도의 차이만 있을 뿐 어느 것도 너의 참모습은 아니다. 오직 내가 바라보는 너일 뿐. 사랑이 끝날 때 동물적 감각은 낮아지는 반면 언어의 힘은 커진다. 감각은 언제나 언어의 등 뒤에 붙어, 사랑에 빠졌을 때는 몸집을 불리고 사랑이 끝나면 몸집을 줄인다.

나는 사랑에 빠졌을 때 가장 정확하게 내가 누구인지 안다. 그동안 숨어 있던 키 작은 감각이 점점 자라나 내 눈의 콩깍지를 두껍게 만들면 비로소 내가 나를 알아차린다. 내가 생각하는 곳은 순수 사유가 아니라는 것을 잘 드러내기 때문이다. 사랑은 생각과는 아주 먼 거리에 산다. "나는 생각하지 않는 곳에서 존재한다"면서 데카르트를 뒤엎은 프랑스의 정신분석가 자크 라캉(1901~1981)은 사랑을 "끝없이 계속되는 대화"라고 했다. 언어 뒤에 달라붙은 감각이라는 잉여 때문에 대화가 멈추지 못한다는 것이다. 멈추지 않는 대화란 알고 싶은 호기심이 지속되는 것이고, 이 대화가 끝나면 사랑도 끝난다.

불교에서는 중생을 앎에의 본성으로 보고, 니체 역시 인간의 본성을 지식에의 의지와 권력에의 의지로 표현했다. 사랑은 앎에의 충동이 은밀하게 발현되는 미적 경험이다. 사랑의 말을 전달하기란 얼마나 어려운가. 전달했을 때 그 말은 또 얼마나 어설픈가. 사랑은, 말이 의미를 제대로 전하는 매체가 아니라는 것을 여지없이 드러낸다. 사랑은 예술작품이고 미적 이성이다. 그렇기에 선보다 솔직하다. 거짓이나 착각을 덜 숨기고 더 잘 드러내기 때문이다. 그래서 위대한 작가나 독자들도 사랑 이야기를 즐기며, 우리에게 사랑은 분명 은총이다. 사랑 없는 세상은 예술 없는 세상이고, '잘 짜인 형식'일 때 사랑은 앎의 충동을 지혜로 이끄는 가장 고귀한 미적 진실이 된다.

그리스 신화는 대부분 사랑에 관한 이야기다. 바람둥이 제우스는 물론이고 법과 질서의 신 아폴론도 그렇다. 그는 구애를 거절하는 카산드라를 벌주고, 싫다며 도망치는 다프네를 뒤쫓아 내달린다. 잡힐 듯 아슬아슬한 순간에 월계수로 변해버린 다프네를 꺾어 자기 화살 통에 꽂고 머리에 장식하는 아폴론에게 법과 질서는 관능보다 강하지 않았다. 그렇기에 그의 감각이나 관능을 꿰뚫어본 니체는 관능의 서자인 디오니소스가 진리의 적자인 아폴론을 패배시키는 것에 박수를 보낸다. 니체는 그리스 문학에 심취했고 그 바탕에서 자신의 철학을 세웠다. 그리고 반인반수인 사티로스를 찬양하며 인간을 죄인으로 보아 참회와 신의 용서를 구원의 길로 제시하는 헤브라이즘을 거부했다.

점잖고 차분한 칸트는 예술을 감각과 이성의 조화에서 찾았다. 형식을 경험하면서 동물적 관능을 이성적 판단으로 다스리는 것이 예술작품이다. 한편 니체는 정반대편에서 예술에 접근한다. 니체가 스물일곱 살에 쓴 『비극의 탄생』은 그의 사상의 핵심을 담고 있다. 그가 선택한 비극은 소포클레스의 『오이디푸스 왕』이다. 오이디푸스는 디오니소스의 위력을 경험하는 니체적 초인이었다. 아폴론의 법과 질서를 뚫고 디오니소스가 솟구친다. 그의 쾌락과 파괴력이 조금씩 드러나면서 질서가 한 단계씩 무너져가는 과정을 지켜보는 관객은 즐겁다. 마침내 고귀한 오이디푸스 왕의 본래 모습이 나타난다. 그는 아버지를 죽이고 어머니와 결혼한 패륜아, 바로 자신이 찾고 있던 범인이었다. 소포클레스는 기가 막히게 이야기를 꾸몄다. 우선 오이디푸스는 자신이 패륜아인지 전혀 알지 못한다. 그는 그렇게 되지 않으려고 코린토스에서 테베로 도망오지 않았던가. 그런데 그가 펼치는 탐색 작업은 한 단계씩 자신을 향해 다가온다. 그리고 바로 그가 피하려고 의도했던 행동들이 그대로 죄를 범하는 행동이 된다. 기막힌 아이러니다. 그의 이성적 판단 뒤에는 패륜적 관능이 찰싹 달라붙어 함께 몸집을 불려갔던 것이다.

시간이 흐를수록 혹시 '내가 아닌가'라는 의혹과 불안은 왕을 강박적인 탐색으로 내몬다. 아내와 코러스의 만류를 뿌리치고 그는 모든 비밀의 열쇠를 쥔 마지막 증인, 죽이라는 명령을 어기고 어린 그를 숲속에 버렸던 목동, 아버지임을 모르고 선왕을 죽이는 장면의 목격자인 바로 그 목동을 불러왔고 그제야 모든 비밀이 풀린다. 가장 지혜로운 그가 짐승만도 못한 죄인이었다니. 지식은 오해와 한 몸이었고, 질서는 파괴의 아들이었으며, 오이디푸스의 명석한 판단은 관능에 의해 끌려갔던 것이다.

아폴론의 베일을 걷고 혼돈과 파괴의 디오니소스를 드러내는 오이디푸스는 니체가 본 인간, 반인반수의 사티로스, 법의 경계를 넘어선 초인이었다.[3] 그리고 이를 지켜보는 관객은 한 꺼풀씩 벗겨지는 베일 뒤에서 나타나는 짐승의 모습에 스트레스가 풀리고 그의 파멸에서 정화되는 자유를 느낀다. 나를 둘러싼 사회의 시선, 법, 규칙, 도리 등 온갖 제약에서 벗어나 참모습을 드러내는 짐승을 보면서 관객이 느낀 것은 해방감이었다. 선악의 이분법을 넘어 악 없이는 선도 없다는 것을 경험한다. 니체에게 선과 악은 음양의 조화처럼 뗄 수 없으며 탄생과 죽음을 반복한다. 우리가 진리라고 믿은 것은 디오니소스의 혼돈을 가린 아폴론의 베일이었다. 진리라고 알려진 것은 모두 폐허를 가린 베일이라는 니체의 주장은 가라타니 고진柄谷行人에게 근대 일본 문화의 기원을 밝힐 기회를 주었다. 기원이란 사후에 권력의 정당성을 위해 만들어진 그럴듯한 지식의 베일이다.[4] 아폴론의 베일은 허구이지만 그 힘은 절대적이다. 그 위력을 우리는 사랑할 때 경험한다.

결혼식장에서 신부의 베일을 걷는 신랑의 손은 사랑의 두 번째 단계로 들어섰다는 신호다. 서로에게 결혼 이전에 보여준 행동, 마음, 그리고 들려준 약속이 허식이라는 것, 이젠 달라진다는 것, 지금부터 솔직하게 짐승이 된다는 것의 신호다. 이 달라짐을 깨닫지 못하고 계속 베일 속에서 상대를 보려 하면 사랑에 실패한다. 언제나 베일 뒤에 짐승 말곤 아무것도 없다는 것을 알면 결혼생활은 즐겁다. 직장이나 사회에서 받는 스트레스를 풀어주는 예술작품이 된다. 그러므로 첫사랑이든 마지막 사랑이든 사랑의 환상과 아픔이란 아무것도 아닌 것을 감춘 베일의 거부하기 어려운 절대적 힘에서 온다. 그 힘은 나를 살아가게 하는 숭고한 목적이 되기도 하며 때로는 자신을 초라하게 만드는 증오의 원천이 된다. 사랑은 숭고한 짐승이다. 보이는 것 뒤에 숨은 보이지 않는 것의 절대적인 힘, 아는 것 뒤에 숨은 모르는 것의 힘을 경험하기에 나는 겸손해진다. 사랑은, 생각하지 않는 그곳에서 내가 생각한다는 것을 깨닫게 하는 미적 형식으로서 생각의 속임수를 잘 드러낸다.

나는 가운데가
텅 빈 그릇

멍청한 사람을 흔히 머릿속이 텅 빈, '골빈당'이라고 놀리지만 그렇게 말하는 너도 가운데가 텅 빈 냄비(아니 화분이 더 정확한 표현일까)라고 말하면 화를 낼까?

우울증은 흔히 불면증을 동반한다. 이때 의사들은 낮에 햇볕을 쬐며 걸으라고 조언한다. 걸을 때 아랫배가 불룩하게 되도록 숨을 깊게 들이마시고 다시 홀쭉하게 내뱉는 숨 쉬기를 세 번 정도 반복하라고 말한다. 내가 살아 있음을 확인하라는 의미 아닐까. 살아 있다는 것은 숨을 쉬는 행위이며, 숨을 쉰다는 것은 안과 밖의 소통이기 때문이다. 밖의 공기를 들이마셔서 안을 신선하게 한 뒤 그 공기를 다시 빼내는 행위다. 죽으면 들이쉬고 내쉬는 안과 밖의 소통이 멈춘다. 우리 몸은 채우고 비우기를 반복하는 그릇이다. 가운데가 텅 비어 있는 기다란 그릇이다. 먹는 행위는 위장이라는 빈 그릇에 먹을 것을 집어넣고 필요한 양분을 섭취한 뒤 찌꺼기를 대소변으로 내보내는 행위다. 몸은 흙으로 채워진 화분이다. 끼니마다 채우고 비워내는 그릇이다. 숨 쉬기가 끝나면 반복을 영원히 멈추는가. 아니다. 내 몸의 반복이 끝나는 날, 흙으로 돌아가 새로운 형태의 삶으로 다시 반복이 시작된다. 니체가 아폴론과 디오니소스의 조화 및 영원회귀로 만물을 통찰했다면, 하이데거(1889~1976)는 가운데가 텅 빈 무無(흙 또는 공기)를 만물로 보고 이것을 채우며 비우는 반복이 삶이라고 말한다.

흙에서 태어나 흙으로 돌아가는 자명한 진실을 '시간과 존재'라는 주제로 풀어낸 하이데거는 니체처럼 그리스 철학, 그중에서도 소크라테스 이전의 자연철학에 심취했고, 만물을 하나에서 시작한다. 하나는 모든 생명의 근원인 흙이다. 생명은 밤과 낮의 대비 속에서 성장한다. 밤에는 쉬고 낮에는 일하며 빛과 어둠의 반복은 삶과 죽음의 반복에 다름 아니다. 하나에서 둘이 나오고 둘에서 셋이 나오며 셋에서 만물이 나온다. 하나는 공터(흙)이고 둘은 이 공터를 둘러싼 면이다. 두 면이 뫼비우스 띠처럼 하나로 연결되면 그 가운데에 공터가 생긴다. 그릇이다. 그릇은 집이다. 가운데가 비고 열린 문이 있어 내가 드나드는 집과 가운데가 비고 뚜껑이 있어 물건이 드나드는 그릇은 같다. 라캉은 이것을 꽃병에 비유했다. 꽃이 시들면 버리고 새 꽃을 담는다. 물이 오래되면 버리고 새 물을 담는다.

살아 있는 모든 것은 드나든다. 만물이 내 몸을 드나든다. 겨울의 공터에 봄이 오고, 사랑하는 사람은 죽으면 꽃이 된다. 꽃은 벌을 키우고 벌은 나를 키우며 다시 나는 벌을 키운다. 이것이 불교에서 말하는 무상無相이다. 형상은 고정되지 않고 변하며 영원회귀한다. 우리 모두는 어디서나 느껴지는 바람이다. 미국 원주민의 시에서 유래

되었다고 알려진 가사에 일본 작곡가가 곡을 붙인 〈천의 바람 되어 A Thousand winds〉라는 노래는 "내 영혼 바람 되어" 우리를 어루만진다. 사랑하는 가족이나 연인을 잃은 사람들을 위한 이 노래는 내가 "나 아닌 것들로 이뤄졌음"을 잘 표현하고 있다.

> 그곳에서 슬퍼 마오. 나 거기 없소. 나 그곳에 잠들지 않았다오.
> 나는 천의 바람이 되어 찬란히 빛나는 눈빛 되어
> 곡식 영그는 햇빛 되어 하늘한 가을비 되어
> 그대 아침 고요히 깨나면 새가 되어 날아올라
> 밤이 되면 저 하늘 별빛 되어 부드럽게 빛난다오.
> 그곳에서 슬퍼 마오. 나 거기 없소. 이 세상을 떠난 게 아니라오.

사랑하는 가족을 잃은 사람들에게 이 노래가 위안이 되는 이유는 삶이 허무해서가 아니라, 삶이 형태를 달리하여 영원히 지속되니 죽음이란 이런 변화의 한 지점일 뿐 슬퍼하거나 두려워할 이유가 없다는 진실 때문이다. 불교의 『금강경』에서 말하듯이, 형상이 있는 곳에는 모두 속임수가 있다凡所有相 皆是虛妄. 푸른 하늘에 아름답게 떠 있는 구름은 땅에서 올라간 수증기가 모인 것이고 그 형상은 비로 바뀌어 내린다. 바다의 전생은 구름이었으니 바다는 보이지 않지만 없는 것이 아니다. 눈에 보이는 구름은 안 보이는 것의 다른 모습일 뿐이다. 살아 있는 동안 사랑했던 사람들은 증오했던 사람들과 똑같이 공터에서 뛰어놀다가 어느새 안 보이는 저녁나절의 어린아이들과 같다.

내가 본 것, 기억하는 모든 것, 그리고 내가 생각하는 것들도 이처럼 속임수를 품고 있다. 눈은 순간마다 보이는 것만 보기 때문이다. 내 마음은 어떨까? 눈처럼 보이는 것만 볼까? 아니다. '마음'은 다른 방식으로 진실을 은폐한다.[5] 부상으로 왼팔이 잘린 환자는 여전히 왼팔에 통증을 느낀다. 눈에 보이진 않지만 마음에 새겨진 팔에 대한 기억이 남아 있기 때문이다. 마음은 눈보다 느리다. 우선 팔이 있던 시절의 경험들 위에 새로운 경험이 축적되어야 팔이 없다는 것을 알아챈다. 진실이 담긴 공터, 한가운데가 텅 빈 공터, 과거의 기억들이 닻을 내린 그곳에 있는 잔고들이 바뀌어야 한다. 의식consciousness이란 예금의 잔고를 꺼내는 인출기에 불과하다. 그러므로 의식보다 감각의 공간이 더 중요한데, 아무리 공간을 섬기라고 말해도 내게는 공간을 가리는 어떤 베일이 있다. 그래서 인류가 고안해낸 것이 각종 게임이고 스포츠다. 그들은 이 공간을 참으로 잘 섬긴다.

축구 시합을 보면서 내가 애타게 기다리는 것은 상대편 골키퍼가 지키고 있는 공간 안에 내 편에서 먼저 공을 넣는 것이다. 농구도 마찬가지다. 골대에 높이 매달린 그물 안의 텅 빈 공간을 우리 편 공으로 채워야 한다. 당구나 골프 역시 공간 속으로 공을 넣는 것이다. 모든 게임은 공간을 섬기며, 그것이 나를 즐겁게 한다. 공간은 만물이 돌아가는 가장 근원적인 고향이고 다시 태어나기 위해 돌아가는 흙이기 때문이다. 『장자』에는 자기 분야에서 도를 섬기는 전문가들의 이야기가 나온다. 그들은 왕이나 재상 혹은 지식인이 아니라 초야에 묻힌 사람들이다. 서툰 소잡이는 한 달에 한 번 칼을 갈고 그보다 좀 더 능숙한 소잡이는 일 년에 한 번 칼날을 세운다. 그러나 진정 능숙한 소잡이는 한 번도 칼을 갈지 않는다. 어떻게 이것이 가능할까. 그는 소의 뼈나 근육에 칼을 대지 않는다. 그는 눈이 아닌 마음으로 보기 때문에 뼈와 근육 사이의 공간을 꿰뚫는다. 그곳에 칼을 대면 힘들이지 않고도 쩍 갈라진다. 텅 빈 공간은 도에 이르는 길이다.

능숙한 소잡이가 칼날을 세우지 않듯이 공간을 보는 사람은 생각의 속임수를 알기에 분노와 두려움의 칼날을 세우지 않는다. 하이데거 역시 마음과 언어 한가운데서 텅 빈 공간을 보았다. 가운데가 텅 빈 것이 사람이고 집이고 예술작품(시)이다. 그리고 그것은 잘 빚은 항아리다. 흙은 씨앗을 감추고 세상은 씨앗 속에 감추어진 몸을 드러낸다. 봄이 되면 텅 빈 밭에서 한 알의 씨앗이 단단한 껍질을 깨트리며 흙을 뚫고 솟아나온다. 아욱은 아주 작지만 잎새가 동그스름하고 상추는 약간 길쭉하며 쑥갓은 톱날처럼 삐쭉삐쭉한 잎새를 자랑스럽게 드러낸다. 나는 그들이 드러낸 것을 먹는다. 드러난 아욱을 내 안에 감춘다. 그리고 몸 안에 흡수한 후 다시 내보낸다. 감추고 드러내고 다시 감추고 내보낸다. 이런 안과 밖의 소통이 예술작품이다. 아욱은 예술이고 나는 "나 아닌 것들"로 이뤄져 있다.

내 머릿속에서는 매일 무슨 일이 일어날까. 「인사이드 아웃Inside Out」(2015)은 낯선 환경에 부딪히는 소녀의 뇌에서 어떤 일이 일어나는지를 다룬 독특한 애니메이션이다. 미국의 중부, 조용하고 보수적인 미네소타의 정든 마을을 떠나 아버지의 사업 때문에 서부 샌프란시스코로 이사 온 소녀는 도시 환경에 어리둥절하여 당황한다. 주변 사람들의 야박함과 내일을 모르는 불안함으로 소녀는 등진 마을을 그리워한다. 새 학교에서 낯선 친구들과 부딪치면서 소녀는 정든 곳으로 돌아가고 싶은 마음이 더 강해진다. 아이의 마음을 잘 이해하지 못하는 어머니의 지갑에서 돈을 훔친 소녀는 새벽에 몰래 버스 정류장으로 가서 미네소타행 버스에 올라탄다. 그러는 동안 아이의 뇌에서는 여러 감정과 판단을 맡은 인물들이 좌충우돌하면서 아이의 심리를 표현한다. 기쁨, 슬픔, 불안, 분노, 그리고 그리움을 상징하는 캐릭터들 가운데 중심은 명랑하고 긍정적인 기쁨이라는 캐릭터다. 관객 역시 키 크고 날씬한 아름다운 소녀, 기쁨이 주도권을 잡고 불안, 슬픔, 미움, 분노의 부정적 캐릭터를 물리치기를 무의식중에 원한다. 나는 언제나 기쁘고 즐겁고 긍정적으로 살라고 들어왔기 때문에 키 작고 못생긴 슬픔이 사라져주기를 원한다.

버스가 막 떠나려 한다. 큰일 났다. 무엇이 분노에 찬 그 애를 다시 부모에게 되돌려주고 새로운 삶에 적응하도록 할 수 있을까. 왜 기쁨의 캐릭터가 힘을 못 쓰는 걸까? 바로 그때 소녀의 머릿속에 지금껏 억눌려온 슬픔의 캐릭터가 등장한다. 소녀는 문득 부모를 떠올리고는 눈시울을 붉히며 버스에서 내려 집으로 달려간다. 예기치 못한 반전으로 관객의 눈시울도 뜨거워진다. 모두가 외면하고 싫어했던 못생긴 캐릭터인 슬픔은 내게 얼마나 소중한가. 슬픔 없이는 결코 기쁨도 없는데 나는 왜 슬픔을 외면하려 하는가. 슬픔은 '슬픔 아닌 것'으로 이뤄지고 기쁨은 '기쁨 아닌 것'으로 이뤄지니 나는 긍정적 감흥을 위해 부정적 감흥을 섬겨야 한다. 사실 모든 경기의 기쁨도 기쁨 아닌 것들로 이루어진다. 골대에 공이 들어가기 전에 얼마나 많은 실수와 장애물을 헤쳐나가야 했던가. 온갖 장애물을 이겨내고 아슬아슬하게 넣은 한 골이 승패를 좌우할 때 관중은 자지러진다. 감동의 극치를 맛보는 것이다.

나는 늘 묻는다,
지금 몇 시지?

젊은 시절에 세상을 놀라게 한 저술가는 흔히 이상한 스캔들에 휘말려 한동안 힘든 시기를 보내곤 한다. 재능의 과시는 매혹적이지만 그만큼 위험하기도 하다. 지구가 태양의 둘레를 돈다고 말했던 갈릴레이처럼 정치적으로 위험한 것만이 아니다. 과시는 선망을 부르기 때문이다. 선망envy은 흠모이고 응시다. 부러움 속에는 시기심이 깃들어 있다. 축하한다는 긍정 속에는 네가 나보다 나을 순 없다는 부정적 감흥이 실려 있다. 내가 너처럼 높이 뜰 수 없다면 나와 동등하게 끌어내릴 수는 있으리라. 젊은 시절『정신의 현상학』(1807)이라는 획기적인 책으로 세상을 놀라게 한 헤겔(1770~1831)은 죽음이 주인이고 삶이 노예라 하여 주인과 노예의 관계성과 그 순위를 뒤바꾸는 혁명적 안목을 드러냈지만 하숙집 여자와의 스캔들로 인해 대학에서 강의를 못 하다가 훗날 복귀했다. 그가 마지막에 했던 강의를 훗날 제자들은『미학 강의』라는 제목으로 출간했다. 헤겔은 칸트가 놓친 예술작품의 역사적이고 사회적인 문맥을 끌어들이며, 작품의 형식과 사회 역사적 상황을 뗄 수 없는 관계로 보았다. 존재를 시간 속에서 사유한 하이데거의 스캔들은 이보다 심각했다. 그는 나치에 동조했다는 죄목으로 전후 프랑스 대학에서 강의를 못 하도록 제재를 받는다. 그 후 대학에 복귀하여 은퇴하기 전까지 강의를 했는데, 제자들이 받아쓴 강의록이 묶여 『생각은 무엇이라 불려야 하나What is Called Thinking?』라는 조금 야릇한 제목으로 나왔다.[6]

하이데거는 인간을 만물 가운데서 하나의 존재, 동물과 다른 특이한 존재로 보았다. 나의 두 손은 동물의 앞발에서 진화했다. 그리고 이것이 엄청난 차이를 낳는다. 기술을 고안하고 예술을 창조해내는 기능이다. 그런데 손은 유한성이라는 삶의 한계 때문에 쉼 없이 생각하고 기억해서 기술을 고안해낸다. 그리고 점점 나를 흙에서 멀어지게 할 것이다. 기술 문명은 나에게 가장 친근한 것들, 바로 앞에 있는 흙, 돌, 나무를 못 보게 만들 뿐 아니라 오히려 이들을 공격한다.[7] 그는 이것을 우려했고 그의 우려는 오늘날 정확히 들어맞는다. 나는 손이 앞발의 흔적이라는 것을 모른다. 알아도 잊는다. 그리고 쉼 없이 계획하고 고안해서 상품으로 만들어낸다. 이유는 무엇일까. 기술이 발달할수록 사람들은 시간에 쫓기며 산다. 동물과 달리 나는 달력과 시계를 갖고 있기 때문이다. 반면 동물에게는 생일이나 크리스마스가 없다.

나는 아침에 눈을 뜨면 제일 먼저 무엇을 하는가. 시계를 본다. 지금 몇 시지? 너무 늦은 거 아냐? 대체 무엇에 늦었다는 말인가. 하루에도 몇 번이나 시계를 본다. (스마트폰이 없던 시절에) 손목시계를 잊고 출근하는 것은 막막한 사막을 걷는 것이나 다름없었다. 몇 살이 되면 학교에 가야 하고 몇 살이 되면 취직을 해야 한다. 또 몇 살이 넘기 전에 시집가서 아기를 낳아야 한다. 어느새 나는 시간의 노예가 되었다.

시계가 없다면 나는 소풍 가듯이 느릿느릿 걸으면서 해가 뜨면 먹을 것을 채취하고 해가 지면 잠을 잘 것이다. 자연의 계절에 맞추어 살아갈 것이다. 그러나 내 시계는 자연의 시계와 다르다. 하루는 스물네 시간이고 일 년은 365일이며 한 살 더 먹으면 대학을 졸업한다. 나는 매 순간 시간을 느끼고 때로는 지루해하거나 초조해한다. 불안 때문이다. 손은 앞발과 달리 지난 일들을 기억하거나 현재를 판단하며 미래를 예측한다. 물론 정확하지 않은 과거이며, 주관적 판단이고 맞지 않는 미래라는 것을 알아도 이런 계획과 실천에서 벗어나기 어렵다. 시간의 흐름을 느끼지 않으면 나는 내가 아니다. 동물이 갖고 있지 않은 시간을 느끼면서 살아가는 게 진화의 핵심이었다. 삶의 기쁨이나 슬픔, 감사를 느끼는 대신 나는 시간을 느끼며 살아간다.

시간은 무자비하다. 모든 것을 건설하고 파괴하며 앞으로 나아간다. 아무도 시간을 막지 못한다. 그런데 어떻게 뒤로 돌아 과거를 기억하는가. 나는 시간을 따르지 않는 또 다른 기억들을 가지고 있다. 원래 동물이었기 때문이다. 시계가 없는 동물처럼 과거의 경험들이 내 몸 안에, 뇌 속에 새겨지는 또 다른 장치를 가지고 있다.

독수리는 하늘을 나는 법을 배우고 나는 땅 위를 걷는 법을 배운다. 독수리는 눈이 밝아 먼 거리에서도 작은 먹잇감을 알아본다. 그놈은 나보다 시력이 4배 이상 더 좋다. 나는 시력이 점점 나빠져서 안경을 쓴다. 독수리도 시력이 나빠질까? 먹잇감만 사냥할 뿐 책을 읽지 않는 독수리는 아마 평생 비슷한 시력을 지닐 것이다. 그들에게 눈은 생명을 지키는 도구다. 독수리가 태어나서 어미로부터 하늘을 나는 법을 배우듯이 나도 태어나서 걸음마를 배운다. 독수리도 나는 법을 몸에 새겨넣고 나도 걸음마를 몸에 새겨넣었다. 조금 커서 나는 자전거 타는 법을 배웠고 그날을 기억한다.

가을이 깊어져서 나뭇잎이 노랗고 붉게 물든 그날은 조금 쌀쌀했다. 자전거의 핸들을 잡은 내 손은 차가웠다. 엷은 입김 사이에서 올라오던 뜨거운 커피 향, 파란 하늘에 매달린 못생긴 감들, 아마 새가 먹으라고 누군가 남겨둔 듯했다. 그리고 주고받던 말들. 독수리에겐 그런 기억이 없다. 그 기억은 독수리와 나를 갈라놓는 중요한 것들 가운데 하나다. 남들보다 늦게 초등학교에 들어간 나는 체조 시간에 늘 다른 애들보다 한발 늦게 팔을 올리고 한발 늦게 팔을 내렸다. 조금 커서 자전거를 배우던 날, 그 애는 운동장 저 끝에 서서 자존심에 대해 말했다. 나는 그 애를 경외의 시선으로 바라보았다. 그리고 '자존심'이 무슨 뜻인지 꼭 찾아보리라 마음먹었다. 이후로 그 일을 떠올릴 때마다 아픔은 조금씩 옅어졌다.

독수리는 나는 법을 배울 때 일어났던 에피소드를 기억하지 않는다. 문명을 창조하고 언어를 사용하는 인간은 동물과 달리 추억을 간직한다. 자전거 타는 법을 알 뿐 아니라 그날 일어난 일들을 정감의 크기에 따라 기억한다. 어떤 일은 아주 오래 기억한다. 시간을 따르지 않는 무의식적 습관 외에 시간의 흐름에 따라 되풀이되는 의식적 기억이 있다. 이것이 진화생물학자 리처드 도킨스가 말하는 동물과 인간의 분기점이다. 즉 진화 과정에서 인간이 동물과 갈라서는 지점, 그것은 에피소드를 기억하는 뇌를 갖게 되는 시점이다. 진화는 시간을 의미한다. 그리고 그 은총은 언어와 예술을 창조케 했으나 동시에 불안과 초조라는 느낌도 주었다. 오직 인간만이 생명의 유한성을 의식하게 되었기 때문이다. 생의 유한성 탓에 생겨나는 불안에서 벗어나는 길은 무엇일까. 종교와 철학은 이 문제에 심취했고 하이데거 역시 예외가 아니었다. 시간을 무한으로 늘려 생각하자. 만물은 유한하지만 여전히 지속되고 있지 않은가. 나를 만물 속에서 생각하면 유한은 무한이 된다. 우선 나는 죽어서 흙이 되고 다른 형태로 다시 태어난다. 형태는 바뀌지만 낳고 죽는 일은 반복된다. 불교에서 말하는 상이 없음, 곧 무상無相이다. 무상의 경지에서 보면 내 몸과 다른 몸들, 내 몸과 사물들은 연계되어 있다. 저 물을 내가 마시면 물은 내 몸이 되고, 이 공기를 내가 마시면 공기는 내 몸이 되며, 저 열매를 내가 먹으면 저 나무와 풀은 내 몸이 된다. 그리고 내 몸은 죽어 다시 물이 되고 풀이 되고 나무가 될 것이다.

나를 둘러싼 모든 사물이 나의 과거이자, 현재이며, 미래의 모습들이다. 지구의 70퍼센트가 물로 이뤄져 있듯이 내 몸의 70퍼센트도 물이다. 산천에 강물이 졸졸 흐르듯이 내 몸에서도 물이 쉼 없이 졸졸 흐른다. 고요한 잠자리에서 귀를 기울이면 물 흐르는 소리가 쪼르륵 들린다. 바로 내 배에서 흐르는 물소리다. 흐르는 강물이 내 과거였고 길가의 풀포기가 내 미래요 독수리가 내 유년 시절이었다면, 나는 그들 앞에서 겸손해지고 감사하며 생의 유한성에서 비롯되는 불안과 초조로부터 벗어날 수 있다. 내 삶은 긴 우주의 시간에서 보면 그저 한 점이고 그 점은 우주에서 결코 사라지지 않은 채 모양을 바꿔 존재하는 무한성이다. 다만 시계의 초침을 따라가는 또 다른 장치(의식) 때문에 생의 유한성에서 완전히 벗어나지는 못하는데, 그렇더라도 불안의 강도를 낮출 수는 있다. 내 속에 나 아닌 것, 시간을 따르지 않는 또 다른 나를 깨닫는 길이다. 내 안에는 시간을 따르지 않는 축적된 기억들이 있다.

아마 이것이 하이데거가 소크라테스 이전의 자연철학으로 눈을 돌린 이유일 것이다. 나를 자연 만물과 분리하지 않았던 시대에 헤라클레이토스나 파르메니데스는 만물을 몇 가지 간단한 요소로 보았고 그들의 통합된 혜안은 진리였다. 그들이 이해한 로고스logos는 만물을 낳고 되돌리고 다시 낳는 근원, 아마도 흙이었을 것이다. 그리고 이런 사유는 동시대 중국의 도 사상과 크게 다르지 않았다. 하이데거가 얼마나 깊은 경지에 이르렀는지는 모르겠지만, 유명한 장자와 혜자의 대화인 '물고기의 즐거움'을 제자들과 함께 읽은 기록이 있다. 물고기의 마음을 아는 이유는 내가 물이었고 물이 될 것이기에, 또 물고기였을지도 모르며 물고기는 내 몸이기에 그 마음을 알 수 있다.[8]

의식은 쉬지 않고 현재의 순간들을 따라간다. 포식자를 피해야 하며, 상황을 즉시 인식하고 알아차려야 하기 때문이다. 그런데 인식이나 판단은 과거 경험에 바탕하여 이뤄진다. 경험을 기억하는 장치가 없다면 우리는 아버지나 어머니를 알아보지 못할뿐더러 끼때마다 밥을 보면 이게 무엇을 하는 물건인고 하고 되물을 것이다. 참으로 감사할 일이다. 그래서 하이데거는 기억하기memory를 감사하기thanks와 동일하게 여겼다. 감사하기에서 생각이라는 단어 think가 나왔다고 그는 추론했다. 그렇다면 생각이란 과거의 경험을 기억하는 장치, 시간을 따르지 않는 기억의 흔적들이 있기에 가능하다. 내 의식은 경험을 간직한 흔적들Memory-traces을 상임고문으로 모시고 있다. 한시라

도 그들이 없으면 밥이 무엇인지 모르고 누가 어미인지 모르는 후레
자식이 될 것이다. 현재의 상황을 인식하고 판단하는 데 과거의 기
억과 흔적은 필수 요건이다. 은행에 잔고가 없으면 먹거리를 살 수
없는 것과 마찬가지다. 잔고에는 이자까지 덧붙는다. 과거의 사건이
일어났던 그 시간과 이후 계속 흐르는 의식의 시간 사이에는 차이
가 있다. 그사이 다른 경험들이 계속 축적된다. 이 시차에 의해 이
자가 발생한다. 그 덧붙여진 차액이 망각과 재배열을 일으켜서 나의
회상을 허구로 만든다. 거품이다. 금융 기관은 나의 사유 방식을 그
대로 모방했다. 횔덜린이 노래했듯이 우리는 타국에 사는 이방인이
자, '읽을 수 없는 부호'다. 하이데거가 인용한 횔덜린의 초고 한 구
절을 보자.

므네모시네(기억의 여신)

우리는 읽히지 않는 부호,
우리는 아픔을 느끼지 않네, 이국의 하늘 아래에서
우리는 혀를 잃었기에.(하이데거, 2004, 18)

생각하기는 기억하기다. 기억한 것은 정확히 과거의 그 사건이 아
니다. 인출하는 기계(의식)가 항상 바쁘게 돌아가기 때문이다. 그리
스 신 가운데 므네모시네는 기억의 여신이자 문학의 신이다. 기억하
기는 문학 행위이고 생각하기도 문학이다. 의식은 앞으로 나아가고
흔적들은 경험을 쌓아간다. 나는 가는 의식을 잡지 못하고 오는 이

자를 막지 못한다. 이자가 생겨나기에 그저 가는 것이나 오는 것에 감사해야 한다. 생각하기는 감사하기다.

독일어에서 고어 thanc는 인간의 가장 깊은 마음, 심장의 핵을 의미한다. 우리 마음의 핵에는 경험을 저장하는 고문서 보관소가 있다. 기억의 흔적이라는 뉴런들이다. 뉴런은 단백질을 주성분으로 하는 물질이다. 공기, 물, 풀과 나무, 소, 닭 등 우리가 숨 쉬고 섭취한 모든 성분이 모인 곳이다. 생명은 물질들이 모인 것이고 이것이 다시 흩어지는 게 죽음이다. 흩어져서 모양을 바꾸어 다른 모습으로 존재한다. 기억은 흔적들의 모음이고 흔적은 물질이다. 그래서 하이데거는 생각을 사물들이 생각하는 것thing-ing이라고 표현했다. 기억은 경험들에 감사하며, 생각은 사물들의 행위다. 하이데거는 인문학자이지만 지금 내 뇌가 어떻게 기억하고 생각하는지에 대해 말한 과학자이기도 하다. 물론 그는 뇌과학에 대해 한마디도 언급하지 않았지만 심리학과 철학과 과학이 결코 서로 다른 차원이 아님을 보여주었다. 모두 내 심장의 핵thanc에서 나오기 때문이다. 추억은 은혜로운 것이고 생각은 추억의 모음이므로 생각하는 것은 감사하는 것thanking이다.[9]

속임수는
내 삶의 동반자

생각하는 것은 추억을 더듬는 것과 다르지 않다. 통장에 이자가 두둑이 불어날수록 은총이고 감사할 일이다. 그만큼 허구가 늘어나기에 환상적 마술이 된다. 미국의 소설가 블라디미르 나보코프 (1899~1977)가 찬미하는 롤리타가 된다. 험버트가 푹 빠진 어린 요정은 나보코프가 기억해내는 속임수에 가득 찬 어린 시절이었다.[10] 생각은 객관적인 개념이나 명령이 아니라 주관적인 느낌이기에 나는 예술작품을 감상하듯이 내 생각을 즐기고 감상해야 한다. 감상한다 appreciate는 것은 감사하기다. 나는 언제나 느낌으로 너를 보고 느낌으로 경치를 바라본다. 너를 사랑할 때도 느낌이고 너를 증오할 때도 느낌이다. 다만 생각이라고 착각할 뿐이다. 나는 사랑하던 연인이 떠나면 감사하고 새로운 연인이 오면 또 감사한다. 어느 것에도 집착하지 않으면 마음이 평탄하고 늘 감사하는 마음이 된다. 내 생각이 객관적인 판단이 아니라 내 경험들의 집합소에서 나온 느낌이라면 집착할수록 나는 더 크게 속는 것이다.

하늘이 맑고 푸르면 공연히 기분도 밝아진다. 구름이 잔뜩 끼고 하늘이 잿빛일 때 나는 우울해진다. 비가 오면 빈대떡과 술 생각이 난다. 도대체 잿빛 하늘은 왜 우울한가. 하늘이나 대기가 우울하다고 느낄까. 비가 빈대떡 집이라도 차렸단 말인가. 아무 상관없다. 다만 내 마음이 밝고 우울하거나 술이 당기는 것이다. 우울한 것도 내 마음이고 술 생각도 내 느낌이다. 사물 자체는 아무 의미를 띠지 않는다. 다만 사물과 내가 교우하고 그 소통에서 나온 감흥을 대상(사물)에게 덮어씌운 것이다. 나와 사물들은 나도 모르게 서로 통한다. 내 몸이 그들의 몸이고 내 머릿속 기억의 보관소도 그들과 같은 몸으로 이뤄졌기에 소통한다. 이상한 점은, 나는 그 이유를 알려 하지 않고 그저 잿빛 하늘이 우울하고 비가 술을 권하는 양 착각한다는 것이다. 사물은 내 몸 밖의 몸이고 내 몸은 내 몸 아닌 것으로 만들어진다는 것을 하이데거는 이렇게 표현했다. 생각한다는 것thinking은 사물이 행동하는 것thinging이라고.

사물은 언제나 말을 건다. 그리고 나는 그 말을 듣는다. 소통이다. 숲에 들어가면 기분이 맑아지고 편안하며 아늑한 느낌이 든다. 나무들이 나를 바라보기 때문이다. 구름이 날 따라오라고, 멀리 떠나자고 꾄다. 잿빛 하늘과 소통하면 우울하고, 낙엽 위에 비가 탁탁 떨어지는 소리를 들으면 마음이 너그러워지거나 잠이 스르르 온다. 생각이 사물의 작용에서 나온다면, 나는 사물과 소통한다는 의미이고 그 순간 모든 집착에서 멀어진다. 하늘에 집착하는 바보가 있던가. 술에는 집착하겠지만 자연은 그만큼 나를 너그럽게 놓아준다. 풀잎 하나는 우주를 품고 있지만 결코 나에게 자신을 강요하지 않는다.

나는 결혼하고 나서 얼마 동안 시부모님과 함께 작은 도시에서 살았다. 남편은 직장을 잠시 그만둔 상태였고 시부모님은 다정하고 배려심이 깊어 나를 편하게 해주려고 애를 많이 쓰셨다. 물론 나도 그것을 잘 안다. 그런데도 나는 그 시절 늘 변비로 고생했다. 주말에 모처럼 남편과 근교 야산에 나가면 언제나 급하게 한 장소를 찾아야 했다. 아는 것과 느끼는 것 가운데 어떤 것이 더 강한가. 진정으로 안다는 것은 느끼는 것이 아닐까. 의식은 편안하다고 나를 속이려 하지만 몸은 절대로 속아 넘어가지 않는다. 잠이 안 올 때, 스트레스를 받을 때, 주인은 의식이 아니고 몸이라는 것을 나는 뼈저리게 느낀다. 의식은 들판을 대상으로 보려 하지만 몸은 그것을 자신의 일부로 본다. 그리고 그 힘은 더 강력하다. 그런데도 의식은 몸을 억누르며 자신이 더 강하고 순수한 것처럼 행세한다. 아무리 사물이 더 힘 있다고 강조해도 우리는 금세 잊는다. 의식이 사정없이 나를 잡아채어 시간의 강물을 따라가고 있기 때문이다.

많은 철학자, 수필가뿐 아니라 노장 사상이나 선불교에서는 사물과 나의 관계성을 강조해 일깨우려 하지만 나는 여전히 시간에 쫓기고 남을 의식하며 사물을 나와 아무 상관없는 대상으로만 보려 한다. 분명히 생각 속에는 진실을 숨기는 속임수가 있다. 내 기억과 생각과 판단에 스며든 속임수는 무엇이고 나는 이것을 어떻게 받아들여야 하나. 가는 것에 감사하고 오는 것에 감사하는 일이 그렇게 힘든가. 생각의 속임수는 나보다 한 수 높아 나를 착각과 후회로, 불면증과 우울증으로, 사랑과 증오로, 그리고 집착의 늪으로 쉽사리 끌고 들어간다.

진화는 내가 시시때때로 시계를 흘깃거리면서 시간 속에 살게 된 것을 설명해준다. 뇌 속의 해마●는 언제나 시간을 따르기 때문이다. 그러나 심리학에서는 진화를 내 속의 '또 다른 나'를 갖게 된 것으로 본다. 내 속의 또 다른 나는 나보다 더 강력해 매 순간 존재를 감추고 없는 척한다. 그것이 문제다. 없는 척하면서 의식이 주인인 줄 착각하게 만들기 때문이다. 웬만한 조건을 두루 갖춘 사촌 여동생은 아직도 독신이다. 선을 보면 애프터 신청이 없다. 얼굴이나 외모가 보기 좋고 멋도 부릴 줄 알 뿐 아니라 교양도 갖춰서 우리는 남자들이 뭘 볼 줄 모른다고 결론짓는다. 그런데 한두 번 선보는 장소에 따

●대뇌피질 밑에 존재해 장기 기억과 공간 개념, 감정적인 행동을 조절한다.

라가본 나는 그 이유를 알게 되었다. 이상하게 평소 세련된 그 애가 그날따라 촌스러웠다. 머리도 더부룩하고 옷차림도 맞지 않고 화장도 너무 짙었다. 좋은 짝을 찾고 싶은 소망이 절실할수록 평소보다 더 잘 안 된다. 안 하려 할수록 더 하게 되고, 조심할수록 일을 망치곤 한다. 이것이 우리의 판단이다. 내 안의 또 다른 나는 내 소망에 아랑곳하지 않는다.

나는 그의 낌새를 알아차려야 하고 잘 대접해야 한다. 언제나 고독하고, 착각하며, 후회하고, 집착하는 나는 껍데기다. 껍데기는 가라. 아니다, 껍데기는 꼭 필요하다. 알맹이를 잘 보관하여 때마다 꺼내 써야 하기 때문이다. 도대체 어찌하여 이런 또 다른 내가 존재하는가? 그를 어떻게 대접해야 편안하고 공감하면서 즐겁게 살 수 있을까? 속임수의 정체를 알면 그는 내 삶의 멋진 동반자가 될지도 모른다. 얼마나 많은 문학작품과 영화가 속임수에 관해 이야기했던가. 다만 현실이 속임수에 가득 차 있고 내 생각이 또 속임수를 품고 있기에 그런 면을 당연시하고 지나쳤을 뿐이다.

이런 문제들을 차근히 짚어보자. 지금까지 이야기가 추상적으로 들렸다면 이제 구체적으로 밑그림을 그려보자. 전문 용어를 동원하여 마무리해보자. 나의 뇌는 자연과학의 대상이지만 인문학적으로 구조되어 있다. 뇌과학이 밝히는 기억의 구조는 그 자체가 이야기이며, 허구를 포함한 문학이다. 인간은 자서전을 쓰는 동물이고 자서전은 아무리 사실을 기록해도 이미 허구를 담은 이야기다. 왜 그런가.

생각을 만들어내는 뇌에서 가장 본질적인 기능은 '경험'의 저축이며 이것을 '기억'이라 부른다. 의식은 기억의 저축통장에서 지난 경험을 그때그때 상황에 따라 인출한다. 그러므로 인출할 잔액이 바닥나면 생각이나 판단에 문제가 생긴다. 인지하고 판단하는 능력은 기억의 축적에서 얻어지기에 나는 좋은 경험을 잘 비축해두어야 한다. 불교에서는 이것을 업業이라고 한다. 업에 좌우되는 인지와 판단은 나의 것이지 그리 객관적인 것이 아니다. 게다가 본질적으로 그 기억 자체를 회상할 때는 속임수를 피할 수 없다. 진화란 오직 인간만이 회상하는 기능을 갖는다는 의미이고, 이것은 자아 속에 또 다른 자아라는 자의식을 갖기 때문에 일어난다. 추억이 축복이고 감사라는 하이데거의 말은 바로 좋은 업을 많이 쌓는 게 중요하다는 것을 암시한다. 일상과 예술에서 이런 이중 구조는 고독으로, 착각으로, 후회와 집착으로, 공감의 어려움으로, 알면서 하지 않는 습성으로 나타난다.

이 책은 삶의 신비를 푸는 여섯 개의 질문을 기억과 인지라는 뇌의 작용과 문학과 영화라는 이야기를 통해 밝히려 한다. 생각에 깃든 속임수는 본질적인 것이어서 고치거나 제거할 수 있으리라는 환상은 더 큰 화를 부른다. 이 책은 프로이트와 윌리엄 제임스의 심리학에 바탕을 두고, 최근의 뇌과학 연구도 참조하면서 속임수를 모르는 이유, 알아야 하는 이유, 그리고 그것의 긍정적 힘을 모색한다. 속임수는 창조력의 근원이고 그 이유를 모르는 것보다 아는 것이 힘든 삶을 조금 더 쉽게, 덜 후회하며 살 수 있게 한다. 그리고 내가 얼마나 정교하게 나를 속이고 사는지 그 현장을 파헤친다. 그런데도 그 속임수가 창조력의 근원이라니! 또 다른 나를 잘만 대접하면 은총이 된다. 이자를 듬뿍 안겨주기 때문이다. 인간의 뇌를 모방하는 로봇은 이런 사실을 알까? 로봇도 과연 고독할까?

I 장

나는 왜
고독한가

문학작품 가운데 고독을 다루지 않은 것은 거의 없다고 해도 틀리지 않을 것이다. 근래 백 살 먹은 노인이 요양원을 몰래 빠져나와 벌이는 코믹한 이야기 『창문 넘어 도망친 100세 노인』이 세계의 독자를 매혹하고 있다. 시종 웃음을 자아내는 코믹한 스토리이지만, 잘 들여다보면 자신의 고독에서 크게 벗어나지 않는다. 고독은 홀로 있기에 나타나는 느낌이 아니라 타인들과의 관계 속에서 생겨나고, 노인의 행동이나 생각이 대중의 것과 다르기에 웃음이 터지며 그 다름이 진실이기에 독자를 끌어당긴다. 세상 사람들이 믿는 상식, 논리, 역사, 권력, 명예, 돈을 웃음으로 걷어차버리는 그의 삶이 재미있는 이유는, 그가 원하는 게 그저 모험과 보드카, 그리고 삶을 거스르지 않고 따라가는 것이기 때문이다. 굳건한 의지로 목표를 향해 가라? 그는 이 친숙한 슬로건을 거부한다. 개혁, 목적, 몰입이란 단어는 그에게 한 접시의 음식이나 한 잔의 보드카보다 못하다. 세상의 기준으로 보면 그는 엉뚱하고 어리석지만 그 엉뚱함이 익숙한 상식의 허실을 명쾌하게 드러낸다. 모두가 믿는 슬로건에 무관심한 그의 고독은 풍요함을 낳은 씨앗이었다.

미국 문학에서 가장 기억에 남는 외로운 단편들을 찾으라면 아마 허먼 멜빌(1819~1891)이 쓴 「필경사 바틀비」와 헨리 제임스(1843~1916)의 난해하기로 악명 높은 「정글 속의 짐승」일 것이다. 한 사람은 막무가내로 더 이상 "베끼는 일은 안 하는 편을 택하겠습니다"라고 고집하고, 다른 한 사람은 계속 짐승이 뛰쳐나올 것 같다며 두려워한다. 앞의 바틀비와 뒤의 마처, 둘 중 누가 더 외로운 주인공일까. 서서히 빅 매치로 들어가보자. 중간에 제임스 조이스의 부드럽고 감미로운 단편을 쿠션으로 끼워넣어 속도를 늦추면서.

멜빌은 '스타벅스Starbucks'라는 커피숍 체인 이름과 연관된 저자이기도 하다. 첫 작품을 제외하고 일생 대중에게 외면당한 그는 팔리지 않는 작품들을 끝까지 포기하지 않고 썼던 가난하고 소외된 작가였다. 문학사에서 영원히 사라질 뻔했던 그의 작품들이 다시 알려진 것은 20세기 초반 뉴욕에서 단편 「필경사 바틀비」가 무대에 올려지면서다. "도대체 누가 이걸 쓴 거지?"라는 질문과 함께 작품은 막 유행하기 시작한 부조리극으로 주목을 받는다. 스타벅Starbuck은 그의 대표작인 『모비 딕』에 나오는 인물이다. 그는 망망대해에서 자신의 다리를 물어간 흰 고래를 집요하게 추적하는 선장 에이해브의 배에 잘못 승선했던 불운한 사람들 가운데 한 명이다. 스타벅은 충실하게 살아가는 미국인을 대표하는 인물로, 에이해브의 편집증적 고래 추적이 결국 배에 탄 선원들을 모두 죽일 거라면서 헛된 추적을 멈추라고 경고했다. 그의 추측대로 배는 파선했고 배에 탔던 사람들은 서술자인 이시멜만 빼고 모두 죽는다. 아마 미국인들은 성실하고 평범한 그를 추모하기 위해 그의 집에 놀러 오라고 스타벅스 커피집을 차렸는지도 모른다. 아니, 소외받고 가난했던 작가의 삶을 추억하기 위해 그 이름을 따왔는지도 모른다. 그 이름이 그렇게 많은 돈을 벌어주리라고는 예측하지 못하면서. 사실 '허먼' 커피숍이나 '멜빌' 커피숍보다는 스타벅스가 훨씬 더 멋지지 않은가.

멜빌이 남긴 또 다른 산업은 '바틀비 산업'이다. 이건 또 뭔가? 바로 문화산업이다. 단편 하나에 지금까지 수많은 해석이 달라붙었다. 유명한 평론가가 되려면 우선 「필경사 바틀비」를 다르게 해석해내면서 자신의 독창성을 과시해야 할 정도가 되었다. 창백한 얼굴에 막무가내로 "안 하는 편을 택하겠습니다"를 끝까지 반복하는 바틀비에게 사람들이 꼬이는 이유는 무엇일까. 이런저런 해석이 있지만 우리의 호기심을 자극하는 것은 지구상에서 단 한 명의 벗도 없는 그의 처절한 단절과 고독이다. 대부분 고독을 두려워하고 피하려 하는데 반대로 그는 고독을 고집하고 자청한다. 이걸 어떻게 해석해야 하나? 그리고 지금까지 밝혀지지 않은 다른 하나의 해석은 고독이 뇌의 기능과 얼마나 관련되는가, 관계 속에서 일어나는가 하는 점이다.

고독은
관계 속에서 일어난다

부제가 '월가 이야기'이듯이 배경은 뉴욕 월가의 변호사 사무실이다. 이야기를 들려주는 인물은 쉽게 사는 길이 최선이라고 믿는 변호사다. 그는 부자들의 재산으로 근저당을 잡거나, 귀찮고 복잡한 일을 피하면서 짭짤하게 수입을 올리는 잘나가는 사람이다. 결코 큰 욕심 부리지 않고 매사에 신중한 중년 남자로, 깔끔하게 일을 처리하고 사무실의 고용인들도 말썽 없게 잘 다스린다. 생강과자를 즐기는 어린 심부름꾼 외에 두 명의 고용인이 더 있었는데, 한 명은 오전에 에너지가 너무 넘쳐서 일을 망치고 다른 한 명은 오후에 얼굴이 벌게지면서 흥분하는 스타일이었다. 그는 둘에게 오전과 오후 번갈아가면서 적절한 일감을 맡겨 무리 없이 일의 효율성을 높였다.

어느 날, 이 사무실에 정신이 어디 먼 곳에 가 있는 듯한 청년이 나타나 필경사로 고용된다. 복사기가 없던 시절이어서 필경사는 등기서류 등을 손으로 일일이 베껴야 했다. 그가 들어온 지 얼마 안 된 어느 날, 변호사는 칸막이 너머에서 갑자기 이상한 소리를 듣는다. "안 하는 편을 택하겠습니다." 귀가 의심될 정도로 침착하고 조용하며 감정이 배제된 말투였다. 같은 어조로 같은 말을 되풀이하는 바틀비의 수동적인 거부를 보고 서술자는 난감했다. 오전이건 오후건 한결같은 음성으로 표정도 없이 펜을 아예 놓아버린 필경사는 이유도 감정도 달지 않았다. 서술자는 합리적인 사람이어서 그를 이해하려고 노력하며 견뎌낸다. 그리고 조금씩 알 수 없는 연민을 느낀다.

텅 빈 월가, 일요일에 무심코 들른 사무실에 바틀비가 혼자 생강과자로 연명하며 아무런 연고도 없고 사회 활동도 하지 않은 채 물건처럼 박혀 있는 것을 목격한 그는 극도의 연민을 느끼지만 여전히 그를 자기 집으로 데려가려는 생각은 못 한다. 대신 돈을 주려고 한다.

결국 필경사의 되풀이되는 거부를 견디지 못한 변호사는 다른 건물로 이사한다. 물건처럼 박혀 살던 필경사는 새 주인에 의해 강제로 보호 거주지로 옮겨진다. 그를 만나러 간 서술자는 예전처럼 막다른 벽을 마주하고 앉은 무언의 필경사를 본다. 변호사의 배려에도 불구하고 음식을 거부하던 필경사는 결국엔 죽고 서술자는 소문 하나를 듣는다. 이상한 필경사의 죽음을 풀어줄지도 모른다는 말과 함께 변호사는 소문의 내용을 독자에게 전달한다. 이곳에 오기 전 필경사는 수취인을 찾지 못해 되돌아오는 편지dead letter들을 맡는 부서에서 오랫동안 일했다는 것이다. 죽은 편지란 무엇을 의미하는가. 인간 사이의 연결 고리를 잃은 편지들이다.

나는 유학 시절 이 단편을 읽고 잠깐 낮잠이 들었는데 꿈속에서 어떤 사람에게 강박적으로 쫓기다가 퍼뜩 깨어났다. 어떤 말이었는지 정확히 기억할 수 없지만 그는 계속 같은 말을 되풀이하면서 진드기마냥 쫓아왔다. 이야기가 주는 심리적 충격이 그만큼 강했기 때문인데, 꿈속에서 나는 바틀비가 아니라 서술자인 변호사와 나를 동일시하고 있었다. 이 단편에서 호기심을 자극했던 것은 바틀비의 계속되는 거부 못지않게 그에 대응하는 서술자의 태도였다. 그는 끝까지 포기하지 않고 바틀비에게 관심을 갖는다. 처음에는 어처구니없는 느낌, 그다음에는 호기심, 그리고 점차 동정심이 되었다가 마지막에는 인류에 대한 깊은 이해로 변모해간다. 바틀비의 비폭력 저항은 이제껏 그가 경험해온 인식 체계를 위협하고 변화시킨다. 그의 마지막 단어는 "아, 인류여Oh, Humanity!"였다. 월가의 변호사로서 편안한 일상을 누리며 합리적인 사고를 지닌 그에게 난데없이 들이닥친 바틀비는 삶의 설명할 수 없는 어두운 이면을 경험하게 만든 것이다. 평범한 사람이라면 그냥 관심을 꺼버릴 수도 있었다. 그렇다고 그의 관심이 바틀비에 대한 문제를 해결한 것도 아니었다. 이런 양가성이 바틀비의 모호한 거부와 함께 수많은 해석을 하도록 만든다. 아, 인간이란 무엇인가.

바틀비는 고독의 화신이다. 그런데 정작 그 자신은 고독을 넘어서서 무감하다. 마치 월가의 잘나가는 변호사를 깨우쳐주려는 역할을 맡은 것처럼. 그래서 인간이 얼마나 고독한 존재인가를 느끼는 인물은 오히려 변호사다. 그의 단절은 변호사에게 감염되고 그를 인간적으로 만든다. 모든 것을 돈으로 계산하고, 하나 더하기 하나는 둘이라고 배우며 살아온 세상에서 그는 바틀비의 문제가 어디서 비롯된 것인지 풀 수 없었다. 그가 서 있는 곳에서 바틀비는 너무나 멀리 있었던 것이다. 두 인물이 경험한 삶은 완전히 달랐다. 좀더 일찍 어울릴 수 있었더라면, 돈을 주는 대신 그를 집으로 데리고 갔더라면, 가족같이 대해주었더라면……. 그러나 작가는 아무것도 명확히 밝히지 않는다.

바틀비의 고독이 처절하게 느껴지는 것은 월가에서 살아온 변호사와의 관계 속에서다. 한 사람은 월가에서 오랫동안 살아왔고 그보다 어린 사람은 고립과 단절의 경험이 이상한 행동으로 나타날 때까지 다른 곳에서 살았다. 둘은 마치 다른 행성에서 온 듯 서로 이해할 수 없는 사이였다. 그들의 이질적 경험은 차곡차곡 뇌의 뉴런에 저장되었고 통장의 잔고는 달러와 원화만큼이나 기준이 달라서 도저히 일대일로 교환될 수 없었다. 경험이 저장된 뉴런들은 한 인간의 기억과 판단과 행동을 만들어내는 문서 보관소였다.[1]

삶이란 변호사가 기억하고 판단하듯이 합리적이고 효율적이며 돈으로 계산되는 것이 아니었다. 비록 바틀비를 구하진 못했으나 소문을 들은 변호사가 다음과 같이 서술한 것은 그의 폭 좁은 인식이 이제 타인을 향해 열리고 있음을 암시한다.

이 소문을 생각해보면서 나를 엄습하는 감정은 제대로 표현할 길이 없다. "죽은 수취인의(불명의) 편지들"이라니! 죽은 사람들과 같은 말로 들리지 않는가. 끊임없이 이 죽은 편지들을 골라서 불꽃 위로 던지는 일보다 그의 창백하고 희망 없는 불운한 성향을 더 심화시키는 일이 있었겠는가. 해마다 편지들은 수레로 가득 실려와 소각되었다. 창백한 그 직원은 때로 접힌 편지지 사이에서 반지를 가려내기도 한다. 반지가 끼워져야 할 손가락은 아마 무덤 속에서 부패되었을지도 모른다. 혹은 누군가가 즉각적인 자선을 베풀어 발송한 수표 한 장이 떨어진다. 고통을 덜어주려던 사람은 이제 더 이상 먹지도, 배고픔을 느끼지 못할지도 모른다. 그것은 절망 속에서 죽어간 이들을 위해 용서를, 희망 없이 죽어간 사람들에게 희망을, 그리고 헤어날 길 없는 재난으로 질식해 죽은 이들을 위한 선의의 나눔을 의미했다.

목숨을 살리는 심부름을 하지 못하고 편지들은 곧장 죽음으로 직행했다.

필경사는 이런 것을 바라보면서 숱한 나날 동안 무엇을 느꼈을까. 이렇게 상상하는 서술자는 더 이상 이전의 변호사가 아니었다. 그는 필경사와의 불편한 관계를 견디면서 조금씩 삶에 대한 연민과 고독, 그리고 비합리성을 이해하게 된다. 변호사가 필경사를 구하려 애쓴 만큼, 작가 멜빌은 변호사를 구하려 했던 것이다. 이것이 작가의 도리이자 문학이 존재하는 이유 아닐까.

필경사의 창백한 거부는 오랫동안 단절과 외로움을 겪은 결과였다. 그 경험은 한순간의 것이 아닐뿐더러 서술자의 경험과는 너무 달랐기에 그의 고독은 존재의 피할 수 없는 조건이었다. 그러고 보면 내 몸에서 가장 정직한 것은 뇌다. 뇌는 말한다. 일란성 쌍둥이조차 세상을 살아가면서 똑같은 경험을 할 순 없다고. 경험이 다르면 기억이 다르고, 기억이 다르면 인지와 판단이 다르다. 경험이 다른 나와 너를 이어주는 것은 언어인데 그 유일한 수단은 몸의 경험만큼 정확하지 않다. 언어는 한 사회가 소통을 위해 고안한 인위적 상징 체계다. 동물도 소통을 하지만 그들은 몸짓이나 감각에 의존할 뿐 상징 체계를 갖지 않는다. 인간 역시 원래는 가장 단순한 의사 표현부터 시작했을 것이다. 인구가 늘어나면서 소통의 범위가 넓어지고 의미가 복잡해져서 나는 늘 원래 그것이 최소한의 소통에서 시작된 것이라는 사실을 잊게 된다.

이런 맥락에서 바틀비가 끊임없이 같은 말 "안 하는 편을 택하겠습니다"만을 되풀이하는 것은 최소한 두 가지 의미를 갖는다. 그가 얼마나 오랜 시간 타인과 교류 없는 단절을 겪어왔을까. 그 밖의 말은 모조리 잊을 정도로. 동시에 그는 가장 단순한 말로 월가의 의미 체계에 저항하는 것은 아닐까. 필경사가 매일같이 칸막이 안에 갇혀 베끼는 낱말들은 무엇인가. 그 말들은 돈을 주고받는 관계를 공고히 남기려는 목적 외에 다른 인간적인 소통은 배제한다. 바틀비는 저항한다. 나는 단순한 이 낱말 몇 개를 끝없이 반복하여 내 소설이 영원토록 반복되게 하리라. 이것이 '바틀비 산업'을 낳은 근원이었다.

언어는 몸의 기억과 만물을 정확히 재현하지 못한다. 사물은 언어를 넘어 무한히 변모하고 흐르지만 언어는 내가 유한한 만큼 불완전하다. 그것 역시 내 경험(기억)의 산물이기 때문이다. 나는 내 경험의 귀로 듣고 내 경험의 혀로 말한다. 소통에는 언제나 여분이 있다. 말이 숨긴 감각, 그 속임수를 아는 한 나는 오해와 편견에서 어느 정도 벗어날 수 있을 텐데 이상하게도 말을 하는 순간 의미가 정확히 전달될 거라는 확신을 갖는다. 의식의 집중력이 감각을 압도하기 때문이다. 말은 외롭다. 감각은 언제나 몸으로 꿈을 꾸기 때문이다.

고독은 타인과의 경험을 저장하는 내 속의 '나 아닌 어떤 것'에서 나오며 타인과의 관계 속에서 느끼게 된다. 고독은 순수 의식의 산물이 아니라 의식과 기억의 흔적들, 혹은 의식과 감각(몸)의 관계 속에서 태어난다. 예술은 이 숨어 사는 감각을 살려내려는 구세주다. 관능, 혹은 감각의 소망이 얼마나 외로운가를 매우 감각적으로 그린 작가는 아일랜드의 제임스 조이스다. 그는 생애 후반에 언어의 속임수가 얼마나 강력하게 우리를 길들여왔는지 드러내기 위해 그 껍질을 벗기는 일에 골몰했는데, 그 결과 『율리시스』와 『피네건의 경야』
는 일상의 독자를 대거 잃었다. 사람들은 그가 죽도록 말의 속임수
를 벗겨내면 도대체 그것이 무슨 말인지 몰라 읽기를 포기한다. 그러
나 초기 단편들에서는 그렇게 과격하지 않았다.

흔히 대학교 1학년 커리큘럼에서 그의 단편집 『더블린 사람들』 속
의 어느 한 편이 교양을 위해 배정되는데, 대부분의 학생은 영어사전
을 뒤적여 번역은 하지만 그 속에 잠든 감각을 일깨우는 열쇠는 찾
지 못한다. 치밀한 묘사와 까다로운 단어에 골몰하여 정작 그 속에
묻힌 외로움은 스쳐 지나간다. 아마 더 성숙해서 읽는다면 조이스가
얼마나 감각적인 작가인지 느낄 것이다. 황순원의 「소나기」의 주인공
처럼 순수한 소년의 이야기 「애러비」를 잠깐 보자.

주인공은 막다른 골목의 오래된 이층집에서 아저씨 내외와 함께
살고 있다. 전에 살던 사람은 신부였는데 그는 자선을 베풀던 경건한
사람으로 뒷방에서 죽었다. 겨울날의 골목길, 저녁이 어스름한 잿빛
날개를 후다닥 펼 때, 학교에서 쏟아져 나온 아이들은 골목에서 놀
다가 맹건의 누나가 동생을 찾으러 나오면 그녀의 옷자락이 흔들리
는 모습을 엿보기도 한다. 매일 아침, 소년은 창가에 서서 촘촘히 내
린 블라인드 틈새로 맞은편 누나의 집을 지켜본다. 그녀가 집을 나
서면 책가방을 들고 총알처럼 뛰쳐나간다. 그녀 뒤를 한동안 따라 걷
다가 갈림길에서 소년은 재빨리 누나를 앞질러 가곤 했다.

왜 블라인드 뒤에 숨어서 기다리고, 말도 걸지 않은 채 갑자기 휙
앞질러 달려나가는가. 조이스는 지나치는 듯한 한 문장 속에서 많은
것을 암시한다. 소년은 자기 마음을 들키고 싶지 않기 때문에 그녀

를 획 앞질러 간 것 아닐까. 어린 나이지만 '무관심한 척하기'라는 자의식이 이미 자리잡은 것이다. 그의 몸은 "나는 당신을 매일같이 생각하고 있어요"라고 말하지만 의식은 "나는 당신에게 조금도 관심이 없어요"라고 말하는 것이다. 그녀의 이미지는 늘 그를 따라다녔다. 낭만과 전혀 어울리지 않는 더럽고 시끌벅적한 시장 한복판을 걸어갈 때도 어김없이 찾아들고, 그럴 때면 그는 마치 소중한 성배를 가슴에 안고 적들 사이를 빠져나가는 기사처럼 걸었다. 그리고 신부가 죽은 어두운 뒷방에 누워 밖에서 들리는 빗방울 소리를 듣는다. 바늘처럼 가느다란 저녁 빗줄기가 잔디 위로 타다닥 부딪힌다. 이웃의 희미한 불빛이 멀리 아래에서 보이기에 안심되지만 그래도 이 뒷방에서 신부가 죽었다. 그래서 소년은 모든 감각이 베일을 쓰고 의식을 빠져나와 어디론가 사라져버렸으면 좋겠다고 느낀다. 의식은 친구의 누나를 사랑하면 안 된다고 끊임없이 감각에게 알려주고 있는 것이다.

조이스의 섬세한 묘사를 여기서 소개하는 이유는 소년의 의식이 감추려 하는 본능적 소망, 몸의 소망이 얼마나 강한지 드러내기 위해서다. 경건하고 존경받는 신부가 살던 집과 이웃의 엄한 시선은 '어린애가 공부나 열심히 할 것이지 사랑은 무슨 사랑?'이라고 일러주는 듯했다. 그러던 어느 날 우연히 소년은 현관 앞에 서 있는 누나와 말을 나누게 되고 그녀가 애러비의 시장에 가고 싶지만 못 간다는 사연을 듣게 된다. 소년은 시장에 가서 누나에게 뭔가 꼭 의미 있는 선물을 사주겠다고 마음먹고는 그날을 기다린다. 현관 뒤로 집 안에서 새어나오는 불빛이 그녀의 머리칼에서 목을 타고 긴 옷의 아랫단까지 내려와 움직일 때 살짝 들어올려진 속옷을 비춘다. 난간 아래에서 올려다보던 그 모습이 그의 머릿속을 떠나지 않는다. 그러나 모든 꿈이 그렇듯이 그의 꿈은 깨진다. 돈을 주기로 약속한 아저씨가 깜박 잊고 늦게 와 서둘러 시장에 가지만 이미 가게들은 셔터를 내리고 있었다. 단편은 이렇게 끝난다.

어둠 속을 응시하면서 나는 헛된 꿈에 쫓기고 농락당한 한 피조물로 나 자신을 바라보았다. 그리고 내 두 눈은 고통과 노여움으로 뜨거워졌다.

쫓기고 농락당하는 나는 누구인가. 소년의 의식이 감추려 애쓰는 나는 내 안의 또 다른 나이다. 누나의 시선으로부터 숨으려 애쓸 뿐 아니라 죽은 신부, 이웃, 학교, 자신을 둘러싼 모든 시선으로부터도 마음을 들키지 않으려는 나. 그렇기에 쫓기는 자신을 노여움으로 바라보는 순간 그는 감시당하고 농락당하는 고독한 내 안의 타인으로 인해 눈시울이 뜨거워진다. 누나와 관계를 맺지 못하고 끊임없이 감시당하는 나를 바라보는 나, 도대체 내 자의식self-consciousness은 언제 어디에서 왔는가. 심리학에서는 이것을 어떻게 설명하고 있는가.

웃기에 행복하고
울기에 슬프다

이 색 저 색 이어붙인 넝마를 꼭 끌어안고 먹을 것을 내던지는 미친 늙은이, 물구덩이고 진흙 바닥이고 아무데나 털썩 주저앉는 개, 쓸모 없는 지푸라기 등등 이게 다 뭔가. 기억이다. 영국의 작가 제인 오스틴은 기억의 변덕스러움을 이렇게 불평한 적이 있다. 어떤 때는 찰싹 달라붙고 말을 잘 듣다가도 어떤 때는 냉담하게 돌아서버린다. 어떤 때는 흐릿하고 나약하지만 곧 다시 폭력적으로 되어 제어할 수 없이 나를 사로잡는다. 그러니 넝마 조각을 잔뜩 움켜쥐고 먹을 것을 내던지는 정신 나간 늙은이와 다를 게 없다. 마크 트웨인은 그 자신이 일생 동안 엄청나게 걱정을 하고 살았는데 그중 대부분은 일어나지도 않은 일에 대한 걱정이었다고 털어놓은 바 있다. 옳은 말이다. 그러나 진실을 알았다고 해서 내가 태평하게 하루하루를 보낼 수 있을 것 같지는 않다. 얼룩덜룩하게 이어붙인 넝마 조각들을 버릴 수 없는 한 나는 온갖 걱정을 내려놓지 못할 것이다. 걱정을 하지 않으면 반드시 무슨 일이 터지고야 말기 때문이다. 나는 마치 안전을 위한 보험금처럼 걱정을 지불하며 살아간다.

색색의 넝마라도 움켜쥘 수 있었던 것은 고귀한 의식 덕분이다. 의식은 늘 현재 일어나는 일에 집중하도록 훈련받고 그렇게 진화해왔다. 그래서 새로운 경험들을 곧바로 저장소에 넘긴다. 그러다보니 늙은이는 자꾸만 늘어나는 넝마를 움켜쥐느라 정신을 차릴 수가 없다. 결국 기억의 변덕스러움을 불평했던 오스틴도 인간에게 어느 것보다 더 신기하고 멋진 능력이 있다면 그것은 기억이라면서 굴복하고 말았다. 예술가의 상상력은 바로 기억의 넝마 조각, 그 변덕스러움으로부터 태어나기 때문이다.

리처드 도킨스는 『이기적 유전자』(1976)에서 말미잘처럼 감각과 근육이 직접 연결되어 외적 상황에 대응하는 동물과 달리, 인간은 더 넓은 세상에서 다양한 종류의 먹이를 구하고 종을 퍼트리면서 복잡한 대응 능력을 개발하게 되었다고 말한다. 이런 과정에서 세상과 자아를 연결해주는 매체로서 뇌가 진화한다. 뇌는 은행을 닮았다. 우리는 무의식중에 뇌를 본떠 금융 기관을 만들고 컴퓨터를 만들었는지도 모른다. 이제는 뇌를 닮은 인공지능을 만들려 한다. 뇌의 진화란 기억을 저축하는 기능과 그것을 꺼내 쓰는 인출 기능을 갖는 것을 의미한다.

도킨스의 말처럼 진화의 과정에서 기억이 고안되었다는 것은 매우 획기적인 일이었다. 인간의 기억은 발전하고 쇠퇴하며 저장하고 망각하기에 기계보다 훨씬 섬세하고 복잡하면서도 다른 한편 부정확하다. 그런데 이런 부정확성은 오히려 예술과 문명을 창조하는 원동력이 된다. 인공지능이 과연 이 미묘한 망각의 은총을 부여받을 수 있을까? 슬픔, 기쁨, 노여움, 두려움 등 감정을 담당하는 뇌의 하반구 영역이 상반구의 의식과 연결되고 상하좌우로 소통하는 나의 뇌는 개인적이면서 동시에 사회적이다. 이 균형과 소통이 깨지면 여러 질병에 시달리게 된다. 우울증이나 자폐증 등 고립에서 오는 정신질환과 스트레스로 인한 암 등이다. 내 몸이 가운데가 텅 빈 그릇과 같아서 매일 공기와 음식이 들락날락하듯이 마음도 뇌 한가운데를 중심으로 상하좌우 균형과 소통을 이루도록 만들어졌다.

바틀비는 이 균형이 깨진 인물이다. 그는 오랜 고립으로 인해 내적 에너지가 밖으로 들락날락하지 못하고 한쪽에 고인다. 고립이 지속되면 마음의 문을 닫아걸고 소통을 하지 않게 된다. 그 빗장은 한번 걸리면 너무나 단단해서 주변 사람들을 당황케 하고 변호사에게까지 감염된다. 「애러비」의 소년 역시 고독하다. 그러나 그 외로움은 위험하지 않다. 그는 소통하기 때문이다. 그의 내적 욕망은 외적 시선을 늘 의식하며, 그것이 그를 외롭게 한다. 모든 사랑하는 마음이 느끼는 외로움이다. 고립의 외로움이 아닌, 누군가를 사랑하기에 느끼는 외로움은 내적 욕구와 외적 욕구가 부딪칠 때 찾아온다. 시적 슬픔이다. 그러나 우리는 균형 잡힌 자의식을 가질 때 성장한다. 조이스는 소년의 노여움을 통해 감각의 소중함뿐 아니라 나를 둘러싼 환경을 의식하며 산다는 것을 전달하고 있다. 조이스가 살았던 시대의 더블린은 감각을 억압하는 종교와 이념이 강했다.

그러므로 이제 경험의 저장이 기억이고, 고독은 내 기억과 너의 기억이 다르기에 이 관계 속에서 나온다는 주제를 끝내면서 바틀비의 손을 들어주자. 조이스의 소년 뒤에는 엄청난 인물들이 도사리고 있으니 그 애는 가만히 따돌리고 이제 또 다른 걸작 「정글 속의 짐승」을 맞대결 시켜보자. 그런데 헨리 제임스의 인물, 마처를 맞이하려면 형인 윌리엄 제임스(1842~1910)의 허락을 받아야 한다. 마처의 고독은 헨리가 평생 존경했던 형 윌리엄의 심리학과 밀접하게 연결되기 때문이다. 그러다보니 동시대 심리학자 프로이트가 나선다. 그 역시 기억의 원리에 대해 엄청난 공헌을 했고 기억의 원리야말로 그의 필생의 작업이었기 때문이다. 물론 여기에 오늘날 뇌과학자들의 발견도 달라붙는다. 기억이란 언제나 현시점에서 되돌아보는 과거임을 잊지 말자. 짐승과 대결하려면 이런 작업을 거쳐야 한다. 세상에 쉽게 얻어지는 것은 없는 법이므로.

개인적 체험의 저장고인 뇌는 정신 집중이라는 의식을 한가운데에 성배처럼 품고서 시간의 흐름을 통과한다. 그러므로 경험은 수시로 저장되고 인출되는 가운데 망각과 왜곡을 일으킨다. 그런데도 나는 내 기억과 판단의 오류를 인정하지 않는다. 이 모든 일이 무의식적으로, 자동으로 일어나기 때문이며, 바로 이것이 컴퓨터나 인공지능이 복제하지 못하는 부분이다. 그렇기에 기억은 넝마를 이어붙인 듯 변덕스럽고 내 마음은 봄바람처럼 부드럽고 싸늘하며, 흰 눈처럼 차디차고 포근하다.

흔히 우리는 머리로 생각하고 가슴으로 느낀다고 믿는다. 그래서 사랑하는 감정을 하트(심장)로 상징한다. 사랑을 고백하면서 뇌의 모양을 그리거나 호두를 선물하는 사람은 없다. 내 마음을 온통 바친다는 것은 심장을 바치는 것이고 무슨 일이 뜻대로 안 될 때는 가슴이 타들어간다고 말한다. 가슴앓이, 화병 등 마음의 병은 가슴의 병이다. 그러나 최근의 심리학은 마음이 머리에 있다고 말한다. 그래서 마음을 파고드는 심리학 연구들은 가슴이 아닌 뇌에 관한 학문이다. 마음은 뇌에 있다. 다만 뇌의 신경들이 척추를 타고 온몸으로 퍼질 뿐이다. 심장은 생명의 근원이고 뇌는 우리 몸의 컨트롤 타워다. 그러나 사실 이건 100년 전에 미국의 심리학자 윌리엄 제임스가 이미 했던 말이다.

제임스는 마음을 뇌의 기능에서 찾으려 했다. 부유한 아버지 덕에 일찍부터 유럽 여행을 하고 영국, 프랑스, 독일, 스위스 등에 머물면서 선진 교육을 받은 그는 유럽 문명을 미국에 접목시킨 미국인이다. 유명한 소설가 헨리 제임스의 형이었는데 둘은 쌍둥이처럼 함께 유럽 여행을 했고 똑같이 하버드대학에 입학했다. 형은 의과대학을 졸업하고 생리학, 의학을 가르쳤으며 동생은 법학을 그만두고 소설을 쓰게 된다. 윌리엄은 잠시 우울증을 앓은 경험이 있고 여동생은 공황 증세가 심했으며 동생인 소설가 역시 말년에 심한 불안과 불면증에 시달렸다. 형 윌리엄이 심리와 뇌의 상관관계에 대해 깊은 관심을 갖게 된 것은 지적인 탐구를 중시한 집안 분위기에서 나온 당연한 결과였는지 모른다. 그러나 무엇보다 당시 유럽에서 유행한 다윈의 진화론과 생리학 등의 자연과학이 그에게 큰 영향을 주었던 게 사실이다. 인간은 고유한 개체이면서 동시에 다른 동물과 물질, 혹은 몸으로 연결되어 있다는 주장이다. 1890년에 그가 펴낸 『심리학의 원리』는 100년이 더 지난 오늘날에도 많은 뇌과학자가 인용하는 선구적인 작업이다.[2]

제임스의 심리학과 철학은 존 듀이를 비롯한 미국 실용주의 철학의 뿌리가 되었고 유럽에서는 현상학의 뿌리가 된다. 사실 제임스의 핵심 사상을 알면 에드문트 후설(1859~1938)을 이해하기 쉽다. 후설은 제임스의 심리학을 그대로 철학으로 옮겨와 현상학의 기반을 닦는다. 그가 주장했던 "물질의 세계로 돌아가라"는 것은 인간이 "인간 아닌 것"으로 만들어졌다는 것과 같은 말이다. 물질로 이뤄진 인간임을 명심하자, 인간과 물질세계를 분리하지 말고 비록 똑같지는 않지만 하나의 차원에서 생각해야 한다고 후설은 역설한다. 몸은 외적 세계와 소통하기 때문에 주체는 대상을 객관적으로 읽을 수 없다고 제임스는 주장했다. 그리고 이와 같은 기억과 사유의 물질성, 주체와 대상의 관계성, 인식에 내재한 의도성intention은 후설에 이르면 의식의 '지향성'으로 발전한다.

나는 이 책 앞부분에서 하이데거를 여러 구절 인용했다. 물론 그를 포함해서 프랑스 철학자 메를로퐁티(1908~1961)의 몸 철학까지도 제임스의 심리학에 바탕을 두고 있다. 도대체 심리학의 어떤 부분이 현상학의 뿌리가 되는가. 한 권의 책이 시간을 초월하여 그토록 많은 사상을 잉태할 수 있었던 이유는 무엇일까. 그중 하나는 제임스가 뇌의 진화에 바탕을 두고 데카르트가 주장한 의식의 절대성을 뒤엎었기 때문이다. 자의식이란 무엇인가. 나는 생각하므로 존재하는 것이 아니라 나를 바라보는 '또 다른 나'를 품기에 존재한다는 것이다. 의식의 자리에 자의식이 들어서면서 오직 인간만이 '나'라는 개체의식을 갖게 되고 이것은 고독의 근원이 된다. 고독은 자의식이라는 진화의 선물이었다.

고독은
진화의 선물

하버드대학 의과대 교수였던 제임스는 뇌를 들여다보는 기술 장비가 없었던 시대에 동물의 뇌를 해부함으로써 인간의 뇌를 추론했다. 그는 심리학의 범위를 밝히는 것으로 그 복잡한 책의 첫 페이지를 연다. 심리학은 인간의 느낌, 습관, 욕망, 인지, 사유, 기억, 회상, 의지, 합리화 등을 다룬다. 왜 노인은 자신이 어릴 적에 겪은 것을 마치 동화 속 이야기처럼 확실하게 말하는가. 왜 같은 경험을 반복하면 잘 떠오르고 습관이 되는가. 몸의 경험은 기억과 밀접하게 연결된다. 따라서 몸의 경험은 뇌의 경험과 분리될 수 없기에 심리학이 다뤄야 하는 현상이다. 마음을 다룬다는 것은 내적 상황만 살피는 것이 아니다. 그것은 뇌의 피질이라는 물질과 관계를 맺고 동시에 외적인 물질세계와 필연적으로 연접된다. 그는 "정신주의자들은 연접주의자이고 그들은 동시에 뇌 피질주의자다"라고 말한다(9쪽). 이것은 마음을 예술과 철학이라는 인문학의 영역에서 자연과학의 영역으로 끌어내려던 동시대인 프로이트의 생각과 같았다.[3]

문학과 달리 계몽주의 사상은 영혼과 몸을 분리하면서, 영혼은 고귀한 반면 몸은 천하다는 믿음을 우리 마음속에 심었다. 그러나 제임스는 마음은 본능이나 습관, 반사적 행위 등으로 이뤄지며 우리는 대개 무의식적으로, 자동으로 움직이고 행동한다고 암시한다. 다시 말해 영혼은 어디에 따로 있는 것이 아니라 마음과 몸 안에 있다. 몸은 마음의 고향이다. 그런데 그 마음(몸)은 둘러싼 환경과 뗄 수 없는 관계를 맺기에, 환경은 마음을 만들어내는 주체다. 우리 마음은 늘 외적인 물질세계를 향해 열려 있다. 물질이 없으면 몸과 마음도 존재하지 않는다. 오직 인간만이 육해공의 모든 것을 먹잇감으로 삼는 잡식동물이다. 진화란 잡식동물의 승리를 의미했다. 그러므로 의사와 부모는 항상 이것저것 골고루 먹으라고 우리에게 충고하지 않던가.

나를 둘러싼 환경은 광물, 동물, 식물로 구성된다. 물질은 제각기 생존 방식이 다르다. 예를 들면 나무는 생명이 있으나 신경계는 없다. 개구리는 머리가 잘려도 다리를 움직여 몸을 방어한다. 인간은 신경계를 갖는다. 신경계의 각 부분은 조화롭게 소통한다. 반사 행위들은 자발적이지 않다. 본능과 의지가 균등하게 소통하면 반쯤 반사적이다. 목적의식이 확고하고 의지가 작동할 때는 자발적 행위라고 부른다. 그런데 이 자발적 의지조차 의식이 어딘가에 따로 있어 명령하는 것이 아니라 뇌의 피질과 상호작용하면서 일어난다. 예를 들면 나는 슬프기 때문에 우는 것이 아니라 울기에 슬프다. 내가 슬픔을 느끼기 전, 극히 짧은 시간 먼저, 뇌 안의 어떤 부분이 활성화되고 그러고 나서 슬픔을 느낀다. 다만 이것을 눈으로 볼 수 없기 때문에 우리는 슬퍼서 운다고 순서를 바꾸어 생각해온 것이다.[4] 나는 기뻐서 웃는 것이 아니라 웃기 때문에 기쁘다. 시의 영역이었던 감각이나 느낌을 생리 현상으로 해석한다는 것은 무엇을 의미하는가. 시는 생리 현상이고 사랑도 생리 현상이다. 결국 나의 뇌는 자연과학의 관점에서 관찰할 때 대단히 인문학적이라는 것이다.

자의식이란
무엇인가

나는 기억하므로 존재한다. 다른 동물에 비해 인간과 유인원은 머리통이 크다. 특히 앞이마와 뒷머리가 튀어나온 것은 뇌 반구가 발달하여 보고 느끼고 생각하는 일이 많을 뿐 아니라 복잡하다는 뜻이다. 뇌 반구가 없는 동물과 달리 뇌 반구가 있는 동물은 보이는 대상에 반응하는데, 본다는 게 그리 단순한 일은 아니다. 뇌 반구는 새, 파충류, 개, 유인원, 인간의 순서로 그 크기가 늘어난다. 그리고 이 순서로 신중하게 처신하고 판단하는 분별력도 늘어난다. 뇌 반구의 가장 큰 특징은 기억을 저장하는 장치를 갖고 있다는 점이다. 위의 순서에서 앞의 것일수록 하등 동물이며 일차적 기억을 지니고, 뒤로 갈수록 복잡한 고급 기능을 갖는다. 단순 기능인가 복잡 기능인가라는 뇌의 기능 차이로 진화를 해석한다는 것은, 모든 동물은 정도의 차이만 있을 뿐 전혀 다른 종이 아니라는 뜻이다. 그러면 동물의 뇌와 인간의 뇌를 결정적으로 구별짓는 것은 무엇인가.

모든 동물은 습관habits에 의해 살아간다. 습관이라는 장기 기억이 없다면 삶은 얼마나 혼란스러울까. 독수리는 오늘은 피곤하다며 기어다니고 사자는 이제 고기가 질렸다며 풀을 먹으려 할지도 모른다. 독수리는 태어나면서 습관을 몸 안에 유전자로 갖고 태어난다. 어미 새가 물어다주는 먹이를 받아먹고 조금 자라면 나는 법을 배운다. 어미는 매일 조금씩, 단순한 것부터 가르친다. 배움에서 가장 기본은 반복이다. 배움을 통해 타고난 유전자가 개발된다. 독수리는 인간의 4배 이상이 되는 시력과 시리도록 파란 창공을 나는 날개를 품고 태어났다. 그러나 어미의 조직적인 훈련 없이는 이 잠재성이 피어나지 않는다. 온갖 실수와 실패를 딛고 일어서는 끈질긴 반복에 의해 완벽한 비상의 아름다움을 자랑하게 된다.

인간 역시 방법은 복잡하지만 이와 비슷하다. 아이의 잠재된 재능을 어미가 발견하고 반복 훈련을 통해 잠재 몽을 현현 몽으로 바꾸는 것이다. 부모가 자신이 이루지 못한 꿈을 아이를 통해 이루려 할 경우 이는 실패로 끝나고 만다. 아이에게 잠재되어 있지 않은 어떤 것을 요구하기 때문이다. 그런 의미에서 모든 삶의 기술은 길이 될 만한 곳을 찾아 길을 들이는 것이다. 독수리는 새로 길들여지고, 나는 어떤 유형의 사람으로 길들여진다. 독수리와 나의 차이는 무리를 이루는가, 개체로 존재하는가에 있다. 모든 독수리는 비슷한 기능을 지닌다. 시력이나 나는 높이의 차이가 있을망정 모두 밝은 눈과 높고 빠른 비행 능력 및 비슷한 부리를 가지고 있다. 그러나 사람은 개인적인 존재다. 외모가 비슷할지라도 각자 개성이 있다. 자의식은 나를 타인과 구별하여 개체로 바라보는 비스듬한 시선이다.

진화론의 주창자인 다윈은 어린 아들 도디를 가슴에 안고 거울을 본 경험을 기술했다. 그때 아이는 거울 속에 비친 아빠와 자신을 보고 계속 웃으면서 그 이미지를 실제의 것으로 믿었다.[5] 다윈은 인간과 가장 가까운 종인 원숭이의 반응이 어떨지 궁금했다. 그가 원숭이 앞에 거울을 갖다놓았을 때 반응은 달랐다. 원숭이는 거울 뒷면에 손을 갖다 대고는 아무것도 없다는 사실을 알아차리자 곧 자신의 거울 이미지에 아무런 흥미를 느끼지 않고 가버렸다. 이것은 인간과 유인원을 가르는 중요한 실험이 되어 훗날 정신분석가들에게 자주 인용된다. 예를 들어 라캉은 여기에 거울단계the mirror stage라고 이름 붙여 주체 형성, 혹은 개체화의 근원으로 삼는다. 유아는 한 살 반에 이르면 자신의 거울 이미지에 환호하면서 그것을 잡으려고 몸을 앞으로 숙인다. 이것은 인간만이 대상에 반응한다는 자의식을 예고하는 것이다. 오직 인간만이 타인의 시선을 의식하는 자아를 바라본다.

유아는 거울에 비친 자기 모습을 완벽한 이상적 자아로 여긴다. 이것은 물론 착각이다. 그러나 이 거울단계의 착각 이미지가 형성되지 않으면 주체 또한 형성되지 않는다. 성인이 되어 거울을 보고도 자신을 알아보지 못한다. 이미지와 생각 속에 깃든 본질적 착각과 속임수를 다루는 2장에서 이 부분을 자세히 다루기로 하고 다시 기억의 문제로 돌아가보자.

자의식은 나를 타인과 구별하는 개체화라는 진화의 선물임과 동시에 고독에 이르게 하는 병이다. 인간만이 재산과 명예를 추구하는 것은 자의식 때문이고 인간만이 예술과 문명을 창조하는 것도 자의식 때문이다. 하등 동물일수록 자의식이 없어 욕심도 정신병도 없다고 보면 크게 틀린 말은 아니다. 그들에게는 개체의식이 없기에 같은 무리로 존재한다. 그러므로 내 자식, 네 자식, 내 것, 네 것의 경쟁의식이나 탐욕이 없다. 우리 의식은 이미 그 자체로 자의식이다. 자의식이 생기기 이전이 프로이트가 말한 무의식이다. 이 단계에서는 나 외에 타인이 있다는 것을 모르기 때문에 나를 타인과 구별하지 못한다. 예를 들어 누나에게 업힌 아이는 누나의 머리칼을 잡아당기고 누나가 아파하면 자신도 얼굴을 찡그리면서 아픈 표정을 짓는다. 어른의 등에 업히거나 가슴에 안긴 유아가 다른 아이를 때리고는 그 아이가 울면 자신도 덩달아 우는 장면을 흔히 보는데 이것 역시 유아기 무의식의 한 현상이다. 나와 대상을 구별하지 못하고 맞은 아이를 자신으로 여기는 것이다. 프로이트도 이 현상을 「아이가 매 맞는다 「A Child is Being Beaten」(1919)라는 글에서 강조했다.

흥미롭게도 어른이 되어서도 이런 유아적 현상은 나타나는데 누군가를 사랑할 때나 증오할 때 특히 그렇다. 누군가를 미워하는 것은 그가 나를 미워하기 때문이라고 믿는다. 그러나 혹시 자신이 그를 미워하기에 그가 나를 미워하는 것은 아닌지 생각해봐야 한다. 자신의 증오를 그의 증오로 대치한 것이다. 마찬가지로 누군가를 사랑할 때 가장 궁금해지는 것은 그도 나를 사랑하는가 하는 점이다. 내 감정과 그의 감정을 일치시키고 싶은 동일시 욕망이다. 이 동일시하고 싶은 확인의 감정을 사랑으로 착각하는 경우가 많다. 이때 확인이 끝나면 사랑도 끝나버린다. 반대로 사랑을 거부당할 경우 순식간에 증오로 변하는 것도 마찬가지다. 동일시의 소망에서 벗어나 서로 차이를 인정하면서 즐거운 시간을 함께 나누는 것이 진짜 사랑이라 할 수 있지 않을까.

이제 자의식을 기억과 연관지어보자. 진화란 앞이마가 툭 튀어나오고 뇌의 상반구가 발달하는 것을 의미한다. 앞이마가 크다는 것은 경험을 많이 저장하고 있다는 것이다. 촛불에 손을 대면 뜨겁다는 점을 배우는 과정을 보자. 한번 데이면 다시는 손을 안 대는 것이 명징한 방법이지만 이왕이면 안 데이고 배우는 게 낫다. 우선 나에게는 모호한 것을 접할 때 다른 사람들은 어떻게 하나 살피는 눈치가 있다. 소위 '거울뉴런'이라 불리는 흉내 내는 뉴런이다. 다른 사람의 행동을 따라하면 대체로 안전하다는 것을 경험했기 때문에 촛불에 손을 대지 않는다. 타인의 마음을 읽는 능력은 진화의 필수 조건이다. 언어의 발달 역시 거울뉴런 덕택이고 사회적 소통 역시 다른 사람의 마음을 읽기에 가능하다. 거울뉴런에 손상이 생기면 공감 능력이 없는 자폐아가 되기 쉽다. 인지와 판단 역시 공감 능력과 밀접하게 관련된다.

흔히 문학작품에서 작가는 인물의 성격을 묘사할 때 외모에 의존하곤 한다. 그 사람을 잘 모를 때 어떤 인상을 주는가는 중요하다. 턱이 각지면 의지가 강하고 매부리코는 힘이 넘치며, 고운 손은 부드러움과 세련된 감각을 나타내고 황소 같은 목은 육감적이라고 묘사된다. 이런 외형과 기질의 매치는 실제 뇌의 기능과 아무 상관이 없다고 제임스는 말한다. 물론 선한 사람과 악한 사람을 오래 경험해본 이는 그렇지 않은 사람보다 인상을 비교적 정확히 느낄 수는 있다. 그러나 뇌와 마음은 똑같이 단순한 요소들, 감각과 운동으로 구성된다. 그리고 각기 담당 구역이 있다.

작심삼일은
진리다

동물은 습관을 본능으로 지닌다. 인간에게도 습관은 본능으로 무의식적이고 자동적이지만, 나쁜 습관을 지우고 그 위에 새로운 습관을 덧씌울 수 있다. 이것이 노력에 의해 기억을 바꿀 수 있는 뇌의 가소성이다. 물론 어린 나이에 배워야 하는 언어 습관 같은 것이 있는 반면 늦게 배워도 되는 습관도 있다. 촛불에 손을 대지 않아야 한다는 것을 배우려면 그것을 기억해야 하고, 기억이 습관이 되려면 적어도 몇 번 반복한다. 이때 성공에 보상이 뒤따르면 더욱 효과적이다. 이 왕이면 가슴으로 배운 것이 뇌 피질에 잘 새겨지기 때문이다. 새로운 습관은 반복적으로 기억을 입력하여 몸에 새겨지는 것인데, 반복은 금방 효과가 나타나는 것이 아니라 얼마간 쉰 후에야 새로운 습관으로 형성된다.

제임스는 우리가 겨울에 수영을 배우고 여름에야 스케이트를 배운다고 말했다(77쪽). 겨울에 스케이트를 배우면 이듬해 여름에 그 효과가 나타나고 여름에 수영을 배우면 그해 겨울쯤에 가서야 효과가 나타난다는 뜻이다. 이 말은 오늘날 모든 중독증 환자를 치료하는 데서 사실로 드러난다. 중독증은 오랜 기간 반복해왔기에 몸에 새겨진 습관이다. 의식만으로는 되지 않는다. 아무리 결심해도 사흘을 넘기지 못한다. 하루에 몇 시간씩 공부를 하겠다고 작심하고는 사흘을 넘기지 못할 뿐 아니라 술이나 담배를 끊겠다고 결심해도 큰 병에 걸리기 전에는 사흘을 넘기기 쉽지 않다. 그래서 작심삼일이란 옛말도 있다. 중독증은 의식적인 결심으로는 안 되고 적어도 4, 5개월 이상 대치할 다른 습관을 반복해야 한다. 불면증을 치료할 때 최소 6개월에서 일 년 정도의 시간이 필요한 것과 마찬가지다(물론 개인차와 상황에 따라 다르겠지만). 습관이란 생각이 아니라 감각의 영역이기 때문에 정확하다. 왔던 길이 그토록 긴데 쉽게 지워버릴 수는 없다. 길들이기는 시간을 요구한다.

그런 의미에서 작심삼일은 진리다. 공부도 작심삼일이고 담배를 끊으려는 결심도, 그녀를 더 이상 안 만나야겠다는 결심도 작심삼일이다. 치명적이고 강제적이며 물리적인 구속력이 없다면 모든 의지와 결심은 작심삼일로 끝난다. 의지란 것도 알고 보면 자동적이고 무의식적인 습관에 속하기 때문에 몸보다 더 강한 것은 없다. 강제로 연습과 반복을 하다보면 어느 순간 몸에 새겨져서 새로운 습관으로 정착되는 것이다. 제임스는 말한다. 우리는 의식적인 자동인형들이라고 We are conscious automata. 우리 선택이나 의지는 거의 다 자동적, 무의식적으로 일어난다. 삶이란 매 순간 일어나는 일에 정신을 집중하고 판단을 내리는 가운데 이뤄진다. 그런데 과거의 경험을 저장해놓지 않고 무슨 기준으로 인지하고 판단한단 말인가. 저축통장에 돈이 한 푼도 없는데 어디에서 잠을 자고 무엇으로 먹을 것을 마련하는가와 같은 물음이다. 마음은 기억의 저축이고 생각은 물질이다.

경험을 저장하는 전두엽이나 대뇌피질이 있다는 것이 인간을 동물보다 유리하게 만든다. 새로운 길을 개척할 수 있는 가소성을 갖기 때문이다. 툭 튀어나온 이마와 머리통의 피질은 호두처럼 수많은 주름으로 되어 있는데, 곳곳이 곳간이다. 제임스는 이것을 근원적 기억 the primary memory인 습관과 구별하여 이차적 기억the secondary memory이라 부른다. 혹은 그냥 "기억하기"라고 한다. 이차적 기억은 단순한 반복의 자동인형이 아니다. 이야기를 꾸미는 허구적이고 삽화적인 기억이다. 수영하는 법을 배우는 것은 몸에 새기는 근원적, 습관적 기억이다. 그러나 수영하던 날 있었던 일을 기억하는 것은 인문학적 기억이다. 이차적 기억은 꾸며지고 가감되어, 오스틴이 불평하듯이, 너덜너덜 이어붙인 넝마를 끌어안은 자의 변덕스러움과 같다. 이 삽화적 기억은 참으로 말썽꾸러기다.

사랑하는 연인들은 자주 싸운다. 그래서 사랑은 싸우면서 자라난다고 위로하기도 한다. 그런데 싸움의 대부분은 기억의 변덕스러움에서 비롯된다. 그날 있었던 일이나 나누었던 말을 나는 이렇게 기억하는 반면 그는 다르게 기억하기 때문이다. 서로 자기 기억이 옳다며 상대방의 기억을 믿지 않는다. 변명이나 거짓말, 혹은 그가 내게 관심이 없다는 증거로 들리기 십상이다. 그러나 삽화적 기억은 원래 변덕스럽고 진실에서 멀찍이 떨어져 있다. 지금부터 대가들의 이론에 잠깐 귀를 기울인다면 그런 싸움을 조금 줄이고 서로 이해의 폭을 넓힐 수 있을 것이다.

프로이트의
고민

제임스의 기억에 관한 견해는 프로이트의 기억 이론과 함께 100년여가 지난 오늘날의 뇌과학자들에 의해 재확인되고 있다. 제임스와 프로이트는 거의 동시대 인물이고 똑같이 뇌과학자로 출발했으며, 심리학자였으나 서로 대조되는 부분이 많았다. 한 사람은 미국의 부유한 집안에서 태어나 어릴 적 유럽을 여행하고 하버드대학 의과대 교수가 되었던 반면, 다른 한 사람은 나치 시대 유럽에서 태어나 유대인으로 박해받던 불운한 과학자였다. 프로이트 역시 다윈의 후예였고 인간에겐 동물적 본능 외에 경험을 저장하는 영역이 있다는 것을 평생 동안 주장했다. 그는 유대인으로서 교수 임용을 포기하고 아내에게 주었던 반지까지 팔아 집을 장만한 후 의사로 개업한다. 심리학자의 꿈을 버리지 않으면서 그는 독특한 자신만의 영역을 개발하려고 했다. 바로 무의식의 발견자가 되는 것이었다.

프로이트는 이성이 그렇게 견고한 영역이 아니라는 것을 드러내 인간의 자만심을 경고하려 했다. 그리고 이러한 자신의 의도를 "인간의 나르시시즘을 겨냥한 생물학적 충격"이라고 표현했다.[6] 최면 대신 대화요법talking cure을 창안한 그는 환자의 기억을 더듬어 대화를 통해 상흔을 알아내고 원인을 짚어주어 고착에서 해방시키려 했다. 프로이트의 고민은 환자가 현실에 적응하기 위해서는 답을 주어야 한다는 것이었다. 그러나 그 답은 과학적으로 증명할 수 있는 정답이 아니었다. 그는 기억이란 그렇게 복원될 수 있는 것이 아니며 병의 원인을 꿈의 분석이나 과거의 기억에서 찾을 수 있는 것이 아님을 알고 있었다. 이것이 최근까지도 그가 인문학계에서는 공헌을 인정받지만, 과학계에서는 기여 못지않게 의혹과 논쟁을 불러일으키는 이유다. 과학과 문학 사이에서 어느 한편에 설 수 없었던 그가 평생 존경한 두 사람은 생물학자 다윈과 독일의 시인 괴테였다.

제임스가 『심리학의 원리』를 출간한 해는 1890년이다. 그리고 프로이트가 기억에 관한 복잡한 글 「과학적 심리학에 관한 연구A Project for a Scientific Psychology」를 쓴 것은 5년 후인 1895년이었다. 두 사람은 기억의 구조에 관해 비슷한 견해를 가지고 있었다. 제임스에게는 기억이 인지와 생각을 끌어내는 핵심이었고 프로이트에게는 환자의 상흔을 밝히는 핵심이었다. 그런데 프로이트의 이 글은 1950년대에 에른스트 크리스가 영어로 번역해 알릴 때까지 거의 주목받지 못했다. 번역된 후에도 별 관심을 끌지 못하다가 최근 프로이트를 뇌과학자로 재해석하는 학자들에 의해 조명받게 된다. 사실 당시 프로이트는 약간 비과학적이면서 인문학적인 접근으로 세간을 놀라게 하려 했다. 인간의 무의식을 오이디푸스 신화로 풀어내고 문학작품에서 이를 확인하면서 꿈이 무의식으로 통하는 왕도라고 주장하는 『꿈의 해석』을 준비하고 있었기 때문이다. 1900년에 큰 야망을 품고 출간한 이 책에 대해 동료들은 실망감을 감추지 못했고 가장 가까웠던 빌헬름 플리스조차 우려스런 반응을 보였다. 격려와 충고를 아끼지 않았던 이 조언자는 『꿈의 해석』이 지나치게 자의적일 뿐 아니라 그것으로 무의식을 해석한다는 것에 우려를 표했다. 이런 면에서 『꿈의 해석』을 프로이트의 대표작으로 소개하는 것은 이해보다는 오해를 불러일으킬 수 있다. 이후 그는 전 생애에 걸쳐 맨 처음 발표했던 도전적이고도 조금은 무모했던 자신의 생각을 수정하고 보완했기 때문이다.

스물네 권으로 출간된 프로이트 전집의 글들은 대략 네 갈래로 나뉘는데, 환자를 다루면서 쓴 진료 기록과 무의식으로 문화 전반을 해석한 글, 예술가의 심리를 분석한 글, 그리고 심리학에 관한 자신의 생각을 정리한 글들이다. 그러나 그는 늘 맨 처음 품었던 기억에 관한 과학적 관심을 접지 않았다. 30년이 지난 후인 1925년, 그는 초기의 복잡한 글을 「신비한 글쓰기 패드에 관한 소고A Notes Upon the 'Mystic Writing-Pad'」라는 글로 쉽고 간략하게 압축했다. 당시에 글쓰기 패드라는 고안품이 나왔는데 그는 이것이 기억의 원리와 같은 방식으로 고안되었다는 것을 발견한다. 오늘날의 컴퓨터는 이 고안품의 원리를 복잡하게 발전시킨 것이라 여겨진다.

초등학교 시절 나는 문방구에서 얇은 수첩같이 보이는 글쓰기 패드를 샀던 기억이 있다. 표지인 투명 셀로판지를 넘기면 초를 먹인 푸르스름한 셀로판지가 나오고 그 위에 글자를 쓰고 셀로판지를 떼면 그 밑의 하얀 판지에 글자의 흔적이 남는다. 그리고 셀로판지에 썼던 글자들은 사라진다. 글자를 쓰는 곳과 글자를 저장하는 곳이 다르기에 계속 판지 위에 새로운 글자를 쓸 수 있는 장치였다. 컴퓨터의 원리도 이와 같다. 글자를 쓰고 저장하고 다시 쓰고 저장하는 무한한 용량, 그리고 이미 쓴 글자를 지울 수도 있으니 뇌보다 더 정확하고 편리하다. 그러나 저장된 것을 그대로 인출하기 때문에 뇌와 같은 독창성을 지닐 수는 없다. 그저 인간의 독창성을 보조하는 기계인 것이다. 어쨌든 지금으로부터 90년 전, 프로이트가 신비한 글쓰기 패드에서 본 것은 기억에 관한 뇌의 밑그림이었다.

이 글에서 프로이트가 간절히 말하고 싶었던 것은, 기억이란 정확히 복원되지 않으니 내가 밝히는 병의 원인이 환자를 낫게 한다면 그것은 정답이기 때문이 아니라 환자가 듣고자 갈망하는 답이기 때문이라는 암시였다. 이 글에서 그가 강조한 부분은 경험을 수용하는 의식consciousness과 그것을 저장한 흔적들memory-traces은 상호 배타적mutually exclusive이라는 사실이다. 프로이트는 이미 1896년 플리스에게 보낸 편지에서 이 주장을 명시했고 그로부터 거의 30년이 지난 후 글쓰기 패드를 가지고 또다시 자기주장을 반복한 셈이다.[7] 1895년에 쓴 첫 글을 30년이 지나 요약한 것은 기억에 관한 자신의 과학적 견해는 처음부터 끝까지 변함없었고 그동안 자신을 거쳐간 주요 환자들의 진단은 이 원리를 벗어나지 않았으니 심리학은 인문학과 마찬가지로 정확한 답이 없다는 것이다. 정답을 말할 수 없으면서 환자가 정답이라고 느끼게 해야 하는 것이 의사로서 프로이트의 고민이었다.

인간만이 기억을 무한히 저장할 수 있기에 삽화적 기억을 가질 수 있고 동시에 그 기억은 시간에 따라 계속 덧씌워지기에 회상한 내용은 모호해진다. 의식은 바쁘다. 계속 시간을 따라가며 인지하고 판단해야 하기 때문이다. 그래서 저장하기 버튼을 눌러 자신이 선별적으로 수용한 경험을 그때그때 저장소로 넘긴다. 이후에 사용하기 위해서다. 동물에게는 시계가 없다. 그들이 시계를 차고 다니지 않는 것은 두 기관이 상호 배타적으로 역할 분담이 되어 있지 않아서다. 하이데거가 말했듯이 다자인Dasein은 시간 속에 존재하므로 죽음에 대한 두려움을 느끼고, 이것이 인간에게만 종교와 예술이 필요한 이유다.

프로이트의 기억에 대한 견해는 어떻게 최근의 뇌과학에서 재확인되는가. 이제 조금 복잡하지만 따끈따끈한 최신 과학 정보를 소개해보려 한다. 대니얼 색터의 『기억을 찾아서Searching for Memory』(1996)를 비롯한 여러 학자의 글 가운데 여기서는 엔델 털빙을 중심으로 이뤄진 두 편의 글을 소개한다. 1996년에 발표한 논문은 프로이트의 상호 배타적인 관계를 떠올리게 하고, 이듬해에 발표한 논문은 자의식을 언급하고 있어서 '나는 왜 고독한가'를 알 수 있게 해준다. 고독은 진화의 필연적 산물이었다. 전자는 '양전자 방출 단층 촬영PET Studies'에 의해 뉴런이 활성화되는 것을 이미지로 볼 수 있기에 가능해진 소위 헤라HERA 모델에 관한 글이고, 후자는 거울단계를 소개하면서 어떻게 무의식이 망각되고 자의식이 싹트는지 흥미롭게 설명한 귀한 글이다.[8] 이 두 편의 글로 넘어가기 전에 꼭 짚어야 할 사건이 있다. 프로이트가 말한 기억에서 외부 경험을 수용하여 저장하는 의식이 뇌의 어떤 부분에서 일어나는가에 관한 발견이다.

해마는 진화와 기억의 원리에서 빠뜨릴 수 없는 뇌의 부분이다. 해마는 말의 발굽 모양을 닮았다고 해서 이름 붙여진 뇌의 가운데 부분, 약간 길쭉하고 반달처럼 구부러진 부분을 가리킨다. 이것이 기억에서 매우 중요한 역할을 한다는 것은 1953년 헨리 폴레슨이라는 환자에 의해 밝혀졌다. 뇌의 해마 부분을 제거한 환자는 부모와 가족을 알아보고 먼 기억을 떠올리는 반면 입원한 후에 일어나는 일들은 전혀 기억하지 못했다. 예를 들어 매일 드나드는 의사나 간호사를 매번 낯선 사람으로 여기는 것이다. 여기서 두 가지 사실이 밝혀진다. 해마는 새로운 경험을 저장하는 데 중요한 역할을 한다는 것과, 아직 옛 기억이 남아 있다는 것은 저장소는 해마가 아니라 다른 부분이라는 사실이다. 이 발견은 획기적인 것으로 '기능성 뇌자기 공명영상fMRI'과 같은 최신 장비가 발달한 최근에도 크게 달라지지 않는다. 예를 들어 어떤 사건이 진행 중이라면 해마는 활성화되지 않는다. 오직 종료된 사건을 기억할 때만 활성화된다. 진행 중인 사건은 대뇌피질에서 해마를 거치지 않고 즉각 활성화되지만 종료된 사건을 인출해야 하는 경우 반드시 해마가 필요하다는 것은 무엇을 의미하는가. 기억에서 해마는 저장과 인출 기능을 맡고 저장소는 따로 있다는 프로이트의 발견을 증명하는 것이다.

두 종류의
기억

털빙이 1996년의 논문에서 언급하는 헤라 모델에서 헤라HERA는 뇌의 반구에서 저장과 인출이 비대칭, 즉 상호 배타적이라는 것을 표시하는 약자다(the hemisheric encording/retrieval asymmetry). 내가 동물로부터 진화했다는 것은 동물과 다른 기억을 갖는다는 의미다. 어느 날 나는 그에게 이렇게 말했다. "저는 수영을 할 줄 알아요. 아직도 수영을 배우던 첫날, 당신이 했던 말을 기억한답니다." 이 말은 독수리가 나는 법을 배우듯이 나도 수영하는 법을 배웠다는 본능적 습관과 "그러나 나는 독수리와는 달라요, 그날 당신의 말을 기억하기 때문이지요"라는 삽화적 혹은 이차적 기억을 포함한다. 누군가에게 이런 말을 듣는 사람은 행운아다. 관심의 표현이기 때문이다. 부디 사랑의 기회를 놓치지 않도록. 헨리 제임스의 유명한 단편 「정글 속의 짐승」은 바로 이것을 모르는 남자의 비극에 관한 이야기인데 조금 뒤에 다루기로 하고 지금은 두 가지 기억이 뇌의 전두엽에서 어떻게 이뤄지는지에 집중하자.

앞의 기억은 반복 학습에 의해 습관으로 새겨진 것이고, 뒤의 기억은 회상이어서 개인적 의도가 포함되기 때문에 정확히 복원되지 않는다. 학자마다 이 두 가지 기억을 부르는 이름이 조금씩 다르다. 털빙은 앞의 것을 '의미 기억semantic memory', 뒤의 것을 '삽화 기억epi-sodic memory'이라 부른다. 그는 이런 기억들이 좌우 전두엽에서 어떻게 활성화되는지를 연구했다. 의미 기억은 반복에 의해 몸에 새겨지는 중독증, 본능적인 기억, 언어와 지식의 습득, 인지 등으로 저장과 인출 모두 왼쪽 뇌에서 일어난다. 왼쪽 뇌가 논리적 지식에 능숙하고 왼쪽 뇌가 담당하는 오른손이 습관적 동작에 능숙한 것과 같은 맥락이다. 왼손으로 밥을 먹는 사람이 드문 이유다. 그리고 삽화 기억 혹은 회상은 의미 기억이 인출될 때 저장된다. 다시 말하면 지식이나 단어를 인지하는 순간 회상을 위해 저장이 동시에 일어난다는 것이다. 그리고 오직 삽화 기억의 인출, 즉 지난날을 떠올릴 때만 오른쪽 뇌가 활성화된다.

영상 기술의 발달로 뇌의 좌우 활성화를 볼 수 있게 되면서 우리는 기억과 인지에 관한 여러 의문점을 풀 수 있게 되었다. 예를 들어 젊은이가 노인보다 기계적이고 논리적인 추구에 강한 이유는 본능적 습관을 담당하는 왼쪽 뇌가 더 활성화되기 때문이다. 나이 들면서 점차 오른쪽 전두엽의 인출이 활발해져서 사물의 전체 윤곽을 보는 능력이 증대되고 동시에 회상의 빈도수도 늘어난다. 내가 처음 낳은 딸을 안고 밤을 새우던 그 순간들처럼. 칭칭 보채고 얼굴이 빨개지도록 울어서 어찌할 바를 모르던 순간들 사이사이에 아이는 잠깐 잠이 든 듯 조용했다. 태어나서 꼬박 110일을 밤 아홉 시경부터 보채기 시작해 밤 열두 시부터 새벽 세 시까지 막무가내로 울던 아이. 소위 '콜릭'이라는 증상인데 낮에는 자고 밤에는 깨어 울었다. 기저귀를 여러 번 갈아 채우고 안고 달래다가 안 되면 업고 서성였고, 더 울면 어찌할 바를 모르던 시간들. 한밤을 새우고는 새벽 다섯 시쯤 되어서야 조용해지던 아이, 잠시 조용해지는 아이를 안고 나는 무언가로 마음속을 채워야 했다. 그때 지난날들이 떠올랐다. 이상하게 달콤하고 그리워지는 날들. 아, 이제부터 나에게는 미래보다 과거가 더 많이 찾아들게 되는가보다. 아이를 안고 앉아서 몸을 앞뒤로 흔들던 그때의 내 모습이 잊히지 않는다. 삶의 어떤 전환점처럼 떠오른다.

이제 더 나이가 드니 기억의 저장과 인출이 모두 쇠퇴해서 기억력이 떨어진다. 특히 이름이 잘 생각나지 않는다. 동사나 형용사는 주어와 연관되어 반복적으로 저장되고 인출되기에 깊이 새겨진다. 그러나 이름은 개별적인 것이어서 반복이 덜하므로 얕게 저장된다. 마찬가지로 인상적인 장면이나 모욕적인 언어는 깊이 저장되어 회상에서 반복적으로 인출된다. 특히 모욕적인 충격은 이런 되풀이되는 인출 때문에 일상에 적응하지 못할 정도로 깊어진다. 생각하지 않으려 하면 더 생각하게 되는 악순환에 휘말린다. 이것이 리비도가 흐르지 못하고 한곳에 고착되는 정신적 외상이다. 나도 한때 이런 병에 시달린 적이 있다. 아주 심한 모욕적인 말들은 되풀이되어 떠오르고 그럴 때마다 온몸이 증오로 떨린다. 물론 책을 읽고 일에 집중하려 애써도 처음에는 잘 되지 않았다. 즐겁고 좋은 일이 일어나면 덜해지겠으나 이런 경우 대부분 나쁜 일이 연달아 일어나고 자꾸만 둘을 연관시키게 되었다. 그리고 사람을 만나기 싫어진다. 내가 한참 잘나갈 때 상처받는 말을 참 많이 들었다. 그 후 잘 나가지 못하자 그런 말들은 사라졌고 대신 내가 오래 앓았다. 그런 말들은 감정을 찢는 것이기에 분석가에게도 털어놓지 못한다. 오죽하면 분석가들이 최면을 걸었을까. 프로이트가 최면술을 버리고 대화요법으로 돌아선 것은 네가 할 수 있는 말만 듣고 나는 할 수 있는 답을 들려주겠다는 것이다. 위장하지 않은 언어는 없고 그 위장에 기대 우리는 살아가기 때문이다. 시간이 아주 많이 걸려 내가 얻은 것은 그래도 자신이 할 수 있는 일, 원하는 일을 꾸준히 하는 것 외에 치유의 길은 없다는 사실이다. 알코올 중독이나 마약 중독처럼 나쁜 반복을 좋은 반복으로 덮어씌우는 길 외에 달리 방법은 없었다.

왼쪽 뇌는 제임스가 말한 습관이나 프로이트가 말한 기억의 흔적을 담당하고 오른쪽 뇌는 제임스가 말한 회상과 인지, 프로이트가 말한 의식을 담당한다. 털빙은 왼쪽 전두엽이 활성화되면 오른쪽 전두엽은 활성화되지 않는다고 말한다. 기억의 흔적과 의식은 상호 배타적이라고 프로이트가 그토록 강조하지 않았던가. 무려 120년 전인 1895년, 「과학적 심리학에 관한 연구」라는 글에서 프로이트는 이것을 밝히고 있었다.

다시 한번 반복하면 왼쪽 전두엽은 의미 기억의 저장과 인출을 맡고 이때 삽화적 기억이 동시에 저장된다. 회상과 인지는 진화의 부분으로 오른쪽 뇌에서 인출된다. 우리는 흔히 기억을 회상의 의미로 받아들인다. 그래서 오직 인간만이 기억을 갖는다고 말하지만 그 기억은 이렇게 저장과 인출이 서로 반대편에서 분리되어 활성화된다. 나는 왜 지금 비슷한 내용을 정성 들여 반복하고 있을까. 바로 내 머리 안에서 일어나는 일인데 내가 모르기 때문이다. 세상의 온갖 것은 다 아는 척하면서 나는 내 머릿속에서 일어나는 일은 모른다. 보이지 않으니까. 모든 일이 휙휙 지나가는 세상에서 일일이 뇌에서 일어나는 일을 알아보면서 살 수는 없다. 사실 위의 것을 지금 듣고 알아도 조금 지나면 잊어버린다. 왜? 기억과 인지는 거의 자동으로 일어나기 때문이다. 우리는 많은 일을 무의식적으로 처리하면서 살아간다. 인지와 판단의 속임수도 마찬가지다.

회상은 오직 인간에게만 있는 기억이고 이 허구적 기억이 문화와 문명을 낳게 했다. 그러나 이 세상에 대가 없이 얻어지는 것은 없다. 나는 진화의 조건으로 자의식을 얻었고 이 개체의식은 고독이라는 고지서를 발행한다. 니체는 개체화를 비극의 시작으로 보았다. 문명과 질서의 신인 아폴론은 개체화를 옹호하는 반면 쾌락과 대자연을 옹호하는 디오니소스는 개체화를 해체한다. 사회 속의 개인인가, 아니면 자연과 하나로 통합되는 짐승인가. 니체에게 인간의 참모습은 가슴속에 짐승을 숨긴 문명인이었다. 대표적인 인물이 소포클레스 비극의 주인공 오이디푸스 왕이다. 비극은 이렇게 탄생한다. 스핑크스의 수수께끼를 풀고 왕이 된 그는 알고 보니 아버지를 죽이고 어머니와 결혼한 패륜아였다. 물론 모르고 저지른 무의식의 짓이었다. 그런데 왜 관객들은 그의 비극을 보고 즐거워하나? 기존의 도덕은 신에 대한 두려움과 운명에 대한 경외감이라고 해석하지만 기독교 신을 거부한 젊은 니체는 이렇게 말한다. 그토록 지혜로운 왕의 가면이 한 겹 두 겹 벗겨지고 짐승 같은 그의 본모습이 조금씩 드러날 때마다 관객은 즐겁다고. 왜?

이런 생각들 속에서 나는 세상에 관한 심오하고 비관론적 시각을 구성하는 갖가지 요소를 맛보고, 신비한 비극의 원리들을 깨닫는다. 즉, 모든 사물은 기본적으로 하나로 통합되어 있음을 이해하고 개인화는 악의 근원이며, 예술은 이 개인화의 마술을 깨고 근원적인 통합이 복원되는 것을 유쾌한 희망 속에서 보여

주는 것임을 알게 된다.9

니체에게 개체화는 죄다. 개체화를 벗어나 자연과 통합하는 것이 해방이었다. 사회적 규제의 신인 아폴론보다 유쾌한 쾌락의 신인 디오니소스가 더 위력 있고 개인은 결국 그의 품 안으로 돌아가 해방과 평화를 누린다. 그러면 나는 어떤 경로로 개체화되었나? 분명히 태어나서 한두 살까지 나는 엄마 품 안에서 철모르고 살았다. 내가 누구인지 느끼지 못하던 무의식의 시절이 있었다. 이제 무의식에서 자의식으로 철들어가는 과정을 살펴보자. 오이디푸스 왕의 비극을 보고 환호하던 관객들은 외롭고 힘들어 디오니소스의 품으로 돌아가기를 무의식적으로 소망했다. 내 안의 또 다른 나를 지켜보며 사는 일은 힘들기 때문이다.

우리가 이미 예측하듯이 자의식은 필연적으로 회상과 연결된다. 털빙은 1997년 논문에서 오직 인간만이 오른쪽 전두엽의 진화로 회상 기능을 갖게 되고 이것이 내가 나를 바라보는 인식을 갖게 되는 계기라고 말한다. 다윈이 말한 거울단계는 털빙에게도 여전히 중요하다. 유아는 4개월이 되기 전에는 자신과 환경을 구별하지 못한다. 4개월이 되면 거울을 보고 환호하는데 여전히 거울상이 자신인 줄 모른다. 이후 조금씩 외적인 자극과 반응의 범위를 넓혀가면서 지식과 행동을 습득한다. 살아가는 데 필수적이고 기본적인 본능을 저장해나가는 것이다. 8개월이 되면 유아는 단순한 결정을 하게 되고, 9개월부터는 배운 것을 반복하면서 단순한 생각을 싹틔운다.

여기서 한 가지 흥미로운 것은 약 반세기 전에 정신분석학자 라캉이 「거울단계the Mirror Stage」라는 글을 발표했는데 지금 털빙도 거의 같은 이야기를 하고 있다는 사실이다. 약 8개월에서 18개월 사이의 유아는 거울에 비친 상을 보고 환호하면서 자신을 완벽한 이미지로 착각한다. 이 착각의 이미지는 '이상적 자아'로 남아 훗날 자신을 통합된 이미지로 볼 수 있는 바탕이 된다. 라캉은 이 단계를 주체 형성의 근원이라 표현하고 털빙은 개체의식 혹은 자의식이라 표현한다. 거울단계에선 자의식이 없지만 훗날 자의식이 생기는 필수 단계라는 점에서 중요하다. 그리하여 나는 언제나 자신을 남에게 완벽한 이상형으로 보이려는 욕망과 부담을 동시에 지니고 살게 된다.

자의식은 두 살 반쯤부터 발달하기 시작한다. 오른쪽 전두엽에서 의식이 활성화되고 삽화적 기억이 가능해지면서 유아는 천천히 성장한다. 털빙은 이 자의식이 시작되는 시점을 "어린이 기억 상실" 혹은 "유아기 망각Childhood Amnesia"이라 표현하는데 이 현상은 프로이트가 「스크린 메모리The Screen Memory」에서 이미 이야기한 것과 같다. 자의식이 싹틈과 동시에 그 전의 기억들은 모두 지워진다는 것이다. 프로이트는 성장 후 우리가 세 살 이전에 일어난 일은 기억하지 못한다고 말한다. 자의식이라는 변화가 그 이전의 기억을 저장도 인출도 할 수 없게 만들기 때문이다. 자의식을 얻는 대가로 나는 유아기에 일어났던 일을 모두 잊어야만 된다. 이제 오른쪽 전두엽이 회상 기능을 인출하게 되었으니 미안하지만 그 이전의 기억들일랑 모두 지우겠다, 몸의 기억인 습관이나 행동만 남겨두고. 도대체 자의식이 없던 시절에 어떻게 삽화적 기억이 가능하기를 기대한단 말인가.

두 살이 끝날 무렵, 유아가 자의식을 갖게 되면, 의도적인 회상의 능력이 생기고 과거, 현재, 미래라는 시간 의식이 생긴다. 과거를 되돌아보고 미래를 구상한다. 시간의 흐름을 의식하고 시계를 보면서 나는 대상에 대해 인식하기 시작한다. 자신을 개체로서 바라보기 때문에 타인이 보이는 것이다. 자의식은 내가 다른 사람들을 인정하고 법을 지키며 함께 어울려 살아야 한다는 사회적 인식이다. 그리고 현실에 대한 사유와 신중한 판단이 발달한다. 개체의식과 사회의식 그리고 회상 능력을 얻으면서 이제 나는 디오니소스가 아니라 아폴론의 딸임을 알게 된다. 털빙은 무의식과 자의식의 차이를 다음의 두 문장으로 명쾌하게 설명했다.

개 한 마리가 뜰 안에 있다A dog is in the yard.
나는 지금 뜰 안에 있는 개 한 마리를 지켜보고 있다I am now
watching a dog in the yard.

첫 문장에는 주어인 '나'가 빠져 있다. 마치 20세기 초 이미지즘 시인들이 개체의식을 배제하고 보이는 것을 그대로 그림처럼 표현하려 했듯이 개인 감흥이 배제된 극히 건조한 묘사다. 의사이자 시인이었던 미국의 윌리엄 칼로스 윌리엄스(1883~1963)의 시, 「빨간 외바퀴 손수레」에는 지켜보는 주체가 없고 그냥 장면만 있다.

너무나 많은 것이 실려 있다
빗물에 젖어 번들거리는
빨간 외바퀴 손수레

이미지즘 시인들은 아마 어린 시절, 내가 개체화가 되기 이전으로 돌아가고 싶었을 것이다. 그때는 자의식이 생기기 이전 감각만 있었다. 예술은 원래 아폴론의 억압을 뚫고 디오니소스가 승리하는 것이므로 이 시는 주어를 생략하여 감각을 되살려낸다. 다시 털빙의 예문으로 돌아가면, 두 번째 문장에서는 주체가 분명하다. 나라는 개인의 시각으로 개를 바라본다. 자의식이 생기면서 유아기의 의미 기억들이 지워지는 것은 그 일들이 자신만의 개인적 경험이 아니기 때문이다. 자의식은 회상의 기능뿐 아니라 개인적 감흥, 욕망, 야망, 기대감, 대상에 대한 인식, 시간 여행, 미래 계획 등 더 높은 인간의 능력을 포함하여 한 명의 성인으로 살아가는 필수 조건이 된다.

내가 나를 바라본다는 것은 타인의 시선을 의식하는 것이다. 타인의 기대에 맞춰 살아야 한다는 부담감이다. 디즈니 만화영화 「겨울왕국」에는 장차 여왕이 될 언니의 심리적 부담감이 잘 나타나 있다. 모든 것을 얼게 만드는 마법에 걸린 사실을 알고 부모는 그녀에게 절대로 마법에 걸린 사실을 남들이 알게 하면 안 된다고 일렀다. 그녀는 자신을 가두고 동생에게도 거리를 두며 살다가 마침내 모든 것을 내던지고 있는 그대로 얼음 공주로서의 자아를 인정한다. 이제 더 이상 감추고 가두고 조심하면서 살지 말자. 남을 의식하지 말자. 그녀가 왕궁을 떠나면서 부르는 유명한 노래 〈렛 잇 고Let it Go〉가 그토록 많은 사람에게 호소력을 갖는 것은 바로 이런 부담감에서 해방되고 싶은 우리의 디오니소스적 충동 때문이다.

그는 장님보다
더 고독했다

예술은 자의식에서 해방되는 즐거움을 한 단계씩 선물한다. 카타르시스를 통해 억압된 긴장을 푸는 과정이다. 만일 잘 짜인 소설이나 영화가 없었다면 우리는 다른 것에서 현실을 망각하고 자아를 잊는 길을 찾게 되었을 것이다. 나 혼자 세상과 대적한다는 고독, 개인화가 안겨준 절대 고독을 우리는 어떻게든 덜어내야 한다. 인정받지 못하는 외로운 나, 버림받은 나를 잊기 위해 망각의 늪이 필요하다. 이것이 모든 중독증의 원인이다. 술, 담배, 도박, 인터넷, 성…… 무엇이든 의식을 잠재워 자아를 망각하는 일은 디오니소스적 해방의 즐거움을 안겨준다. 중독증은 몸의 쾌락이 의식의 판단을 압도하는 증상이다. 20세기 후반의 미국 작가 레이먼드 카버(1938~1988)는 개인의 고독을 탁월하게 그렸다. 가난과 인정받지 못하는 불운함으로 인해 알코올 중독자가 되었던 그는 타인과 소통하지 못하는 외로운 주인공을 잘 그려냈다.

단편 「대성당」(1983)의 주인공은 어느 날 집에 장님을 초대하게 된다. 아내가 10년 전에 알게 된 장님은 늘 아내와 녹음테이프를 교환하고 교신을 해왔다. 장님이라면 으레 색안경을 쓰고 지팡이를 짚고 다니며 세상을 볼 수 없다고 생각한 주인공은 음식을 장만하는 아내에게 은근히 못마땅한 기분을 드러낸다. 그는 장님에 대해서뿐 아니라 흑인이나 유색인에 대해서도 닫힌 생각을 살짝 내비친다. 그런데 막상 찾아온 장님은 그가 생각했던 것과 전혀 달랐다. 수염을 기르고 옷차림도 말쑥했으며 세상을 보는 시각이 그보다 훨씬 열려 있었다. 아내는 편하게 장님을 맞이하는 반면 오직 주인공만이 불편하고 그에게 무슨 말을 해야 할지 모른다. 세 사람이 식사를 말없이 그리고 대청소하듯이 말끔히 비운 후 아내는 소파에서 잠이 든다. 장님과 함께 그만을 달랑 남겨놓고서. 주인공은 연신 술잔을 비우고 장님에게도 술을 권하면서 텔레비전을 틀어놓고 있었다. 그리고 드디어 마리화나를 그에게 권한다. 불안하고 긴장한 그와 달리 장님은 모든 것을 편안하게 즐겼다. 그리고 태어나서 처음이라는 마리화나까지 사양하지 않고 맛있게 피웠다. 텔레비전에서는 마침 유럽의 유명한 성당들을 소개하고 있었고, 그는 성당을 볼 수 없는 장님에게 내부를 설명하느라 진땀을 뺀다. 장님은 그에게 한 가지 제안을 한다. 젊은이, 성당을 그려보면 어떨까? 물론 장님은 볼 수 없다. 아내가 식료품을 싸온 큰 마분지 봉투를 펴고 펜으로 성당을 그리는 그의 손을 장님의 손이 감싸 쥔다. 둘이 함께 그리면서 주인공은 지금까지 한 번도 느끼지 못했던 신비한 경험을 한다.

주인공의 닫힌 마음이 세상을 향해 열리는 과정을 담담히 그린 이 단편은 세상과 타인을 편견 없이 받아들이면 삶은 순간마다 배움으로 가득 찬 풍성한 것이라는 사실을 알려준다. 단절과 고독 속에 갇힌 그는 술과 텔레비전과 마리화나로 자신을 잊으려 했다. 반면 장님은 다만 눈으로 보지 못할 뿐 몸으로 볼 수 있고 그의 마음은 열려 있었다. 매 순간 새로운 것을 배우려는 장님에 비해 주인공은 그저 자신을 잊으려 하고 그럴수록 더 고독해진다. 그의 자의식은 늘 그를 위협하며 그럴수록 두렵고 움츠러들면서 방어벽을 굳게 쌓는다. 타인을 받아들인다는 것은 내 속의 또 다른 나를 받아들이는 관용을 의미한다. 자의식이 전혀 없으면 양심에 털이 나는 것이고 지나치면 고독의 성에 갇히고 만다. 자의식은 세상에서 나는 홀로라는 개인화이고 동시에 타인과 어울려 살아야 한다는 사회화이기 때문이다. 이런 양면성 때문에 너무 어울려서도 안 되고, 너무 안 어울려서도 안 된다. 너무 어울리다보면 세상이 너를 삼키고 너무 안 어울리면 술이 너를 삼킨다. 물론 직업에 따라 학자와 예술가는 고독을 벗 삼아야 독창적인 작업을 할 수 있고 정치가는 어울려야 개혁을 할 수 있지만 둘 다 사회를 떠나서는 존재하지 않는다. 다만 소통의 방식이 다를 뿐이다.

나는 매 순간을
즐길 수 있을까

인간만이 시계를 보고 과거를 회상하며 미래를 꿈꾼다. 그러다보니 현재가 증발한다. 아무리 매 순간을 즐기라고 해도 매 순간이란 실제로는 존재하지 않는다. 현재란 오직 '일정한 기간duration'으로만 존재한다. 회상 능력은 '내 속의 또 다른 나'라는 자의식이고 이 능력은 자동적이어서 지금 일어나는 일을 인식하거나 판단 내리는 데도 간섭한다. 아니, 과거의 경험이 없으면 현재 인지와 판단도 할 수 없다. 제임스는 이를 이정표에 비유했다. 경험하는 곳곳에 표지를 붙여놓아야 우리는 이 표지판에, 이정표에 의지해 길을 찾아갈 수 있다는 것이다. 쉽게 말하면 우리는 제 눈에 안경을 쓴 채 사물을 인지하고 판단한다. 제 눈에 안경이라니 얼마나 외로운가. 털빙이 회상과 자의식을 좌측과 우측 전두엽의 활성화와 연결한다면, 제임스는 기억과 인지를 사적인 친근감과 연결시킨다. 기억은 개인의 친밀감이나 정감에 영향을 받는다(159쪽). 회상은 나의 것이고 주관적이다. 어떤 사람이나 사건에 개인적으로 연루될수록 그것에 대한 기억은 오래 남는다. 내 삶에서 가장 소중했던 시간들은 아름답게 기억되고 내 삶에서 가장 치명적인 실수나 상처를 준 사람들은 나쁜 기억으로 오래 남는다. 주기도문에는 이런 구절이 있다. "우리가 우리에게 죄지은 자를 사하여준 것'같이' 우리 죄를 사하여주옵시고……" 이때 '같이 as'라는 단어를 나는 '만큼'이라고 해석하고 싶다. 성직자들께는 죄송하지만 어쩐지 나에게는 그게 더 강력하게 다가온다. 나에게 죄지은 자를 사하여준 것만큼 내 죄를 용서하소서. 아름다운 기억은 회상할 때 나를 아름답게 만들고 나쁜 기억은 나를 나쁘게 만든다. 아름답게 그리워하는 마음도 내 마음이고 부르르 치가 떨리는 마음도 내 마음이기 때문이다.

기억은 내가 직접 경험해야만 하는 것으로, 나의 '따스함 및 친밀함'과 연결된다. 그것은 다른 누가 아니라 떠올리는 사람 자신의 마음속에 새겨진 것들이기 때문이다. 제임스는 이렇게 말한다.

그러나 이것조차 기억은 아닐 것이다. 기억은 과거에 있었던 어떤 사실과 단순히 만나는 것 그 이상을 요구한다. 그것은 내 과거 안에서 만나는 것이다. 다시 말하면 떠오르는 그 일을 내가 직접 경험한다고 생각해야 한다. 생각하는 사람이 자신의 것으로 점유한 모든 경험이란 자아에 관한 장에서 그렇게 자주 이야기되었던 '따스함과 친근감'을 가진 것들이다(436쪽).

털빙이 자의식은 개인화이며 회상 능력이라고 강조했듯이, 제임스 역시 회상이란 개인적 경험이고 이 사적인 경험들은 따스함과 친근감에 의해 깊이 새겨진다는 점을 강조했다. 기억은 다음과 같은 3단계를 거쳐 떠오른다. 우선 경험한 일을 저장하는 것, 그것을 회고하거나 다시 떠올리는 것, 그리고 그럴 때마다 그것이 신경조직 안에 습관으로 자리잡는 것이다. 그러므로 기억은 시차에 의해 생각들이 서로 접촉하는 대단히 물리적이고 생리적인 현상이다. 회상은 마음과 물질의 연합이고 심리적이며 육체적인 현상이다. 마음에 담아두어야 하고 뇌에 저장되어 습관적으로 이뤄져야 한다. 누군가를 사랑할 때 그와 함께 보낸 일들은 하나하나 세밀하게 떠오른다. 생각하지 않으려 해도 자동으로 떠오른다. 따스한 친밀감이 클수록 깊이 저장되고 계속 인출하기에 습관이 되는 것이다. 타인에 대한 따스한 친밀감이 없다면 어떻게 될까. 아무와도 연결 고리를 맺지 못하고 아름답거나 아픈 기억이 없는 텅 빈 허수아비처럼 지난 일들을 저장하지 못한 채 고독한 사람이 될 것이다. 바로 여기 그런 사람들이 있다.

「정글 속의 짐승」(이하 「짐승」)은 1903년에 발표한 헨리 제임스의 후기 단편이다. 심리학자인 형 윌리엄과 작가인 동생 헨리는 평생 함께 토론하면서 영향을 주고받았다. 오죽하면 형은 문학이나 철학을 하듯이 자연과학을 탐구했고 동생은 자연과학을 하는 자세로 작품을 썼다는 평이 나올까. 「짐승」은 난해하기로 유명한 동생의 여러 작품 가운데서도 모호함으로 악명 높다. 기억이 따스한 친밀감과 연결된다는 주제, 사랑을 가로막는 에고이즘, 그리고 현재를 충만히 살아야 하는 이유 등을 느끼려면 적어도 다섯 번은 읽어야 하는 괴상한 작품이다. 나는 「필경사 바틀비」를 읽고 나서 누군가에게 강박적으로 쫓기는 꿈을 꾸었는데 「짐승」을 읽은 후에는 비몽사몽 같은 말, '그것it'이 반복되는 어지러운 밤을 보냈다. 이 두 작품의 끈질긴 반복은 속 시원히 풀리지 않는 어떤 것에 대한 집착을 끌어내며, 학자들은 이것에 매료되는 듯하다. "나는 하지 않는 것이 더 좋겠어요"만큼 반복되는 비밀스런 '그것it'이란 낱말은 숱한 해석을 자아냈다. 심지어 '그것'을 작가 자신의 비밀스런 동성애로 풀어낸 멋진 퀴어queer 이론가도 있었고 이에 대응하여 정신분석으로 풀이하는 학자도 있었다.[10] 한마디로 '바틀비 산업'만큼 '짐승 산업'도 만만치 않다는 얘기다.

로마에서 만나 함께 시간을 보냈던 두 남녀가 10년이 지난 후 우연히 런던의 큰 저택 모임에서 만난다. 여자는 단번에 그를 알아보고 반갑게 옛날에 있었던 일을 자세히 기억한다고 말한다. 그러나 남자는 그녀의 모습조차 기억하지 못했다. 특히 그녀가 로마에서 만나 근처에 함께 놀러 갔고 중요한 비밀의 말을 나누었다고 암시할 때 놀라기까지 한다. 아름답고 다정한 데다 자신에 관한 중요한 정보를 기억하고 있다니. 마처는 신기해서 그녀와 자기 사이에 낭만적인 일이 일어났더라면 좋았을 거라고 상상까지 한다. 그런데 그녀가 기억하는 아주 중요한 일, 그것은 무엇일까. 마처는 늘 조만간 자신에게 어떤 끔찍한 일, 즉 '그것'이 일어나리라는 두려움을 느끼며 살고 있었다. 그리고 자신이 까맣게 모르는 과거를 자세히 기억하는 메이가 그것의 정체를 알고 있다고 믿는다. 세상천지에 자기 말고 그 비밀을 간직한 사람은 없는데 그녀가 알고 있다니, 그녀야말로 내가 유일하게 의지할 수 있는 여자구나. 그래서 부탁한다, 앞으로 자신과 함께 그 일이 벌어지는 것을 지켜봐달라고.

마처는 절대 고독의 사내다. 그에게는 가족이나 친척은 고사하고 친지도 없었다. 지난 10년간 그녀 이후 단 한 명의 여자도 사귀지 않았다고 말하는 마처에게 메이는 깊은 연민을 느낀다. 그는 자신에게 어떤 끔찍한 일이 일어나리라는 두려움 때문에 아무도 가까이하지 않았다. 다른 사람에게 비밀을 털어놓지도 못했고 폐가 될까봐 늘 그들과 거리를 두고 살아왔다. 그런데 이제 단 한 사람, 너무나 끔찍해서 '그것'이 무엇인지 그에게 알려주지 않는다고 믿게 하는 여자가 나타난 것이다. 마처는 그녀와 정기적으로 만난다.

영화나 소설에서 두 남녀가 감정을 드러내지 않도록 조심하면서 대화를 나눌 때 정작 본인들은 모르는 것을 제삼자인 관객이 느끼는 경우가 있다. 이 두 사람도 마찬가지다. 내가 보기에 둘은 결혼만 하면 모든 문제가 해결될 것 같은데 계속 만나 이야기만 나눈다. 여자는 그를 사랑하고 있고 그도 그녀가 자신을 사랑하며 관심을 갖고 있다는 사실을 안다. 다만 그 자신도 그녀를 사랑하고 있다는 사실을 모를 뿐이다. '그것'에 대한 두려움에 압도되어 사랑의 감각을 묻어버린 것이다. 세련된 감수성과 인내로 메이는 언젠가 그가 자기 사랑을 받아주기를 기다린다. 사실은 그녀도 '그것'이 무엇인지 모른다.

다만 미래에 대한 그의 두려움을 없애주고 그가 열정을 가지고 자기 사랑을 받아주기를 기다릴 뿐이다. 그녀가 두려워하는 것은 마처가 깨닫기 전에 둘을 갈라놓는 자신의 죽음이었다. 과연 마처가 두려워하는 '그것'은 무엇인가. 헌신, 열정, 희생, 용기, 사랑, 시간, 그리고 죽음…… 글이 진행되면서 그것의 의미는 계속 달라진다.

마처에게는 과거가 없듯이 현재도 없다. 온통 미래에 일어날 끔찍한 어떤 일로 가득 차 바로 눈앞에 있는 일들에 친밀한 감정을 느끼지 못한다. 마크 트웨인의 유머처럼 평생토록 걱정했던 많은 일이 실제로는 거의 일어나지 않으리라는 것을 모른다. 마처는 '그것'에 대한 두려움, 그리고 그것이 무엇인지 밝히고자 하는 집념 때문에 메이가 암시하는 사랑의 말들을 모두 놓친다. 마지막 시도가 실패로 끝난 후, 메이는 치유되지 않는 병에 걸리고 마처는 혼자 남게 될 자신이 두렵다. 자신만을 생각하는 닫힌 이기심 때문에 메이가 죽은 후 그는 먼 이국땅을 여행하지만 결국은 다시 메이의 무덤을 찾는다. 어느 날 우연히 그는 무덤 앞에서 슬프게 우는 한 남자를 발견한다. 그리고 그 순간 그동안 잊고 살아온 감각이 그에게 되살아난다. 그가 놓친 '그것'은 바로 한 여자를 사랑하여 그녀를 위해 눈물을 흘릴 수 있는 친밀한 감정이었다. 그녀를 사랑하고 그것이 자신을 사랑하는 것이 될 수 있었던 소중한 기회였지만 너무 늦게야 그는 '그것'을 깨닫는다.

마처에게는 따스한 친밀감이 없기 때문에 과거의 기억이 없었다. 그리고 늘 미래에 일어날 어떤 두려운 일 때문에 다른 사람들과의 추억이 없다. 과거의 기억이 없으면 현재가 없는 것은 당연하다. 그의 현재는 언제나 미래에 자리를 내주기 때문에 경험도 얕고 기억의 저장도 별로 일어나지 않는다. 한마디로 마음의 저장고가 텅 빈 사람이다. 왜 따스한 친밀감이 없으면 기억에 남지 않을까? 왜 그런 감정 없이는 기억이나 인지가 정상적으로 이뤄지지 않는가. 헨리 제임스의 가설을 뇌과학적으로 따져보자. 진화를 뜻하는 뇌의 상부는 의식이 기억을 저장하고 인출하는 곳으로 기억, 판단, 인지가 일어난다. 한편 하부는 진화의 계열에서 상위에 속하는 동물들과 공통되는 부분으로 감각과 슬픔, 두려움, 기쁨, 공포 등의 감정이 자리잡는 곳이다. 그런데 하부의 감정emotion은 반드시 상부를 거쳐야 느낌feeling으로 의식된다. 상부와 하부에서 정말 중요한 부분은 하부다. 그 부분은 생명에 관계되는 뿌리이기 때문이다. 상부가 손상을 입으면 판단이나 인지에 부분적 장애가 일어나지만 생명에는 지장이 없다. 그러나 하부가 손상되면 몸 전체가 부서진다. 그만큼 감각이 더 중요하다. 물론 하부와 상부가 서로 소통할 때 몸과 마음은 정상적으로 유지된다. 안토니오 다마지오, 야크 판크세프 등 이 시대의 주요 뇌과학자들은 모두 감정(혹은 몸)이 의식(이성)과 뗄 수 없는 한 짝이라는 점을 강조한다.[11]

진화는 자의식이고
자의식은 고독이다

마처는 무덤가에서 어느 남자의 슬픈 울음을 보면서 자신이 상실한 것이 무엇인지 깨닫는다. 그가 두려워한 것은 한 여자를, 나를 위해서가 아닌 그녀를 위해 사랑하는 것이었다. 그런데 바로 그 두려움이 그를 제대로 살지 못하게 만든다. 그녀는 그를 위해 사랑했고 비록 살아서 그를 깨우치진 못했으나 무덤가에서 가르친다. 그런데 잠깐, 이것이 이 단편의 전부인가? 대부분의 평론은 이쯤에서 멈추지만 나는 조금 꺼려진다. 이 깨달음이 작가의 최종 메시지라고 하기에는 그 다음 문장 몇 개가 걸린다. 헨리가 윌리엄의 심리학에서 영향을 많이 받았다면 여기서 멈출 리 없다. 당연히 기억에 관한 이론뿐 아니라 그 너머 다른 것이 있다. 생각의 속임수, 나는 왜 후회하는가라는 물음에 대한 답이다. 그러니 다음 장에서 후회에 대한 이야기가 나올 때까지 조금만 참아보자.

뇌의 하부가 상부보다 더 강하다는 것은 여러 면에서 매우 중요하다. 감각을 억압하면 생각이 맑아지고 판단이 나오는 것이 아니라 오히려 생각이 끝없이 지연된다. 영혼의 맑음을 위해 악마의 몸을 억압하라는 옛말은 맞지 않는다. 언어와 생각 이전에 감각과 느낌이 있다. 조이스의 「애러비」에서 보듯이 사랑이 그토록 힘든 것은 내가 하는 말과 내 몸이 원하는 감각이 다르기 때문이다. 몸의 감각은 언어나 의식의 그릇을 넘치게 한다. 몸의 소망이 언제나 의식의 감시, 사회적 금기를 넘어서는 것은 기억의 저장고memory-traces가 의식보다 더 풍성하고 뇌의 하부가 상부보다 더 강하기 때문이다. 그러므로 상부의 감시가 강해지면 하부의 저항도 강해진다. 내가 맛있게 도라지나 물을 먹고 있는데 어머니가 "얘야, 그거 다 먹어치워라, 조금 있으면 맛이 변해"라고 말씀하신다. 바로 그 순간 내 입맛은 도라지로부터 멀어진다. 그러나 "얘야, 그거 조금만 먹고 남겨, 누이 오면 주게"라고 하면 이때부터 내 입에는 군침이 돌고 도라지가 지상에서 제일 맛난 별미처럼 다가온다. 얼마나 정확한가. 더 먹으라고 하면 입맛이 떨어지고 그만 먹으라고 하면 입맛이 돈다. 그러니 사랑하는 누나를 소년의 의식이, 그가 사는 사회가 단념하라고 말하는 순간 그의 몸은 반대로 활활 타오르고 눈에는 눈물이 고인다. 사랑이 어려운 것은 그것을 표현할 길이 없기 때문이다. 언어는 여러 사람이 오랫동안 사용하다보니 닳고 닳아 누더기가 되었다. 그래서 몸을 제대로 가리지 못하고 맨살이 여기저기 삐죽 튀어나온다. 그러므로 가장 좋은 길은 감각을 살려주고 생각은 조금 덜 하는 것이다. 지금처럼 생각이 모든 것을 만들어낸다고 믿는 세상에서는.

20세기 미국의 작가 헤밍웨이(1899~1961)는 간결하고 감정을 숨긴 하드보일드 문체로 유명하다. 그는 19세기의 사실주의가 현실을 너무 단순하게 보고 작가가 독자의 감정을 손쉽게 요리한다고 믿었다. 현실은 그보다 복잡하며 진실은 보는 이마다 다르다. 그러므로 낭만적인 설득을 줄이고 감정을 걸러낸 건조하고 압축된 표현으로 독자 스스로가 자기 의미를 찾게 하라. 그의 언어는 빙산의 일각처럼 의미가 물 밑에 잠겨 있다. 이런 문체에 걸맞게 그는 감각 그 자체를 중시했다. 대부분의 독자는 『노인과 바다』의 마지막 말, "인간은 파괴될지라도 패배하지 않는다"라는 멋진 구절을 떠올린다. 남들이 뭐라 해도 내가 패배를 인정하지 않으면 패배가 아니라는 것이다. 물론 이 말도 멋있지만 나는 헤밍웨이의 정수를 다른 데서 본다. 그는 사냥, 낚시, 권투, 투우 등을 즐겼다. 거대한 문제가 아닌 사소한 것들

속에 숨은 멋진 규칙들을 존중했다. 그는 무엇보다 술을 즐겼다. 그리고 이렇게 말했다. 네가 술을 마실 때 "좋은 술에는 절대로 건배를 하지 말라".[12] 누구누구를 위하여, 무슨 세상을 위하여라는 건배를 들으면 그 좋은 술이 얼마나 기분 나쁘겠는가. 아니, 그럼 나는 뭐야? 그 비싼 돈은 왜 지불한 거지?

헤밍웨이가 살았던 시대보다 지금은 더 복잡하고 더 다양하다. 그런데도 우리는 누구누구를 위하여 무엇무엇을 위하여라고 한층 더 부르짖으며 술을 마신다. 술을 혀끝으로 핥고 이 술이 왜 귀한지 그 맛을 음미하는 것을 잊고 산다. 그저 급하게 부르고 나서 빨리 취해 나와 세상을 잊고 싶어한다. '위하여'의 앞 글자는 '잊기' 위하여. 오늘날 우리는 생각을 너무 많이 한다. 이것저것 눈치 볼 일이 늘어날수록 생각도 늘어난다. 느낌의 복원이 요구된다. 아무것도 아닌데, 아무것도 없는데 계속 찾고 생각한다는 것은 망상이며 정신 질환의 원인이 될 수 있다. 생각 대신 느껴라. 요즘 아이들은 어릴 적부터 텔레비전을 보면서 밥을 먹는다. 그래서 무엇이 입으로 들어가는지 잘 모른다. 쌀을 정성껏 심고 거둔 농부는 무엇이고 반찬을 정성스레 만들어준 엄마는 무엇인가. 텔레비전에 나오는 사람들이 밥을 해줬나. 그러지 말고 밥알 하나 씹을 때마다 고마움을 느끼면 어떨까. 한 순갈마다 달콤한 맛을 음미하자. 콩나물 한 가닥, 달걀 한 조각, 그 맛을 제각기 음미하고 감사하며 즐기자. 인터넷이 밥해주나 스마트폰이 반찬 해주나. 생각을 하는 것만큼이나 감각에도 시간을 할애하자.

머릿속을 휘저으며 해방된 의식은 내 감각을 파괴한다. 육체의 감옥이 아니라 생각의 감옥에서 벗어나는 연습이 필요하다. 어느 쪽이고 지나치면 하나의 감옥에서 또 다른 감옥으로 이동하는 꼴이 된다. 마처와 같이 망상과 두려움에 사로잡히거나 마음을 '그것'들로 채우려 하지 말고, 소년과 같이 아지랑이처럼 있다가 없어지는 누나에게 너무 매달리지 말고, 그냥 아지랑이 사이를 묵묵히 걸어가는 것이다. 아지랑이를 누가 걷어치울 수 있겠는가. 진화의 선물인 것을. 그냥 두면 제 발로 서서히 물러난다.

진화는 자의식의 탄생이고 자의식은 나를 자각하는 개체화이며, 과거를 회상하는 능력이다. 회상은 비누 거품처럼 아름답고 솜사탕처럼 달콤하지만 알맹이는 만질 수 없다. 솜사탕은 외롭다. 개체화는 '나 홀로'를 의미하기 때문이다. 이 요소들은 하나의 줄에 묶인 구슬과 같아 어느 것만 떼어낼 수 없다. 하나만 떼어내면 다른 것도 다 흩어진다. 따라서 억지로 고독만 제거하려 들면 반대로 고독이 나를 사로잡는다. 그냥 고독이라는 아지랑이 사이를 묵묵히 걸어가면 된다. 걷다보면 나보다 더 고독한 바틀비도 만나고 나와 비슷한 애러비시장의 소년도 만난다. 그리고 세상에서 외로운 사람은 나만이 아님을 깨닫는다. 마처를 보면서 절대로 내 미래의 모습이 저래서는 안 된다는 것을 느낀다. 연인의 무덤 위에 얼굴을 파묻은 마처의 후회와 고립과 아픔을 반복하지 않으려면 어떻게 살아야 할까. 나를 위해서가 아니라 사랑하는 사람을 위해서 두려움 없이 열정적으로 사랑해야 한다는 것, 그것이 삶의 순간순간을 낭비하지 않고 사는 것이다.

삶은 오류 속에서 이뤄진다. 나의 회상이 내 집(왼쪽 뇌)이 아닌 옆집(오른쪽 뇌)에서 일어나기 때문이다. 생각이나 판단은 어떨까. 생각을 인출하는 의식이 옆집에 살기 때문에 이것 역시 만만치 않다. 옆집에 살면서 내 집을 들락거리므로 내 판단과 생각 역시 객관적인 인지가 될 수 없다. 다음 장에서는 생각이 뇌 안에서 어떻게 일어나고 착각이 문학이나 영화 속에서 어떻게 그려지는지 살펴보자.

2장

나는 왜
착각하는가

어릴 적에 읽은 단편 하나가 기억 속에 남아 있다. 미시시피강의 배에 관한 이야기이므로 아마 마크 트웨인이 썼을 것이다. 기억이란 넝마주이 마술사와 같아 백 퍼센트 믿지는 못하지만 자기 필명을 미시시피강의 수심을 재는 단위로 바꾸었을 정도로 강을 사랑했던 마크 트웨인이 분명하다고 나의 뉴런들은 굳건히 주장한다. 그의 대표작인 『허클베리 핀의 모험』 역시 강과 육지 사이를 오가는 집 없는 소년의 이야기다. 그는 뗏목을 타고 강물을 따라 내려가다가 육지로 올라와 마을에서 벌어지는 일에 질겁하고 다시 강으로 나간다. 마을과 강을 오가는 패턴이 반복되는 이유는 어느 곳의 경험도 그를 완전히 자유롭게 만들진 못하기 때문이다. 자연은 내게 해방의 자유를 맛보게 하지만 그것도 잠시, 곧 외로움이 찾아든다. 그리고 짙은 안개와 같은 폭력적인 힘을 과시했다. 마을 역시 어리석은 탐욕과 흑백의 인종차별, 그리고 폭력에서 자유롭지 못했다. 이외에도 나는 허클베리의 모험에 대해 많은 것을 기억하고 있다. 내 인생의 절정기, 한창 잘나가던 시절, 학생들과 수업 시간에 여러 번 읽고 토론했기 때문이다. 군대에 갔다 온 철든 학생들의 유머 섞인 발표도 기억난다. 나의 즐거운 유년기였다. 윌리엄 제임스에 따르면 기억은 얼마나 잘 주목하는가라는 주의력attention과 반복되는 경험에 따라 잘 보존된다.

경험은 제임스
본능은 프로이트

내 기억 속의 단편 역시 강을 오가는 증기선에 관한 이야기였다. 그 배를 운전하는 선장은 사고 없기로 소문 나 있었다. 중간에 바위가 많은 험난한 지역이 있었지만 그는 언제나 무사히 이를 통과하곤 했다. 어느 날 화자는 그 배에 승선하여 선장의 실력을 직접 눈으로 확인하고 싶었다. 그의 숙달된 솜씨를 기대한 화자는 뜻밖의 사실에 놀란다. 바로 이 뜻밖의 사실 때문에 내 기억 속에서 그 이야기가 살아남은 것 같다. 무슨 일이든 잘하려고 애쓰면 오히려 망치고 반대로 마음 편히 하거나 별 신경을 쓰지 않으면 더 잘되곤 한다. 평소엔 옷이나 화장을 세련되게 하는 여자가 맞선을 볼 때는 이상하게 유치하거나 어색하게 차려입고 나간다. 중요한 면접 때면 가슴이 두근거리는데 실수하면 안 된다는 것을 의식할수록 실수할 확률은 더 높아진다. 모든 면접이란 실수하는 사람들 가운데 가장 덜 실수하는 이가 뽑히는 현장이다. 우리의 합리적 배움이나 논리적 이성은 감각을 그리 잘 통제하지 못한다. 예견이 빗나가는 일은 얼마나 흔한가. 그런데도 무의식중에 나는 언제나 감각이 아닌 생각의 편에 선다. 감각은 이런 나를 알고 있다. 그래서 가장 중요할 때 튀어나오는 것이다. 미시시피강의 선장은 가장 험난한 곳을 운항할 때 사실 잠이 든 상태였다. 그는 몽유병 환자였다. 잠이 들다니, 이보다 더 평화로울 수 있을까.

의식의 저 아래에는 더 원초적이고 강한 감정emotion 혹은 정서affect가 도사리고 있다. 두려움, 슬픔, 기쁨, 분노 등의 감정이다. 두려움이 긴장을 부르고 긴장이 일을 망친다. 좋은 짝을 만나고 싶은 마음이 간절할수록 두려움이 커지고 그럴수록 더 어색하며 자신감이 없어진다. 가장 험난한 곳을 한 번도 사고 없이 운행한 기관사가 몽유병 환자였다는 우화는 결코 과장이 아니다. 그만큼 의식과 정서, 판단과 감각은 서로 반대편에 있다. 마음을 과학의 영역으로 끌어낸 프로이트는 감각이라는 본능을 무의식이라 부르고 의식과 대립관계로 보았다. 그에 따르면 의식이 아무리 무의식을 억눌러도 동물적 본능은 제거되지 않는다. 오히려 기가 더 승한다. 그만 먹으라고 하면 입안에 군침이 도는 것이 우리의 생리 현상이다. 그러므로 오직 타협만이 있을 뿐이다. 예를 들어 아름답고 매력 있는 여자와 관계를 맺고 싶은 본능은 누구에게나 있다. 그러나 강제로 그녀를 소유하려 들면 유치장 신세를 지게 된다. 강간죄, 스토커, 성희롱 등 얼마나 많은 죄목이 있는가. 이럴 때 이성(혹은 의식)은 본능을 달랜다. 그녀를 얻으려면 우선 자격을 갖추어라. 사회적으로 인정받는 지위와 경제적 여건을 갖추고 진실한 마음으로 구애하라. 결국 너 자신을 사회적으로 향상시켜라, 본능을 승화시키라는 것이다.

무조건 공부하라는 부모의 말보다 그녀를 위해 공부하겠다는 내 결심이 백배나 더 강력한 힘을 발휘한다. 이것이 프로이트가 말한 의식과 무의식의 타협이다. 프로이트에 의하면 무의식이라는 동물적 본능은 없애려 들면 더 강해져서 의식을 삼켜버리기 때문에 달래서 사회가 인정하는 형태로 전향시켜야 한다. 그는 이것을 억압repression이라고 표현했다. 무의식이 억압되어 있다는 말은 무의식을 억누르라는 뜻이 아니다. 그것이 사회적으로 순화되어 살아 숨 쉬게 해야 한다는 뜻이다. 왜냐하면 그 동물적 본능이 곧 나를 움직이는 동력이고 에너지원이기 때문이다. 사랑을 하게 되면 느끼는 살맛, 생기발랄한 힘의 원산지는 본능이다. 그렇기에 이 세상 모든 부모는 기르고 보살피는 자신들 때문이 아니라 그녀 때문에 공부하는 아들을 대견하게 여겨야 한다.

생각이나 의지 속에는 이처럼 무의식이라는 에너지가 숨어 있다. 우리를 움직이는 동력은 생각이 아니라 그 밑에 억압된 감정, 감각, 정서다. 미시시피의 선장이 가장 위험한 곳을 지날 때 잠든 상태에서 키를 잡는다는 것은 생각이나 의지를 배반하는 감각의 힘을 유머로 표현한 것이 아닐까. 소개팅을 하거나 큰 시험을 치를 때는 잠이 들 정도로 마음의 평화를 유지하자. 마음의 평화는 감각의 에너지를 받아들이고 그것을 역이용하는 것이다. 이것이 기지wit와 유머다. 프로이트는 『꿈의 해석』이 자의적이라는 비난에 대한 변명으로 유머와 농담을 들고나왔다. 그는 평생에 걸쳐 의식 속에는 무의식이 자리잡고 있다는 증거를 들었는데 유머와 농담도 그 증거들 가운데 하나다. 프로이트의 심리학이 제임스의 것보다 더 잘 알려진 이유는 그가 단지 성에 관해서 이야기해서만은 아니다. 그는 심리를 모순과 갈등 구조로 이야기했고 그것이 우리에게 더 현실감 있고 설득력 있게 들렸기 때문이다. 농담과 기지에 무의식이 있다는 것을 증명하는 부분은 뒤에서 소개하기로 하고 우선 생각thought이란 어떻게 일어나는지 다시 제임스의 심리학을 통해 알아보자. 의식과 무의식의 배타적 관계에서 프로이트는 무의식의 발견자가 되려 했고, 제임스는 의식 혹은 생각에 초점을 맞춰 데카르트적 이성을 전복하려 했다.

생각은 기억의 원리와 다르지 않다. 습관은 동물과 인간이 공유하는 기억이지만 이차적 기억인 삽화적 기억 혹은 회상은 오직 인간에게만 있고 이것이 문명을 창조한 동력임을 앞 장에서 힘주어 밝혔다. 외적 자극을 수용하는 의식, 뇌의 해마 부분과 경험을 저장하는 기억의 흔적이 상호 배타적이라는 프로이트의 원리는 제임스를 비롯한 최근의 뇌과학자들이 공유하는 기억의 원리다. 이런 이차적 기억은 대상을 의식하고 대상과의 관계 속에서 살아가게 되는 자의식을 낳는데 이것이 인간을 고독하게 만든다. 자의식은 '나'라는 개체화를 뜻하기 때문이다. 거의 모든 뇌과학자가 동의하듯이 이 기억의 원리가 그대로 생각의 이치다. 뇌과학자 안토니오 다마지오는 이렇게 말한다. 약 20만 년 전 인간이 출현한 이래 약 3만 년 전에 이르러서야 인간은 동굴에 벽화를 그리면서 문화와 예술을 창조하기 시작했다. 진화 과정에서 의식의 발전은 기억의 축적에 의해 이뤄지고 기억은 생물학적 기반에 의해 걸러지며 활성화된다.[1] 차이점은, 기억이 현시점에서 과거를 회상하는 것이라면 생각 혹은 인지는 과거의 기억들을 바탕으로 현재 부딪힌 상황을 이해하고 대응한다는 점이다. 인식과 판단을 하는 것이므로 회상보다 의식의 힘이 좀더 개입된다. 예를 들면 특정 유형의 남자에게 상처를 받은 여자는, 독하게 매운 고추를 피하듯이, 그런 유형의 남자를 피하게 된다. 편견이다. 그러나 체험에서 나온 편견은 판단에 도움이 된다. 그 길이 아니고서는 더 큰 실수에서 벗어날 방법이 없기 때문이다. 이런 면에서 뇌에서 경험을 저장하는 전두엽의 뉴런들은 내게 살아가는 방법을 안내하는 스승인 셈이다.

　기억하는 기능은 곧 생각하는 기능이다. 비록 의식의 개입이 인지와 판단에서 커진다 하더라도 경험의 저장과 관련해서는 기억과 인지에 큰 차이가 없다. 제임스의 심리학은 전적으로 경험의 중요성을 강조하기에 당연히 경험철학의 입장에 서게 되고 후에 실용주의 철학이나 현상학으로 발전하는 계기가 된다. 여기서 한 가지 중요한 사실은, 생각이 회상 기능과 나란히 간다면, 그래서 오직 인간만이 갖는 기능이라면 그 생각에는 오차와 착각이 숨어 있을 수밖에 없다는 점이다. 과거의 기억이 망각에 의존하고 그 이후 덧쓰는 경험들과 현재의 욕망에 의해 굴절된다면 생각 역시 똑같은 차원에서 일어난다. 다시 말하면 데카르트가 말한 객관적이고 보편적인 사유란 없다는 것이다. 영화 한 편을 통해 생각에 내재한 착각을 알아보자.

백 투 더 퓨처

명절이나 크리스마스에 자주 방영되는 「백 투 더 퓨처Back to the Future」라는 영화가 있다. 1985년에 제작되어 1987년 한국에서 상영된 이 영화는 알츠하이머로 만년에 고생했던 마이클 J. 폭스의 젊은 시절을 볼 수 있는 흘러간 명화다. 2편과 3편이 연달아 제작된 것을 보면 그만큼 많은 사람이 이 영화를 즐겼다는 것을 알 수 있다. 진부한 (?) 사실주의를 벗어나 타임머신을 타고 과거로 돌아가는 판타지 영화다. 1985년에서 30년 전인 1955년 시점으로 날아간다는 내용이니 그야말로 요즘 과학기술정보통신부가 그토록 바라는 톡톡 튀는 아이디어이자 신선한 발상이다. 「응답하라 1988」과 다른 점은 그냥 과거의 한 시절을 배경으로 삼은 사실주의가 아니라 타임머신을 타고 과거로 날아갔다가 현재로 되돌아온다는 점이다.

힐밸리에 사는 마티 맥플라이는 고등학생이다. 아버지와 어머니, 그리고 누나와 형과 함께 아웅다웅하며 평범한 날을 보내던 그에게 타임머신을 시험 운행하던 괴짜 과학자 브라운 박사가 테러범에게 총에 맞아 죽는 일이 일어난다. 테러범을 피하려고 얼떨결에 엔진에 시동을 건 머신은 순식간에 30년 전의 한적한 시골 마을에 그를 데려다놓고 그 마을에서 그는 아름다운 소녀 로레인을 만난다. 캘빈 클라인이 브랜드로 유행하기 전이라 그의 팬티에 찍힌 상표가 이름인 줄 아는 소녀는 바로 장래에 어머니가 될 로레인이었다. 그녀가 마티에게 한눈에 반하는 것은 너무나 당연했다. 장래의 어머니이니까. 그러나 어머니와 사랑에 빠지면 큰일이다. 코믹한 대사와 상황

속에서 마티는 로레인을 사랑하는 겁쟁이 조지를 로레인과 연결시킨다. 그래야 미래에 자신과 누나와 형이 태어나기 때문이다. 물론 마티는 살아 있는 젊은 박사를 만나 타고 온 타임머신을 고쳐서 1985년으로 되돌아가야 한다.

마티는 아버지에게 용기를 북돋우며 어머니와 그를 맺어주었다. 그러나 자신과 함께 다시 1985년으로 돌아가면 박사는 테러범의 손에 죽는다. 이 사실만은 자기 힘으로도 어쩔 수 없다는 사실에 마티는 안타깝다. 그러나 두 사람이 막 현재로 되돌아왔을 때 테러범의 총에 맞은 박사는 끄떡없이 살아난다. 마티가 미리 알려준 편지 덕택에 방탄조끼를 입은 것이다. 이렇게 영화는 시차를 달리하는 두 세계의 차이와 코믹한 상황, 배우들의 연기와 대사에서 웃음을 자아내고 잘못된 현실을 수정하는 적극적인 용기로 감동을 안겨준다. 물론 그런 시도들이 아슬아슬하게 이뤄지기에 긴박감이 넘친다. 지금 나는 왜 뻔히 아는 줄거리를 자세히 늘어놓고 있을까. 이야기가 주는 재미와 감동은 제쳐두고 뭔가 희한하게 느껴지는 친밀감은 없는가. 공상 과학 영화인데 친근감을 느낀다. 과거로 갔다가 현실로 되돌아오는 과정이라니 앞 장에서 많이 듣던 이야기 아닌가. 바로 우리 뇌가 회상하는 방식이자 생각하는 방식이다.

과거를 회상할 때 우리 뇌 속에서는 어떤 일이 일어나는가. 의식에 해당되는 해마는 외적 자극을 상부의 뉴런에 저장하고 저장한 자산을 기반으로 현실에 대응한다. 기억된 현재다. 과거를 회상할 때도 의식은 저장된 시점으로 되돌아가지만 동시에 현재 시점에 속하므로 현재 속의 과거다. 여기서 한 가지 중요한 사실이 있다. 의식은 현실에 대응하기 위해 계속 시간을 따라 앞으로 나아간다는 것이다. 시간은 멈추지 않고 흐른다. 따라서 의식은 뒤로 가는 순간에도 앞으로 나아간다. 5년 전의 일을 회상할 때 해마는 5년 전으로 거슬러 올라가지만 그날의 경험을 인출하는 시점은 해마의 시점이므로 현재의 순간이다. 프로이트가 「기억하기, 반복하기, 문제 해결Remembering, Repeating, Working-Through」에서 말하듯이 회상은 과거의 그 사건을 기억해내는 것이 아니라 현재 내가 원하는 사건으로 떠올린다. 현재의 의도intention, 혹은 동기가 개입되는 것이다. 현재의 마음에 각색되어 떠오른 과거라는 의미에서 프로이트는 이렇게 말했다. 의사는 "환자의 병을 과거의 시간으로서가 아니라 현재의 요구로 다뤄야 한다." (SE12: 151)

기억의 장치는 저축통장처럼 경험을 저장하는 곳과 인출하는 곳이 다를 뿐 아니라 이 사이에 시차가 존재한다는 중요한 특징을 지닌다. 경험은 과거에 이뤄진 것이고 인출은 현재에 이뤄지기 때문에 그동안의 이자가 붙는 것이다. 이 이자가 문제다. 그것은 문명을 창조하지만 동시에 기억 속의 속임수, 생각의 속임수를 부르는 근원이기 때문이다. 윌리엄 제임스는 『심리학의 원리』에서 삽화적 기억은 과거에 일어났던 일과 연관되지만 동시에 현재 일어나는 일이라고 말했다(1:398). 의식은 언제 닥칠지 모르는 포식자나 자연의 재난에 재빨리 대응하기 위해 늘 순간순간을 따라가야 한다. 그리고 상황을 인지하는 데 과거의 경험들을 떠올려야 한다. 이 두 가지 일이 동시에 순식간에 일어나는 것이 상황 판단, 즉 생각이다. 생각이란 회상이면서 동시에 현재의 대상을 인지하는 것이다. 이런 의미에서 회상과 인지는 형제처럼 유사성을 지닌다.

한 세기 전의 프로이트와 제임스에 머물지 말고 최근의 뇌과학자들도 살펴봄으로써 선배들의 가설을 증명해보자. 신경생리학에서 노벨상을 수상한 제럴드 에덜먼Gerald M. Edelman(1929~2014)은 뇌과학을 인문학의 관점에서 연구하고 뇌를 자연 현상의 일부로 보았다. 그는 대표적인 책의 제목을 미국의 시인 에밀리 디킨슨(1830~1886)의 시 한 구절에서 따온다. 2004년에 출간된 『뇌는 하늘보다 넓다: 의식의 현상적 기능Wider than the Sky: The Phenomenal Gift of Consciousness』이란 책이다. 한 뇌과학자가 왜 100년도 더 전으로 거슬러 올라가 외롭게 은둔하며 오로지 시만 썼던 한 여성 시인의 시를 인용했을까.

뇌는 하늘보다 넓다
그들을 나란히 놓으면.
하나가 다른 하나를 아주 쉽게 포함하여
결국은 당신을 벗어나겠지.

뇌는 바다보다 깊다
파란 그들을 담고 또 담으면
하나가 다른 하나를 스펀지처럼 흡수하여
물동이들로 깊어지겠지

뇌의 무게는 신의 무게다
한 파운드씩 들어올리면

큰 차이가 없다. 만일 있다면 그저
소리와 철자 사이의 차이겠지

살아 있는 한 끊임없이 세상을 경험하고 그것을 저장하며 회상하고 인지하는 우리의 작은 뇌는 얼마나 넓은가. 한 사람의 일생을 저장하고 온 인류의 역사를 담는다. 그리고 그것들을 순간마다 기억해서 펼친다. 그러니 하늘보다 넓다. 흐르는 시간 속에서 뇌가 기억하고 판단하는 것을 표현한 것이다. 그 경험의 저장소는 또 얼마나 깊은가. 백 살이면 100년 동안의 저축이며, 인류의 역사가 만 년이면 만 년의 경험을 저장하고 있을 것이다. 그러므로 뇌는 바다보다 깊고 푸르다. 이 무한한 능력을 가진 뇌는 신이 아니고 무엇이겠는가. 모든 것을 알면서도 모르는 척하고, 모든 것을 새기면서도 망각하며, 악을 통해 선에 이르게 하고, 고통을 통해 깨달음을 얻게 하는 신과 인간의 차이란 무엇인가. 거의 없다. 그저 악보와 소리의 차이랄까. 신은 음표이고 우리는 그 음표에 따라 노랫소리를 낸다. 신은 말씀이고 우리는 그 말씀을 실행하는 소리다. 한 사람이 일생 동안 축적한 경험과 뇌의 면역 체계의 구성이 같다는 것을 발견한 에덜먼은 디킨슨의 시에서 뇌가 하늘이고 바다이고 만물 속에 깃든 신이라는 영감을 얻었다. 그의 또 다른 책 제목처럼 그에게 뇌는 '제2의 자연Second Nature'이었다.[2]

이렇게 넓고 깊은데 오차가 없을 수 있겠는가. 삶이란 신이 내린 오차를 실현하는 과정인지도 모른다. 기억이나 생각의 오류가 일어나는 이유는 의식과 저장소라는 이중 구조뿐 아니라 뇌가 하늘보다 넓고 바다보다 깊기 때문이다. 기억을 인출하는 순간까지 계속 저장되는 경험들은 앞선 경험 위에 무한히 덧씌워진다. 한마디로 덧붙여지는 이자가 너무 많아 원금을 골라내기 어렵다. 뇌는 저축통장이나 컴퓨터와 달리 기계적 숫자 게임이 아니라 생명을 가지고 성장하다가 쇠퇴하는 몸이다. 끊임없이 흐르면서 변용하고 재창조하는 생물이다. 모든 생명 가운데서 가장 사적이고 모호한 가소성을 지닌 것이 우리 뇌다. 제임스는 프린지fringe라는 용어로 이것을 표현했다. 이것을 오케스트라에 비유해보자. 다양한 악기로 구성된 단원들은 제각기 베토벤의 교향곡 〈운명〉을 연주한다. 그러나 청중은 악기 하나하나를 구별해서 듣지 못한다. 전체가 어우러진 하나의 음을 따라가면서 그 비장함을 감상한다. 다양함은 전체 프레임에 종속되어 조화를 이루는 것이다. 지휘자의 몸짓에 따라 여러 악기가 하나의 악보를 바탕으로 소리를 내는 것이 오케스트라다. 같은 맥락에서 의식은 지휘자다. 경험들을 커다란 프레임에 맞춰 선택하고 저장하며 인출한다. 어떤 특정한 날의 기억을 떠올린다. 이렇게 건지는 것이 회상이다. 그러므로 과거는 그 자체가 아니라 현재 주변의 여러 사물, 시간과 공간이라는 상황들, 그리고 감정에 둘러싸여 어우러진 과거다. 현재의 정서와 관계를 벗어나 순수한 과거의 경험을 고스란히 건질 수는 없다. 과거는 끊임없이 흐르고 변화한다.

제임스는 친밀감이 강할 때 주의력이 집중되고 이런 일이 더 기억에 남는다고 말했다. 감정에 의해 기억이 좌우된다는 것은 판단 역시 감정에 의해 좌우됨을 의미한다. 경험이 개인적이기 때문에 생각도 개인적이다. 보편적인 감정이나 보편적인 인지란 함께 생활하고 경험을 공유하는 데서 오기 때문에 생각의 일정 부분밖에 차지하지 않는다. 학교 교육, 제도, 법, 질서 등은 보편적 틀을 제공하지만 자유롭고 사적인 감흥과 본능의 힘이 더 강하기 때문에 언제나 정서의 영향을 받는다. 또한 기억과 생각은 사적이고 의도성을 지니기 때문에 대상이 누구인가에 따라 달라진다. 연인과의 달콤한 사랑의 기억이나 상처받은 고통, 질병이나 이별의 고통이 생생하게 남는 것은 그것이 생각이 아니라 몸에 새겨지는 아픔이기 때문이다. 제임스는 이것을 관계성relations이라는 단어로 표현했고 프로이트는 전이transference라는 용어를 사용했다. 이처럼 속임수가 깃든 점에서 생각은 기억과 크게 다르지 않다. 아무리 이성적인 판단이라도 이미 그 속에는 몸의 정서가 새겨지기 때문에 사적인 감흥이 공적인 판단을 앞지르는 것을 막기 어렵다. 의식은 뉴런이라는 물질에 모든 책임을 떠넘기고 홀가분하게 날아다닌다. 새로운 경험은 붙잡아서 뉴런에 넘겨주고 옛 경험은 다시 꺼내는 선택의 기관에 지나지 않기 때문에 의식은 깃털처럼 가볍다.

에덜먼이 뇌를 자연의 일부로 보고 제2의 자연이라고 부른 것은 자연, 혹은 감각이나 정서가 기억과 인지에 크게 영향을 미침을 의미한다. 『뇌는 하늘보다 넓다』에서 그는 의식consciousness을 기억된 현재remembered present라고 표현하고, 제임스가 말했듯이 생각은 주관적이며 끊임없이 흐른다고 설명한다. 그리고 일차적 기억과 삽화적 기억을 원초적 의식과 더 고급 차원의 의식higher-order consciousness으로 분류하여 기억 대신 의식이라는 용어를 사용한다. 삽화적 기억은 해마와 대뇌피질(신피질neocortex이라고도 부른다) 사이의 상호 접촉에 의해 일어나고(51쪽) 의식은 기억과 계속 흐르는 감지의 역동적 접촉에 의해 생겨난다(55쪽). 프로이트의 기억의 흔적은 에덜먼에게 대뇌피질이라는 뉴런에 해당된다. 다시 말하면 100년 전에 프로이트가 말한 기억의 저장소는 대뇌피질이라는 툭 튀어나온 이마에 해당되는 셈이다. 물론 아랫부분을 차지하는 감정(정서)이 없으면 윗부분은 아무 쓸모가 없다. 프로이트가 해마를 의식으로 본 것에 비해 에덜먼은 해마가 경험을 감지하여 대뇌피질에 넘겨주고 의식은 뇌의 중심인 해마 옆의 시상thalamus이 맡아 수행한다고 본다. 굽은 해마 안으로 시상이 자리잡고 있는데 둘 다 뇌의 한가운데에 있어서 아랫부분의 감정 혹은 정서와 윗부분의 경험의 저장고를 이어주고 소통시키는 매개 역할을 한다. 대뇌피질까지 의식에 포함시키는 학자도 있어 의식에 대한 규명은 학자마다 조금씩 다르다. 공통점은, 제임스의 표현을 빌리자면, 의식은 어떤 고정된 특질stuff도, 독자적인 개체entity도 아니라는 점이다.

프로이트는 1923년에 쓴 글 「에고와 이드The Ego and the Id」에서 에고는 이성으로, 이드는 열정으로 보았다. 이드는 무의식 가운데 회상에 의해 떠오르는 부분이다. 중요하고도 재미있는 사실은 우리가 흔히 알고 있듯이 뇌가 자아, 초자아, 이드의 세 가지로 구성된 게 아니라는 점이다. 흔히 자아가 초자아의 도움을 받아 이드를 억압한다는 삼분 논리로 프로이트를 이해하는데 그렇게 간단하다면 그가 어떻게 '다르게 반복되는' 스물네 권의 전집을 남길 수 있었겠는가. 프로이트가 그린 뇌 그림은 그게 아니었다. 뇌 전체가 이드이고 자아는 한가운데에 작은 부분으로 그려져 있다. 자아는 가장 표피의 감지 기관이고 초자아는 맨 위에 위치하는데 이는 이드가 사회 속에서 살아남기 위해 위장된 변형에 불과하다. 특히 자아가 뇌 한가운데에 작은 부분으로 표시되어 오늘날 뇌 그림에서 해마와 시상의 위치와 같다는 것은 놀라운 일이다. 에덜먼의 표현을 따르면 의식은 그저 선택하는 기관a selecting agency일 뿐이다(83쪽).

여기에서 한 가지 의문이 떠오른다. 100년 전에 제임스와 프로이트가 말한 내용이 오늘날 비슷하게 되풀이되는 이유는 무엇일까. 왜 그들이 이미 말한 기억과 인지 속의 착각을 현대의 뇌과학자들은 또다시 강조하는가. 한 번 말해서는 안 된다는 것인가. 아니, 아무리 이야기해도 믿지 않는다는 것인가. 나의 생리 구조는 기억과 판단이 정확하다고 습관적으로 믿게 되어 있다. 도대체 뇌 안에서 무슨 일이 벌어지는지 볼 수 없을뿐더러 일일이 그런 것을 다짐하면서 살기에는 회상과 인지가 순간적으로 이뤄지기 때문이다. 의식은 시간 챙기기에 바쁘다. 정신 차리지 않고 멍한 상태에서 언제 적의 습격을 받아 잡아먹힐지 모른다. 아침에 눈을 뜨면서 시작되는 일과를 보라. 줄곧 정신을 차리고 살아야 하는 일로 가득한 것이 우리 삶이다. 잠깐 과거의 달콤한 회상에 빠지면서 "이건 정확히 그때 일어난 일이 아니야"라고 다짐하는 경우는 거의 없다. 습관적으로 우리는 착각을 진실이라고 믿어버리는 것이다. 어차피 생각하고 판단해야 하는데 그것이 착각을 품고 있다고 믿으면 아무것도 할 수 없다는 것을 알기 때문이다. 아마도 이런 구조가 창조력의 근원인지도 모른다. 창조란 앞의 것을 수정하고 다르게 반복하면서 이뤄진다. 착오에 대한 수정은 뒤에 오는 자의 몫이다. 깨달음이 실수에 의해 얻어지듯이.

영화 「백 투 더 퓨처」로 돌아가보자. 그야말로 백 투 더 퓨처를 해보자. 마티는 현시점에서 과거로 돌아갔다가 현재로 되돌아오는 기억의 진로를 밟고 있다. 게다가 현재라고 표현하지 않고 '퓨처(미래)'라고 표현하니 의식이 진행형이라는 암시까지 하고 있다. 이것이 아마도 제목과 내용이 우리에게 어딘지 친근하게 느껴지는 이유일 것이다. 그런데 잠깐, 여기서 아주 중요한 사실이 있다. 과연 나는 과거로 가서 그 과거를 수정할 수 있는가. 아버지를 용기 있는 사내로, 어머니를 부드럽고 아름다운 여인으로, 그리고 테러범에 의해 죽은 박사를 죽지 않게 살려낼 수 있나? 실제로 회상에서 이것이 가능한가? 비록 영화에서는 이 부분이 빠지면 눈망울 없는 초상화 신세가 되겠지만 현실에서는 가능할까? 얼핏 현재의 문제점을 과거로 돌아가서 수정하는 일은 타임머신이 나올 가능성만큼이나 희박하게 느껴진다. 그러나 내가 과거를 회상하면서 반성하고 새롭게 현재를 살아간다면? 아니 회상 그 자체는 이미 현재 나의 욕망에 의해 채색된 것이다. 그러므로 수정이 불가능하지도 않다. 과거의 회상에 의해 우리는 얼마든지 현실을 개선할 수 있다. 부모를 대하는 나의 행동을 바꾸어 그들을 바꿀 수 있다. 물론 박사를 살려내는 것은 극적 효과에 속하지만. 기억과 생각을 통해 나는 오직 현재의 나를 개선할 수 있다. 젊은 시절 나는 학생들에게 헤밍웨이의 『태양은 다시 떠오른다』를 자주 읽혔다. 첫머리에 보면 코온이 주인공 제이크에게 남아메리카에 가자고 조르는 장면이 있다. 제이크는 말한다. 왜 그곳에 가야만 즐길 수 있냐. 이곳에서 즐기지 못하면 그곳에 가서도 즐기지 못한다. 나는 이 부분을 가르칠 때면 신이 나서 말했다. 유학을 마치고 귀국한 뒤 나는 미국을 엄청 그리워했다. 그리고 어릴 적에 들은 「나무꾼과 선녀」라는 이야기에서 나무꾼에게 선녀의 날개옷을 아이 셋을 나을 때까지만 감추라고 하던 천사의 가르침을 새기면서 3년을 꾹 참았다. 그리고 6년이 지나 안식년을 얻어 다시 미국에 갔는데 줄곧 한국을 그리워했다. 그 이후 들락거릴 때마다 이곳에 와서는 그곳을 그리워하고 그곳에 가면 이곳이 더 살기 좋다고 느꼈다.

"내 고향은 아마 태평양 하늘인가보다."

그때 한 학생이 이렇게 답했다.

"아니요. 교수님은 태평양 바다에서 태어났어요."

이제 그 학생들을 다시 만난다면 나는 이렇게 말하리라. 세계 어느 곳에도 천국은 없다고. 내 마음속에 사랑에 대한 믿음과 꿈이 있으면 그곳이 바로 천국이라고. 이것이 개체화와 자의식의 위대한 선물이 아닐까. 나는 고독하지만 그 고독은 착각을 낳고 착각은 창조와 개선의 어머니라는 것이다.

'당신 때문에'라는 착각

털빙과 함께 기억에 관한 이론으로 잘 알려진 대니얼 색터는 『기억을 찾아서: 뇌, 마음, 그리고 과거』에서 재미있는 일화를 소개한다.[3] 호주 사람으로 캐나다에서 털빙과 함께 기억에 관해 연구한 심리학자 도널드 톰프슨은 박사학위를 받은 후 호주로 돌아가 법정에서 증인의 진술이 왜곡되었는지 아닌지를 가려내는 일을 하게 되었다. 그러던 중 한 여성으로부터 강간범으로 지목을 받는다. 그는 마침 그 시간에 텔레비전에서 인터뷰를 하고 있었기 때문에 알리바이가 성립되고 의심을 모면한다. 그 여성은 왜 그를 강간범으로 잘못 기억하게 되었을까. 알고 보니 강간당하기 직전 그녀는 텔레비전에서 톰프슨의 인터뷰 장면을 보고 있었고 갑자기 닥친 위기 속에서 무의식중에 그의 얼굴을 강간범과 동일시한 것이다. 뇌의 시각 이미지는 바로 시각을 감지하는 곳과 같기 때문에 우리는 실제 일어나지 않은 일을 마치 일어난 것처럼 느낄 수 있다. 영화를 보면서 영상 이미지를 실제로 일어나는 일처럼 느끼는 것과 같다. 한밤중에 텔레비전 스크린에서 유령이나 해골이 나타나면 얼른 스위치를 꺼버리는 것도 그러한 이유에서다. 그러므로 법정의 증언과 같은 중요한 기억 속에 숨은 착각을 밝히려면 반드시 언제 어디서 그런 일이 일어났는지 구체적인 물증과 근거를 확보해야만 한다.

실제로 여성운동이 결실을 맺던 1990년대 초반, 미국에서는 거짓 기억 신드롬이 사회 문제가 되었다. 정신적인 불안을 느끼는 여성들이 심리상담사의 도움으로 어릴 적 기억을 되찾는다. 그리고 자신을 강간한 범인으로 의붓아버지를 지목했다. 물론 지목당한 사람들은 이를 강력히 부인했고 여기서 상담에 대한 의구심이 일게 된다. 개인적 원망이나 복수심이 실제로 일어나지 않은 강간을 마치 일어난 것처럼 기억을 유도하고 이끌어낼 수 있기 때문이다. 이것이 사회 문제가 되자 최후의 화살은 또다시 프로이트를 향했다. 정신분석에서 찾아내는 답을 믿을 수 없다는 것이었다. 물론 프로이트는 과거의 상흔을 그대로 찾아낼 수 없다는 점을 강조했고 치료는 대화를 통해 환자가 지금 듣고 싶은 게 무엇인가를 분석자가 찾아내는 것이라고 말했다. 전이를 통하지 않고 기억을 복원할 수는 없는 것이다. 고착에서 벗어나 물 흐르듯이 기억과 생각이 흘러가야만 우리는 정상인으로 살 수 있다.

망각하고 덧칠되면서 오케스트라의 음 속에서 비올라 소리를 흘리고 살아가는 것이 인간이기에 오인과 착각은 필연적이며 필수다. 그러나 정신분석을 응용했던 인문학자 프레더릭 크루스는 프로이트의 사례 연구를 들면서 분석에서 밝히는 병의 원인이 부정확하다고 비난했다. 그의 비난은 프로이트에 대한 깊은 이해 없이 피상적이고 파편적으로 이뤄진 것이었으나 상담치료사의 원조를 사살함으로써 한동안 유명세를 탔고 이에 대응하는 프로이트 옹호자들이 맞불을 놓았다. 옹호자들은 뇌과학자로서의 프로이트를 부각시켜 기억의 허구성과 전이를 인정한 프로이트의 말을 상기시켰다. 그 일을 계기로 정신분석은 문화 이론에서 생물학적 진화론과 기억 이론으로 전환되는 계기를 마련한다.[4]

증언에서의 미세한 왜곡은 무의식적인 복수심보다 필연적인 착각으로 인해 발생하는 경우가 더 흔하다. 색터의 글에 따르면 리처드 닉슨의 워터게이트 도청 사건이 터졌을 때 증인으로 나온 존 딘은 자신이 닉슨과 대화한 내용을 증언했다. 이 증언을 녹음한 후, 막상 그때 둘 사이에 있었던 대화를 녹음한 테이프가 공개되었을 때 세세한 것은 거의 사실이 아니었고 커다란 흐름, 주제만 사실이었다. 즉 닉슨이 도청 사실을 알고 있었다는 중요한 핵심만 진짜였다. 존 딘

이 의도적으로 거짓 진술을 한 게 아니라 넝마주이로서의 기억이 세세한 것들을 가감했던 것이다. 의도적인 거짓 증언과 자연스러운 기억의 왜곡을 가리는 장치는 복잡하지만 아주 중요하다. 윤리 문제가 개입되기 때문이다. 생각의 착각도 마찬가지다. 거짓과 필연적 착각의 차이는 언제 어디서 그런 일이 있었는가라는 구체적 물증을 밝혀 신중히 가려져야 한다고 기억 연구자들은 강조한다. 이것을 '소스 메모리source memory'라 부른다(Schacter 111).

착각이 스며드는 것은 내 과거의 사적/공적 경험들에 의존하여 현재를 판단하기 때문이다. 회상이 현재 순간에 기억되는 과거라면 인지는 과거에 기반을 둔 현재의 판단이다. 다시 말하면 둘 다 개인적인 경험에 의해 대상을 인지하고 판단한다는 것이다. 개인적이므로 주관이 개입되고 시간이 흐르면 경험이 덧씌워지면서 손실되는 부분과 덧붙여지는 부분에 의해 생각이 끊임없이 변형되며 흐른다. 제임스는 생각이 물처럼 흐른다는 의미로 '생각의 흐름stream of thought'이라 표현했고 이것은 의식의 흐름이란 용어로 모더니즘 문학에서 중요하게 쓰인다. 버지니아 울프, 제임스 조이스의 작품들은 내적 독백으로 이뤄지는데, 이는 하루 혹은 일정 기간에 우리 마음속에서 일어나는 생각이나 기억들을 물 흐르듯 기록하는 기법이었다. 조나 레러는 『프루스트는 신경과학자였다』(2007)라는 책을 펴냈다. 프루스트는 『잃어버린 시간을 찾아서』에서 우리의 기억이나 생각이 물처럼 흐르면서 과거를 현재 상황에서 변형시킨다는 것을 보여주었다. 기억이나 생각의 흐름을 그대로 보여주던 모더니즘 작가들은 심리학의 영향을 받아 생각이 객관적이고 절대적이라는 사실주의 문학에 도전했다. 이상한 것은 '의식의 흐름stream of consciousness'이라는 기법은 뇌에서 일어나는 현상을 그대로 반영했는데 독자들은 무척 어려워한다는 점이다.

프루스트의 『잃어버린 시간을 찾아서』는 주인공 마르셀이 성장해 나가는 과정을 회상을 통해 그리는 것으로 과거가 어떻게 되찾아지는지 보여준다. 마들렌과 차를 떠올리면 언제나 레오니 고모와 연관된 추억이 떠오른다. 성장한 후 세월이 흘러 옛날에 살았던 도시에 가보면 그때는 그렇게 커 보이던 마을의 종탑이 아주 낮았다. 실제 종탑은 그때나 지금이나 같은데 왜 낮게 보이는 것일까. 옛날에 살았던 집에 가보면 문지방이 너무나 낮고 집도 작게 느껴진다. 내 기억 속에 있는 마을이나 집은 어린 시절 아직 넓은 세상을 경험하기 전에 뉴런에 새겨진 그 크기로 남아 있다. 그동안 많은 경험이 덧칠되면서 더 큰 집, 더 넓은 세상을 봤더라도 늘 어릴 적에 느낀 그 넓은 공간으로 기억 속에 자리잡고 있다. 지금 다시 그 종탑이나 집을 보면 마음에 있던 크기가 과장된 것임을 알게 된다. 경험이란 이처럼 끊임없이 흐르며 실제보다 부풀려지거나 망각된다. 특정 장소는 몸을 담은 물질이기에 사소한 사건이나 대회보다 더 친근하게 뉴런에 새겨진다. 뇌와 환경(물질) 사이의 소통 때문이다. 이것이 인지와 지각perception이 지닌 요술이다.

제임스가 말하듯이 현재 나의 판단은 과거의 어떤 부분들과 연관되어 일어난다. 고등학교 시절 '당신 때문에 힘겨운 이 세상을 즐겁게 살아갑니다'라고 생각했던 그 선생님을 세월이 흐른 후 다시 만나면 어떻게 내가 그런 생각을 할 수 있었는지 의아해진다. 그분이 변한 게 아니라 내 경험의 폭이 다양하고 넓어졌기 때문이다. 물론 그 사이 다른 사람을 만나 똑같이 '당신 때문에……'라고 생각했고, 그런 사람이 둘이 넘는 경우도 있을 테니 오늘 나의 온 마음을 사로잡는 사람이 내일은 다른 사람에 의해 저만큼 밀려난다는 것을 알면 사랑에 그리 목맬 필요도, 가슴이 덜컥 내려앉을 이유도, 증오로 몸을 떨 까닭도 없을지 모른다. 연인이란 내가 이 순간의 삶에 의미를 부여하는 사막의 오아시스 같은 것이다.

인식은 물처럼 흐르기에 나의 경험이 성장함에 따라 연인도 함께 성장한다. 마치 어릴 적에 본 영화를 성장하여 다시 보면 전혀 다르게 해석되는 이유와 같다. 화려한 남녀 주인공이 아닌 그늘에 숨은 조연 배우들이 더 눈에 들어온다. 명작이란 살아가면서 다시 읽을 때 내가 어떻게 얼마나 성장하고 늙어가는지 짚어주는 이정표 같은 것이다. 그러므로 고전은 절대로 자르거나 축약하면 안 된다. 명작은 언제나 새롭게 읽힌다. 생각의 흐름은 그 옛날 그리스의 철학자 헤라클레이토스가 했던 유명한 말로 설명해볼 수 있다. 우리는 흐르는 강물 속에 발을 딛고 서 있다. 그리고 두번 다시 같은 물에 발을 담글 수 없다. 물은 끊임없이 흐르고 매 순간 발은 새로운 물에 닿는다.

뇌는
그곳을 알고 있다

내가 잘 아는 사람, 아니 조금은 잘 모르는 나의 딸은 예전에 꼭 학교 도서관에 가서 공부를 하곤 했다. 학교가 집에서 멀고 교통이 불편하여 방해하지 않을 테니 네 방에서 공부하라고 해도 아침이면 꼭 길을 나섰다. 긴 시간을 들여가며 그곳에 가야만 공부가 됐던 모양이다. 그곳 책상에 그 애의 공부의 신이 있었던 듯싶다. 반면 나는 집에서 공부가 잘된다. 책을 읽든 글을 쓰든 집에 틀어박혀서 한다. 어떤 때는 지하철에서 읽으면 지루하지 않고 쏙쏙 잘 들어온다. 그런데 일단 학교에서 공부하기 시작하면 또 한동안은 그곳에 가야 정신 집중이 잘된다. 정신 집중이 잘되는 곳은 저마다 다르며 뇌는 그곳을 알고 있다. 나는 나 아닌 것으로 이뤄지기에 마음은 물질의 일부이고 장소에 친숙하다. 그래서 어떤 자리에 습관적으로 앉으면 그 자리가 무엇을 하는 곳인지 즉각 인지한다. 공부를 하려면 집이든 학교든 어느 한 곳을 '그곳'으로 정해놓고 반복하여 같은 행동을 하는 것이 좋다. 길들인 공간에는 공부의 신이 살기에 어느 순간 그곳에만 가면 저절로 공부가 된다.

　마음은 길들이는 것이고 이것을 전문 용어로 뇌의 가소성이라고 한다. 제임스는 기억의 효과를 높이는 방법으로 몇 가지를 제시하는데 예를 들면 장소를 옮겨가면서 책을 읽을 때 기억에 남으며, 휴식과 정신 집중을 공정하게 분배하여 습관으로 길들이고 때로는 혼자 읽는 것보다 친구에게 물어보며 대답하는 식이 더 효과적인 암기법이라고 한다(1: 439~447). 뇌는 단백질, 탄수화물 등 자연에서 얻어지는 물질로 이뤄져 있고 습관이 저장된 곳이어서 물질에 친숙하다. 다시 말하면 식물이 햇빛을 받아 탄수화물을 합성하듯이 뇌도 햇빛을 받아 멜라토닌을 합성하고 밤에 잠을 잘 자도록 돕는다. 마음이 흔들릴 때 고요한 숲속을 거닐면 차분히 가라앉고 기분이 맑아지는 것도 뇌가 물질의 세계와 환경에 반응한다는 것을 알려주는 좋은 예다.

나는 물질의 세계 속에 둘러싸여 산다. 그리고 매 순간 대상을 경험하고 기억하며 인지하고 습관으로 간직하기 때문에 그것과 뗄 수 없는 관계 속에 있다. 어느새 대상은 내 생각 속 일부가 되어 더 이상 거리를 두고 볼 수 없게 되어 있다. 공부의 신이 존재하는 이유다. 처음 본 사람에게서 받은 인상은 친숙해지면서 사라지고 새로운 인상으로 느껴진다. 첫인상은 그 사람의 본모습은 아니어서 첫인상으로 판단하면 실패하는 경우가 숱하다. 인상이 좋아야 한다는 것은 객관적 진리다. 얼굴 표정이나 몸가짐은 습관의 일부여서 무의식중에 그 사람의 인격이 배어나오기 때문이다. 그러나 문제는 그 인상을 제대로 느끼는가, 어느 정도 진실에 근접하는가는 사적인 경험에 좌우될 때가 많다는 것이다. 면접을 볼 때 여러 면접관이 참여하는 것은 그런 이유일 텐데 이때 삶의 경험을 많이 축적한 사람이 반드시 참여하는 게 좋다. 경험이 부족한 사람이 어떤 대상을 보고 느끼는 인상과 경험이 많은 사람이 느끼는 인상은 다를뿐더러 삶에서 결정적인 실수는 대부분 사람을 잘못 보는 데서 비롯되기 때문이다.

제임스는 이런 현상을 의도intention, 혹은 대상과의 관계성이라는 말로 표현했다. 나는 뇌에 기록된 과거의 경험에 의해 대상을 인지하므로 대상에서 떨어져 나와 객관적인 평가를 내리는 게 불가능하다는 것이다. 의도는 후설의 물질에 대한 '지향성intentionality'으로 확대 발전되고 하이데거로 오면 물질을 향한 인간의 조율attunement이라는 용어로 나타난다. 프로이트의 무의식을 현상학으로 이끌어낸 라캉은 이것을 욕망desire이라는 단어로 표현했다. 욕망은 대상에 관한 욕망이고 우리가 지향하는 최종 목적지는 대자연이다. 즉 죽음이다. 모든 삶은 태어나면 죽게 되어 있고 삶은 죽음을 향해 가는 과정이다. 프로이트는 『쾌락원칙을 넘어서』에서 이 지향성을 '죽음충동the death drive'이라는 용어로 표현했고, 이는 마음이 대타자the Void를 향한다는 특징을 설명하는 중요한 용어가 된다.

인문학의 독창성이란 이렇듯 앞선 이론을 조금만 비틀면 된다. 일종의 흉내 내기mimicry다. 조금 먼저 탄생한 위대한 사상을 잘 이해한 후 자기 시대에 맞게 조율하면서 새로운 용어를 창조해내는 것이다. 그런데 이게 말처럼 쉽지 않다. 뇌 속에 위대한 것을 뒤엎는 맹점Blind spot을 지녀야만 앞선 위대함을 제대로 비틀 수 있다. 이것저것 너무 깊이 이해하면서 서로 간의 공통점을 찾아내는 사람은 독창적 사상가가 되기 어렵다. 맹점은 자신만이 지닌 고집이고 앞의 것을 비판하면서 그것이 지닌 핵심을 전혀 표시나지 않게 슬쩍 빼내야 하는데 이 방법이 기묘하다. 그것은 뉴런에 간직된 어떤 특질이기 때문에 의식의 범위를 넘어선다. 결코 앎의 영역이 아니다. 오직 뇌의 뉴런만이 그곳을 알고 있다. 그리고 보면 인문학은 뇌과학이나 생물학, 자연과학과 얼마나 닮았는가. 둘은 서로 같은 이야기를 다르게 표현할 뿐이다. 그도 그럴 것이 모두 하나의 뿌리, 마음mind에서 나오기 때문이다.

약간 거친 표현이지만, 제임스의 말대로 나는 습관으로 이뤄진 근육덩어리a bundle of habit인지도 모른다. 당신은 내 생각이 습관에 의해 일어나고 그것은 느낌에 가깝다고 말하면 이해가 잘 안 될지도 모른다. 그러나 반복되는 기억은 습관으로 몸에 새겨지고 그것이 현재를 판단하는 근원이 된다면 투명하고 고유한 의식이란 없다는 것을 알게 되리라. 그러므로 습관은 새로운 경험을 반복하여 변화시킬 수 있다. 이제 제임스가 밝힌 생각의 다섯 가지 특징을 살펴보고 습관은 생각이며, 생각은 느낌이라는 것을 동생인 헨리 제임스의 소설에서 확인해보자.

생각의
다섯 가지 특징

첫째, 모든 생각은 사적 의식의 일부다. 둘째, 각각의 사적인 의식 안에서 생각은 언제나 변한다. 셋째, 각각의 사적인 의식 안에서 생각은 계속 흐른다. 넷째, 의식은 대상 그 자체와는 별도로 대상을 다룬다. 다섯째, 의식은 대상들의 어떤 부분에 더 흥미를 느끼고 다른 부분은 배제한다. 반갑게 맞이하기도 하고 거부하기도 하면서 의식은 언제나 대상들 사이에서 어느 것을 선택한다. 제임스가 『심리학의 원리』 제1권 150쪽에서 밝힌 이 다섯 가지 생각의 특징은 마음이 얼마나 개인적이고 선택적이며 잠정적이고 의도적인가를 보여준다. 그것은 공적인 경험이라도 개인적 특징을 지니고 물처럼 흐르며 매 순간 대상 그 자체가 아닌, 자신이 가진 경험의 눈으로 대상들을 선별하고 선호하거나 싫어한다. 요즘 젊은이들이 말하는 '내 타입'이 아니라거나, 감이 오지 않는다, '필feeling이 안 온다'는 말은 모두 의식보다 뇌의 뉴런, 즉 기억의 저장고 및 정서가 더 강력하다는 뜻이다. 그도 그럴 것이 감정과 감각은 우리 몸의 에너지원이기 때문이다. 의식은 우리 생각보다 훨씬 더 물질적이고 감각적이다. 여기서 한 가지 놓치면 안 되는 것이 있다. 생각이 계속 흐르기 때문에 '내 타입'은 계속 변한다는 사실이다. 이것을 받아들이지 않으면 생각의 특징들 가운데 반쪽만 아는 것이며 삶의 선택에서 실패할 확률이 높다.

여기 실패한 한 여성을 보자. 그 여자는 젊고 아름다워 여러 남자의 시선을 끌었다. 그녀의 취미는 책을 읽는 것이고 그녀의 꿈은 더 넓은 곳으로 나아가 세상이 무엇인지 배우는 것이었다. 19세기 미국 뉴잉글랜드의 동부, 올버니라는 소도시에서 어머니를 일찍 여의고 언니들에게 둘러싸여 자란 이저벨에게 어느 날 영국에 사는 고모가 찾아온다. 능력 있는 남편을 만나 안정된 삶을 선택하는 언니들과 달리 이저벨은 책 속에 파묻혀 지냈기에 더 넓은 세상에서 삶이 무엇인지 알고 싶다는 지적 열망이 있었다. 부유하고 사려 깊은 남편 덕에 자유롭게 자기 삶을 즐기던 고모는 그녀를 영국으로 안내해 유럽 여행의 기회를 준다. 고모의 아들인 랠프는 이저벨에게 끌리지만 결핵을 앓고 있어 친구인 영국 귀족, 워버턴 경과 그녀가 맺어지기를 원한다. 변치 않는 또 한 명의 열렬한 구혼자 캐스퍼보다는 워버턴 경이 그녀에게 자유와 관용과 부를 누리게 할 거라는 믿음에서였다. 캐스퍼는 진취적인 미국의 실업가였으나 관용이나 변화를 모르는 외골수의 청년이었다. 랠프, 워버턴 경, 그리고 캐스퍼는 시종일관 이저벨을 사랑하고 그녀에게 구애한다.

대부분의 소설이나 영화에서 여주인공은 아름답고 매력적이어서 여러 남자의 구애를 받는다. 실제 삶과는 다르다고 느끼지만 우리는 별 저항감 없이 그런 설정을 받아들인다. 영화나 소설에서 나올 법한 이야기니까. 간혹 못생기고 뚱뚱한 여주인공이 예상치 못한 반전을 일으키면 관객이 몰린다. 왜 그럴까. 뇌에는 타인을 모방하려는 거울뉴런이 있다. 타인의 마음을 알아야 의사소통이 가능하기에 언어가 발달한 인간에게 이런 기능이 제일 발달한다. 높은 사람의 마음을 재빠르게 알아채는 사람이 출세하지 않던가. 아름다운 여주인공이 여러 사람의 구애를 받으면 기분이 좋다. 그녀를 자신과 동일시하는 것이다. 반대로 못생긴 주인공이 나오면 이런 동일시가 낮아지긴 하나 그녀가 커다란 반전을 일으키면 흥분한다. 우리가 소망하는 것을 이루었기 때문이다. 그러므로 대부분의 여자는 자신을 아름답다고 느끼면서 동시에 못생겼다고 느낀다. 객관적 수치인 키, 몸무게 그리고 코의 높이와 눈의 크기 등은 마음이 느끼는 미의 기준과 상관없다. 마음이 느끼는 미는 공평함에 있기 때문이다. 모두 제각기 아름답고 제각기 못생겼다. 아름다운 여주인공은 중요한 삶의 선택에서 실패해야 하고 못생긴 여주인공은 반전으로 성공해야 공평하다. 그러니 여주인공이 세 남자의 변함없는 구애 속에 놓여 있더라도 질투하지 말자. 여기에 또 다른 남자, 그녀를 증오하는 오스먼드가 잠시 후 등장한다. 설마 그녀가 이 남자를 선택하는 것은 아니겠지⋯⋯.

우선, 이저벨은 어느 면으로 보나 완벽한 구혼자인 영국 귀족 워버턴 경을 거절했다. 그는 재산, 지위, 권력, 따뜻하고 고귀한 마음씨 그리고 무엇보다 세상을 경험할 기회와 여유를 베풀 관용을 지닌 남자였다. 그러나 그의 완벽함이 자신의 자유를 가로막고 그의 완벽함 속에 자기가 숨 쉴 공간이나 할 수 있는 일이 없을 거라 생각하면서 그녀는 힘들게 그를 거부한다. 캐스퍼를 거부할 때처럼 단순하지는 않았다. 무엇보다 그녀를 아끼는 랠프의 가족이 워버턴을 완벽한 신랑감으로 여겼기 때문이다. 미국인으로서 이저벨은 영국 귀족의 부인이 되기를 거부했던 것일까.

그녀의 거부를 놀라운 눈으로 보게 된 랠프는 그녀에게 세상을 경험할 자유를 주기 위해 자기 몫의 아버지 유산 일부를 그녀 모르게 양도했고 그녀는 삼촌의 유산이 누군가를 위해 잘 쓰이길 원했다. 그런데 큰 꿈을 가진 그녀가 어떻게 가짜 예술품 수집가, 관용도 돈도 너그러움도, 삶에 대한 즐거움도 없는 지독한 에고이스트를 선택하게 되는가? 헨리 제임스는 그의 걸작 『여인의 초상』에서 경험이 부족하고 책에서 얻은 이상주의적 지식만으로 채워진 한 순진한 여성이 유산을 노린 가짜 예술가에게 속는 과정을 너무나 잘 그려낸다. 우선 영국에 온 지 30년이 다 되어가는 랠프 집안은 경험이 풍부할뿐더러 유럽 사교계의 어두운 이면을 잘 알고 있었다. 이에 비해 이저벨은 강한 의지와 고집스러운 이상주의를 뉴잉글랜드의 지적인 조상들로부터 물려받았다. 그것도 책을 통해 배운 지식일 뿐 실제 현장에 대한 경험은 없었다. 에머슨적 자긍심과 선의, 물질을 초월한 소로식 자유정신, 그리고 무엇보다 독립심이 강하여 그녀는 남이 아닌 자신의 선택을 중시했다. 생각이란 참으로 경험에서 나오는 사적인 것임을 알 수 있는 짧은 대화 한 토막을 소개한다. 생각의 첫 번째 특징이다.

이저벨: 나는 그저 내 눈으로 직접 [유럽을] 보기를 원해요.

랠프: 보기를 원하는군요, 느끼는 것이 아니라.[5]

어떻게 이 짧은 대화가 두 인물의 경험의 차이, 그리고 생각이 사적이라는 것을 나타낼까. 이저벨은 미국 낭만주의의 책에서 얻은 지식으로 기억의 저장고를 채워왔기에 세상을 보려는 열망으로 가득차 있다. 그녀에게 세상은 눈으로 보는 그대로 실체이며 진실이다. 에머슨이 투명한 사물이라고 말했듯이 실체는 투명하며 보이는 것과 큰 차이가 없고, 개인의 순수한 의지와 마음에 그대로 반영된다고 그녀는 착각했다. 그녀의 자긍심Self-reliance은 지식knowledge에 대한 성급하고 긍정적인 열망과 일치했던 것이다. 이에 반해 세상을 많이 경험한 랠프는 본다see는 단어 대신에 느낀다feel라는 단어를 사용한다. 두 단어는 어떻게 다른가. "보는 것은 믿는 것이다"라는 속담은 제임스의 심리학에서는 맞지 않는다. 내 시각은 사물을 객관적으로 볼 수 없다. 내 경험과 인식의 눈으로 사물을 보기 때문이다. 심리학자나 철학자들은 이런 의도로 물든 시선을 응시gaze라 부른다. 보는 것은 주관적으로 느끼는 것이다. 다마지오를 비롯한 현대 뇌과학자들도 데카르트적인 투명한 인식을 비판하면서 본다는 것은 느끼는 것이라고 주장한다. 가로수가 늘어선 길의 그림을 볼 때 나는 이차원의 평면 위에서 삼차원의 깊이를 본다. 원근법이라 말하는 이 삼차원의 깊이는 시각의 요술이다. 내 생각 속에 숨어 있는 몸을 보기 때문이다. 나는 실제로 가로수가 늘어선 길에서 깊이를 경험했다. 그 기억들이 뉴런에 새겨져서 그 눈으로 그림을 보는 것이다. 보는 것은 투명한 생각이 아니라 몸의 느낌이다.

랠프의 깊은 뜻이 담긴 이 한마디는 잠시 뒤에 등장하는 마담 세 레나 멀에 의해 다시 한번 확인된다. 이저벨은 이제 겨우 스물셋이었 고 멀은 마흔에 가까운 나이로 유럽 사교계에서 오랫동안 경험을 쌓 아왔으며 과거가 비밀에 부쳐진 여자다. 그녀는 음악, 미술, 글쓰기, 자수 등 당시 수준 높은 유럽 문화에 조예가 깊은 듯 보였다. 맨 처 음의 조우에서 그녀는 피아노 솜씨로 이저벨의 마음을 사로잡는다. 헨리 제임스는 이 부분을 조심스럽게 묘사하여 어떻게 시선이 주관 적인 욕망에 물든 응시이고 지식이 사적인 느낌에 속하는가를 드러 낸다.

그녀는 전처럼 부드럽고 장엄한 방식으로 피아노를 연주했다. 그녀가 피아노를 치는 동안 방 안에는 그림자가 점점 더 깊게 드리워졌다. 가을의 어스름한 저녁 빛이 스며들었고 이저벨은 그녀가 앉은 자리에서 비가 내리는 것을 볼 수 있었다. 비는 어 느새 점점 더 진지하게 차가워 보이는 잔디와 큰 나무들을 흔 들어대는 바람을 씻어내리고 있었다. 마침내 음악이 멈추었을 때 그녀의 친구는 일어서서 미소를 띠며 이저벨에게 다가왔다. 이저벨이 감사의 말을 미처 한 번 더 하기 전에 그녀는 말했다. "여행에서 돌아와줘서 정말 기뻐요, 당신에 대해 아주 많은 이 야기를 들었거든요."(PL 181)

한 인간의 삶에서 결정적인 실수를 하도록 이끄는 이 치명적인 장면에서 연주된 피아노의 선율은 무엇이었을까. 저물어가는 하루의 어스름한 빛이 방 안에 잦아들고 밖에는 가을비가 부슬부슬 내린다. 비는 끈질기게 조금씩 더 세차게, 잔디와 커다란 나뭇가지를 흔들어대고 그림자가 짙어가는 방 안에는 부드럽고 장엄한 피아노 소리가 듣는 이의 영혼을 감싸고 흐른다. 칸트는 『판단력 비판』에서 미보다 한 단계 높은 차원으로 숭고함The Sublime에 대해 언급했다. 폭풍이 몰아치고 나뭇가지들이 부러지는 것을 유리창 너머로 지켜볼 때, 화산이 폭발하거나 홍수가 난 현장을 바라볼 때, 우리 영혼은 자연의 장엄함에 의해 압도되고 정화된다. 이것이 숭고함이다. 이 분위기에 어울리는 음악은 무엇이었을까. 헨리 제임스는 초판에서 멀이 베토벤의 음악을 연주한다고 묘사했지만 새로운 판본에서는 슈베르트로 바꾸었다. 왜 그랬을까. 베토벤의 음악보다 슈베르트의 것이 순진한 이저벨을 감미롭게 사로잡음과 동시에 정교하면서도 비밀을 간직한 마담 멀의 특질에 더 알맞다고 생각했을 것이다.

우리 삶의 중요한 선택에 있어 분위기가 얼마나 치명적인 역할을 하는지 모른다. 그래서 남녀가 만날 때면 분위기를 중시하는데 때로 이것이 결정적인 실수의 원인이 되기도 한다. 바로 위의 장면처럼 어스름하게 사물이 보이는 방 안, 가을비 소리, 은은한 불빛, 그리고 슈베르트의 부드럽고 정교한 음악. 이런 사물과 환경이 뇌의 아랫부분인 정서와 감정을 자극해 인지와 생각에 결정적인 영향을 미친다. 이것이 느낌이다. 기쁨, 노여움, 두려움, 고통, 슬픔 등의 감정emotion이 뇌의 가운데 부분인 의식을 거쳐서 느낌feeling으로 나타난다. 의식을 통과하여 나타나는 감정이기 때문에 느낌 자체가 인식이자 생각인 것이다. 나의 생각은 순수한 의식적 판단이 아니라 감정이라는 원초적 감각과 생리 현상의 일부다. 물론 이때 전두엽에 저장된 사적/공적 경험들도 작용하지만 그 힘은 뇌의 아랫부분이 지닌 열정만 못하다. 동물적 본능이 에너지의 근원이기 때문이다. 이 장면 이후 이저벨은 마담 멀을 매혹적이고도 완벽한 여성으로 믿으며 랠프의 만류와 충고에도 불구하고 마담 멀과 오스먼드가 세운 계략의 함정에 걸려든다.

지금까지 생각이란 경험을 저장한 기억의 흔적들에서 나오고, 그렇기에 개인적이고 의도적이라는 것, 그리고 생각을 움직이는 중요한 함수는 감정인데 이때 감정과 외적인 물질 환경, 소위 분위기는 동질성을 지니기 때문에 소통한다는 것을 알게 되었다. 이런 근거에서 윌리엄 제임스는 의식의 물질성을 주장했고 후설은 이를 확장하여 "물질 그 자체로 돌아가라"고 주장하여 현상학이라는 철학의 한 갈래를 세운다. 물론 하이데거 역시 가운데가 텅 빈 항아리를 의식의 주체로, 그리고 창조적 예술로 비유했다. 결국 의식을 좌우하는 뇌의 뉴런들은 몸이라는 물질로 이뤄졌기에 그들이 외적인 환경과 조우하는 것을 막을 길은 없다. 만일 아직도 의식의 편에 서고 싶다면, 의식이 더 강하고 순수하게 우리 생각과 판단을 좌우한다고 믿는다면, 헨리 제임스의 메시지를 하나 더 소개하겠다. 이 장면 이후에 이저벨은 마담 멀과 대화를 나눌 기회를 갖는데 여기서 그녀와 다른 견해를 편다.

마담 멀은 이렇게 말한다. "내가 입으려고 고른 옷들 속에서 나는 대략 내가 누구인지를 알지요. 나는 사물들을 아주 많이 존경합니다. 타인에게 드러내는 나 자신이란 말하자면 내가 짓는 표정, 내가 사는 집, 집 안의 가구들, 입는 옷들, 읽는 책들 그리고 내가 어울리는 동료들, 이런 것들이 모두 표현되지요." 한 인간의 내면이 외적인 껍질에 의해 형성되고 표현된다는 것이다. 마담 멀에게 의식이란 사물의 드러남에 불과하여 외적으로 드러난 외양과 알맹이인 실체는 분리되어 존재하지 않는다. 속임수와 고통을 겪기 전의 이저벨이 이런 견해에 강하게 반발하는 것은 당연해 보인다. 내적인 영혼을 찬양하고 외적인 물질을 초월하라는 것이 그녀가 책에서 배운 도덕이었다. "내게 속한 그 어떤 것도 나를 재는 척도가 될 수 없습니다. 이와 반대로 사물들은 한계가 있고 가로막는 장벽이며 완전히 인위적인 것이지요."(PL 207-208) 물론 여기서 멀은 지나치게 외양만을 믿고 계략을 꾸밈으로써 마지막에 얻으려던 것을 잃으며 이저벨은 긴 고통을 겪은 후 외양 뒤에 숨은 알맹이는 없다는 것을 깨닫는다. 이처럼 의식과 물질은 긴밀히 연결되어 어느 한편만을 인정할 순 없다.

사랑이 시작되던 순간이 언제였나를 생각해보자. 혹시 순수한 영혼의 교감 대상인 솔메이트가 아니라 물질적인 환경이 뒤따라오지 않았는지? 미세하고 우연한 몸과 몸의 접촉, 은은한 분위기, 약간 취한 몽롱함, 감미로운 음악, 온기 등 그런 분위기 속에서 어느 순간 상대방이 특별한 존재로 다가오는 경우는 없었는지? 분위기란 늘 조심해야 하고 잘 이용해야 하는 대단히 이중적인 것이다. 이저벨의 순수하고 맑은 본성과 물려받은 거액의 유산에 대해 듣게 된 마담 멀은 자신이 비밀리에 오스먼드와 동거하면서 낳은 딸의 어머니로서 그녀가 최고의 적임자임을 꿰뚫어본다. 그리고 능숙한 매너로 접근하여 그녀가 오스먼드를 선택하도록 만든다.

　윌리엄 제임스가 말하듯이 대상을 자유롭고 객관적 의지로 선택한다는 것은 불가능하다. 이것이 생각의 네 번째 특질이다. 누가 봐도 워버턴 경이 최상의 선택이었는데 그녀는 최악의 오스먼드를 고른다. 그녀의 생각 속에 이미 자리잡은 대상을 향한 의도가 작용한 것이다. 대상 그 자체를 객관적으로 볼 수 없다는 네 번째 특질과 선택에서 언제나 어떤 것을 배제하고 다른 것을 선호한다는 생각의 다섯 번째 특질은 사실 크게 차이 나지 않는다. 이저벨이 랠프가 기대한 워버턴을 배제하고 오히려 반대한 오스먼드를 선택한 것은 무엇보다 유럽 사교계의 세련된 문화와 물질주의가 뗄 수 없는 하나임을 경험한 적이 없기 때문이다. 그녀가 책에서 읽고 기억한 것들, 물질을 천히 여기고, 가진 게 없는 사람을 계발하여 사회를 풍요롭게 만들어야 한다는 이상주의는 위선과 자신만을 아는 에고이스트의 말을 제대로 해석하지 못하게 가로막는다. 가치중립적인 순수한 언어란 없었다. 생각과 마찬가지로 언어는 언제나 의도를 품고 있었다. 결국 사물things의 지배를 받는 현실에서 자유로운 선택이란 없었던 것이다.

속임수는
정교하다

착각이 일어나는 첫째 이유는 경험 부족에 있다. 과거의 기억들이 생각에 관여하기 때문에 언제나 대상을 객관적으로 볼 수 없고 느낌의 눈으로 본다. 그럼에도 불구하고 우리는 늘 대상을 보는 우리의 시선을 믿는다. 마찬가지로 언어는 느낌이지 객관적인 의미를 전달하지 못하는데 우리는 이를 조금도 의심하지 않는다. 제자는 스승의 말을 거의 의심 없이 받아들인다. 공적인 언어이기 때문이다. 자식은 부모의 말을 거의 귀담아듣지 않는다. 너무나 진실에 가까운 사적 언어이기 때문이다. 언어가 의미 전달을 가장 못 하는 경우는 언제인가. 사랑에 빠진 대상의 말이다. 사랑은 소유의 본능이 가장 극대화되는 현장이다. 그래서 늘 대상을 사로잡으려 함과 동시에 사로잡히지 않으려 하는 두 가지 욕망이 교차한다. 이 욕망과 동기에 의해서 의심이 극대화된다. 응시가 가장 높아지는 현장이다. 사랑이 끝나는 순간이란 더 이상 대상을 알고자 하는 호기심이 끝나는 순간이다. 그래서 라캉은 사랑의 추구는 일종의 지적 추구라고 말했다. 지식이 극대화되는 것은 몸이 극대화되는 것과 같다. 둘 다 어느 한쪽에 치우치기 때문이다.

문학의 언어는 사랑보다 중립적이다. 순수하다는 것이 아니라 몸과 의식의 중간에 위치한다는 뜻이다. 미는 기억, 생각, 언어 속에 깃든 물질을 드러내기 때문에 가장 공정한 판단을 내린다. 칸트가 말하듯이 미적 형식을 통해 우리는 동물적인 본능과 개념concept의 조화를 맛본다taste. 맛본다는 것은 경험하는 것이다. 예술작품은 즐거운 몸의 경험을 통해서 윤리적 해석에 이르게 하는 매개체다. 그러므로 이저벨은 개념에 치우치지 않고 동물적 본능을 받아들이기 위한 고통을 겪게 된다. 미적 언어는 개념이 아니라 개념의 잉여인 물질을 드러내는 느낌의 언어다. 우리는 흔히 명작이나 고전을 영화로 만들 때 큰 성공을 거두지 못하는 것을 본다. 예를 들어 『위대한 개츠비』는 매력적인 고전 소설이어서 몇 번이나 영화로 만들어졌지만 한 번도 성공하지 못했다. 헨리 제임스의 소설도 비슷하다. 『여인의 초상』이 몇 번이나 영화 혹은 텔레비전 시리즈로 만들어졌지만 그리 성공을 거두지 못했다. 이유는 간단하다. 소설은 느낌의 언어이기 때문에 스토리만 따라가면 자칫 진부해지고 만다.

헨리 제임스가 느낌의 언어로 표현한 대화와 묘사를 어떻게 영화 언어로 옮길 수 있는가. 속이 깊은 작품일수록 영화로 만들 때 실패할 확률이 높다. 전혀 다른 차원의 언어가 필요한 것이다. 앨프리드 히치콕은 절대로 명작이나 고전을 영화로 제작하려 하지 않았다. 그는 이류나 삼류 대중 소설을 자기 언어로 재창조하여 일류 영화를 만들었다. 똑같은 논리로 흥행에 성공한 영화의 후속편이 성공하지 못하는 이유를 생각해볼 수 있다. 전편이 성공하면 그 유명세에 힘을 입어 제2편을 만든다. 우리가 만약 성공의 이유를 알 수 있다면 세상에 실패작이란 나오지 않을 것이다. 그러나 세상에는 실패작이 더 많다. 예술이란 우연의 산물일 뿐 개념이 아닌 탓에 관객의 뇌리에 전편의 기억이 생생할수록 후편은 실패한다. 우리는 모두 예술이 가진 모호함과 속임수를 사랑하기 때문이다.

헤밍웨이의 단편 가운데 짧고 간단한 스토리인데 무슨 내용인지 감이 안 오는 작품이 있다. 제목이 「하루의 기다림」이다. 추운 겨울날, 아버지는 아홉 살 된 아들이 독감에 걸린 것을 알게 된다. 의사가 집에 왔고 진단 후 해열제와 몇몇 알약을 처방전과 함께 주면서 아버지에게 말한다. 걱정하지 마십시오. 열이 102도쯤 되는데 104도만 넘지 않으면 됩니다. 아버지는 아들에게 이야기책을 읽어주지만 아들은 귀를 기울이지 않았다. 대신 침대 아래쪽을 가만히 응시하고 있었다. 아버지는 얼음이 꽁꽁 언 들판과 덤불숲을 헤치면서 겨울 사냥을 하고 오후에 집에 돌아와 아들을 보았다. 그 애는 여전히 같은 곳을 응시하면서 바짝 긴장하고 있는 듯 보였다. 아버지는 왜 그런지 물었고 아들은 프랑스에 있을 때 친구가 사람의 체온이 44도를 넘으면 죽는다고 말했어요라고 답한다. 아버지는 어이없이 웃으면서 아들에게 말했다. 그건 온도를 재는 기준이 다른 것이란다. 섭씨로는 37도가 정상이지만 화씨로는 98도지, 그러니 염려하지 않아도 된단다. 이튿날 아이는 하찮은 일에도 짜증을 냈다.

헤밍웨이는 언제나 심리 묘사를 즐겨하지 않았다. 인물의 행동을 외적으로만 묘사하여 카메라 기법이라는 명칭까지 얻었다. 여기서도 외적 서술에만 머물기에 독자는 아들의 심리를 알지 못한다. 그리고 온도를 재는 기준이 나라마다 조금씩 다르다는 단서를 숨겨놓았다. 미국에서는 화씨가 기준이지만 한국은 섭씨를 기준으로 한다. 아마 당시 프랑스에서도 섭씨가 기준이었던 듯하다. 아들이 하루 종일 긴장하며 초조하게 기다린 것은 자신의 죽음이었다. 그리고 아버지는 이 사실을 뒤늦게 알고 오해를 풀어준다. 대부분의 독자는 여기까지 해석을 한다. 그러나 그것이 전부일까? 아니다. 헤밍웨이가 숨겨놓은 메시지는 아들이 기다린 죽음은 어른들이 느끼는 그런 슬프고 두려운 것이 아니라 호기심에 가득 차서 마치 모험하는 심정으로 기다리는 어떤 것이었다는 점이다. 만일 아들이 어른과 똑같이 자신의 죽음에 두려움을 느꼈다면 아버지의 무심한 반응에 놀랐을 것이고, 하루 종일 아버지와 떨어져서 혼자 있지 못했을 것이다. 그러나 그 아이에게 죽음은 두려운 삶의 종말이 아니라 뭔지 모를 신비한 어떤 것이었다. 그래서 그것이 나타나면 용감하게 대적이라도 할 듯이 기다리고 있었던 것이다. 더 이상 죽음이 자신을 찾아오지 않는다는 것을 알자 아이는 실망하고 긴장이 풀려 모든 일에 쉽게 짜증을 냈다.

아이의 인식과 어른의 인식 차이를 응용한 작품 가운데는 주요섭의 「사랑방 손님과 어머니」라는 단편이 있고 『허클베리 핀의 모험』이라는 장편이 있다. 이런 작품을 읽을 때 흔히 독자는 어른의 인식 수준, 즉 읽는 자신의 인식 수준으로 해석하여 작품의 숨겨진 의미를 놓친다. 어린아이가 하는 말은 그 아이의 경험 수준에서 사물을 인지하기 때문에 재해석의 공간을 품고 있다. 옥희는 어른들이 느끼는 사랑이 어떤 감정인지 전혀 모르기에 상황을 그 아이의 수준에서 이해하고 말한다. 그러므로 어른이 놓치는 어떤 것을 짚어준다. 마크 트웨인이 노리는 점이 바로 이것이다. 사회로부터 추방된 소년이 보는 미국 사회는 어른이 보는 것보다 훨씬 더 진실에 가까울 수 있다. 편견에 물들지 않은 신선한 시선이기 때문이다.

이쯤에서 생각이 주관적이고 축적된 경험, 즉 기억의 영향을 받는다는 말을 반복하면 당신은 혀를 내두르며 진저리 칠는지 모른다. 그러나 진부하게 들리는 이 말은 막상 실천의 영역에 들어서면 맥을 못 춘다. 대부분의 독자는 아홉 살 된 아이의 마음으로 내려가지 않고 자신(어른)의 인식 수준으로 읽는다. 이런 일은 자동으로 일어나기 때문에 무엇을 착각했는지 모르고 지나쳐버린다. 생각의 속임수란 단수가 매우 높아 아는 것과는 별개다. 그것은 언제나 아는 것 뒤에 숨어 실체를 잘 드러내지 않는다. 일상의 소통을 위해 억압되고 습관을 통해 자동화되기 때문이다. 이저벨의 실수에서 보듯이 그것은 삶의 결정적인 순간에 뒤통수를 친다.

생각이 계속 흐른다는 제임스의 말도 들을 때는 당연하게 여겨진다. 그러나 우리는 영화가 연속된 수많은 장면이 빠르게 돌아가면서 영상 위에 움직임으로 나타나는 것을 알고 있지만 견고한 일상의 움직임으로 인지할 뿐 그 뒤의 빠른 움직임을 보지는 못한다. 그런 생각을 하지도 않는다. 마찬가지로 뉴런들도 뇌 속에서는 필름처럼 빠르게 과거에서 현재로, 다시 미래의 순간으로 움직인다. 뇌세포에 먼저 활성화가 일어나고 느낌이 일어난다. 견고해 보이는 모든 것은 공기처럼 유동적이라고 마르크스가 말했다. 들뢰즈도 『천 개의 고원』에서 유동적인 기억의 원리로 유목민적 삶을 의미하는 '노마드'라는 용어를 만들어냈다.[6] 들뢰즈는 사물의 외면에 보이는 질량의 층이 수많은 미세한 유동적 분자의 층으로 이뤄져 있다는 것에 주목한다. 우리 뇌 역시 견고해 보이는 생각과 의식이 수많은 미세한 유동적 기억의 뉴런들로 이뤄져 있다. 이 두 개의 층은 상호 유동적 연결망을 이루고 그 사이에 제3의 탈주선이 있어 끝없이 회상과 생각을 지속시킨다. 천 개의 고원처럼, 옆으로 옮겨가며 사는 유목인의 삶처럼, 역사와 삶도 기억과 생각처럼 끝없이 옆으로 순환하면서 흐른다. 기억의 이중 구조는 만물의 이중 구조이며 진리다. 그러나 우리는 그 말이 진리인 것을 듣고 이해해도 곧 잊어버린다. 미세한 유동층이 일상의 수면 아래에 잠겨 있기 때문에 쉽게 망각하는 것이다. 유동적인 이면은 인간이 현실에 견고하게 대처할 수 있도록 수면 아래로 잠기고 진화는 이런 방향으로 촉진되었을 것이다. 속임수에 가득 찬 유동적인 나를 믿고 어떻게 포식자에게 즉각적인 대처를 할 수 있겠는가.

영화 「로마의 휴일」은 오드리 헵번이 밤에 왕궁을 빠져나와 이튿날 하루, 격식에서 벗어나 자유로움을 만끽하는 코믹한 장면들을 담고 있다. 특종을 잡으려는 신문 기자, 그레고리 펙의 신분을 모르고 행동하는 헵번의 천진한 모습에 흠뻑 취한 관객은 그녀의 상의가 어느새 바뀐 것을 알아채지 못한다. 하루에 일어나는 일이지만 여러 날에 걸쳐 촬영하다보니 헵번이 먼젓번에 입었던 상의를 잊었는지도 모른다. 장면의 순서를 편집하는 과정에서 옷이 바뀐 것을 몰랐을 수도 있다. 문제는 관객도 그것을 모르고 지나친다는 것이다. 뇌는 입은 옷보다 배우들의 표정이나 대사, 몸짓을 보고 재빨리 줄거리를 합성해야 한다. 연속되는 장면을 보면서 뇌가 제일 먼저 하는 일은 사건의 순서를 정비하는 것이다. 도대체 지금 무슨 일이 벌어지고 있는지 인식해야 하기 때문이다. 뒤에서 곰이 쫓아오는데 마냥 작은 들꽃을 들여다볼 수만은 없지 않은가. 그러나 들꽃을 보는 즐거움도 있다. 한국 영화 「마부」는 마부의 아들이 드디어 그 어려운 고시에 통과해 온 가족이 모여 환호하는 것으로 끝을 맺는다. 이 마지막 장면에서(마부 아닌 마부의 아들이었나? 영화에서 둘이 서로 마차를 번갈아가면서 끌었기 때문에 헷갈린다)는 분명히 말과 마차를 끌고 발표장에 왔었다. 그런데 온 가족이 합격 소식에 기뻐서 얼싸안고 흰 눈이 소복이 내린 옛 중앙청 앞길을 걸어가는데 끌고 왔던 말과 마차는 보이지 않는다. 아마 그 장면을 촬영하는 데 몇 날이 걸려 소도구를 맡은 사람이 깜빡 잊었나보다. 편집자도 이것을 모르고 지나쳤을 것이다. 물론 이런 실수는 감격하는 관객들의 인지에서도 슬쩍 빠져나간다. 일상의 흐름 속에 묻힌 이질성을 굳게 믿었던 나는 이 영화를 세 번째 다시 보면서 마차를 발견했다. 분명히 두 번째 볼 때는 못 보고 지나쳤는데…… 생각 속에 파묻힌 속임수라니! 내 믿음은 변덕스러웠다. 그러나 이것을 발견할 때의 즐거움은 크다. 쓸모없는 것의 쓸모에 속하는 즐거움이지만.

나를
읽지 마라

누구나 마음속에 삶에 대해 쓰고 싶은 소망이 있다. 삶이 무엇인지 안다면 굳이 쓸 이유가 없을 텐데 아마 그렇지 못한 듯하다. 그래서 소설이나 영화를 보고 감동을 받으면 아, 저게 바로 내가 쓰려던 것인데 놓쳤다는 아쉬움이 든다. 그러면 글을 쓰는 작가는 자기 작품이 성공할 것을 알까. 아닌 것 같다. 많은 작가가 절망 끝에서 어쩌다 쓴 것이 대표작이 되거나 피츠제럴드처럼 이미 최고의 작품을 쓰고도 그것을 몰라 단 한 번만 걸작을 쓰겠다고 벼르다 죽어가기도 한다. 알코올 중독자였던 그는 『위대한 개츠비』를 쓴 후에도 자신이 이미 걸작을 쓴 줄 몰랐다. 그가 할리우드의 안 팔리는 시나리오 작가로 전전하다가 심장마비로 죽었을 때 신문에는 『위대한 개츠비』가 아니라 그의 첫 작품인 『낙원의 이편』을 쓴 작가가 죽었다는 짤막한 기사가 실렸을 뿐이다. 만일 작가가 자기 작품을 읽을 수 있다면 최고의 작품은 평론가의 손에서 나와야 옳다. 어디가 문제이고 어디가 좋은지 잘 아니까. 그러나 좋은 작가조차 교수가 되면 작품이 안 써진다는 말을 하는 것으로 미루어 저자는 자신이 쓴 작품을 읽지 못한다.

자기 글을 읽을 수 없는 작가는 사막으로 추방된 고독한 방랑자다. 사막은 모래벌판 외에 아무것도 보이지 않는다. 하늘과 벌판이 맞닿은 긴 선을 바라보며 그는 눈이 먼 채 계속 글을 써야 하는 시인, 오르페우스다. 작품은 주인에게 말한다. "나를 읽지 마라Noli me legere." 누가 말하는가. 생각의 공간, 기억의 공간, 언어의 한가운데 텅 빈 공간이다. 내가 제일 좋아하는 프랑스의 철학자 모리스 블랑쇼(1907~2003)가 말하는 『문학의 공간』이다. 그의 글을 읽을 때면 마치 미풍에 흔들리는 돛단배에 앉아 있는 듯한 기분이 든다. 『문학의 공간』이 프랑스어로 출간된 것은 1955년이었다. 그러나 어렵다고 느낀 탓인지 그의 사상은 거의 동시대 데리다만큼 이후 미국 학계를 휩쓸지 못했다. 데리다의 글이 분석적이고 논리적인 체계를 지녔다면 블랑쇼는 신비하고 오묘한 한 편의 시와 같다. 마치 뇌가 지닌 기억과 인지 과정을 그대로 글로 옮겨놓은 듯하다. 놀랍게도 데리다와 블랑쇼는 지금까지 살펴본 뇌 속의 미세한 활성화를 자신들의 DNA로 뽑아낸 사상가들이다. 물론 라캉이나 하이데거, 메를로퐁티, 들뢰즈도 예외가 아니지만. 이제 데리다와 블랑쇼가 뽑아낸 그들만의 독특한 색깔을 살펴보자.

소위 20세기 후반 해체론을 몰고 온 데리다는 푸코와 함께 여성 운동, 제3세계 운동, 동성애 해방 등 한 시대의 획을 긋는 정치적 패러다임을 선도한 사상가였다. 그런데 그의 사상적 뿌리는 바로 프로이트의 기억에 관한 글 「신비한 글쓰기 패드에 관한 소고」에서 나온다. 서구사회에는 전통적으로 말하기는 투명한 반면, 글쓰기는 저자의 욕망이 개입되어 그만 못하다는 차별의식이 존재해왔다. 과연 그런가. 이 차별을 뒤엎는 근거를 글쓰기 패드에서 찾아보자. 지겨울 정도로 반복된 이야기를 다시 하면, 뇌에서 의식과 기억의 흔적은 상호 배타적인 관계에 있다. 외부 자극을 받으면 해마는 즉시 그 경험을 기억을 간직하는 뉴런들로 넘긴다. 이런 이중 구조가 기억과 인지의 뿌리다. 그렇다면 말하기 이전에 글쓰기가 있다. 그리고 글쓰기는 이중 구조로 이뤄져 있기에 단 하나의 기원은 허구다. 이것이 말하기 중심주의를 전복시키며 단일한 기원은 없다고 하는 해체론이다.

데리다는 기억과 인지가 이중 구조로 되어 있다는 프로이트의 「신비한 글쓰기 패드에 관한 소고」에서 자신의 용어인 글쓰기writing를 만들었고 기억의 흔적memory-traces에서 흔적traces이라는 용어를 만들어냈다.[7] 블랑쇼는 어떤가. 그는 논리적 분석이나 용어 대신 흔적 그 자체로 글을 쓴다. 그래서 미풍에 흔들리는 돛단배처럼 글이 유동적이다. 랠프가 이저벨에게 묻듯이 생각의 글이 아니라 느낌의 글이다. 그의 언어는 잉여, 혹은 공간인 물질성을 감추지 않기 때문에 글이 모호하고 시적이다. 의식이 흔적을 지우지 않고 그대로 보여주는 글쓰기다. 의식이 흔적들을 없는 척, 모르는 척 지우는 것은(물론 지울 수 없지만) 즉각적인 일상의 소통과 대응 때문이다. 블랑쇼의 글은 느리다. 장애물이 곳곳에 숨어 있다. 진실은 느리고 모호하다. 생각의 속임수를 지우거나 감추지 않는 글은 느리고 모호하다. 블랑쇼가 노리는 것은 무엇인가. 공적 언어 속에 감추어진 사적 의도를 의심해보라. 정치적 슬로건, 개념, 이념을 의심해보라는 암시다. 지금은 의심이 넘치고 불신이 팽배하지만 1950년대만 해도 의심이 요구되는 시기였다. 포스트모더니즘이 막 태동하려던 때였으니까.

생각 속에 숨은 허구, 기억의 허구는 어디에서 오는가. 백 투 더 퓨처 때문이다. 현재에서 과거로 갔다가 다시 현재로 이동하는 사이에 존재하는 시차가 있고 이것이 바로 망각이다. 망각 없이 회상은 없다. 또 그 망각의 자리에 새로운 경험이 덧씌워진다. 내가 지금 불러내는 회상은 과거의 어떤 부분이다. 다른 부분은 망각되고 현재까지의 경험에 의해 재구성된다. 망각은 텅 빈 공간이다. 그리고 그것을 현재의 욕망이 채운다. 망각이라는 텅 빈 공간을 메운 나의 욕망, 이것이 어둠을 향한 오르페우스의 응시다. 그리스 신화에 나오는 오르페우스는 리라를 잘 탔다. 지극히 사랑했던 아내 에우리디케가 저주로 뱀에 물려 죽자 그는 지하세계로 내려가 그녀를 구해오려 한다. 그의 리라 소리에 감동받은 지하세계의 왕은 그녀를 다시 데려가도록 허락하는데 다만 한 가지 조건을 내걸었다. 어둠을 벗어나 빛의 세상에 이르기 전까지 절대로 뒤를 돌아보면 안 된다는 것이다.

그는 잘 참고 거의 다 왔지만 그녀가 뒤따르고 있는지 확인하려던 차 무의식중에 그만 고개를 돌렸다. 지하세계의 왕은 그저 왕이 아니었다. 통로를 빠져나오는 순간 어찌 뒤를 돌아보고 확인하지 않을 수 있단 말인가. 그가 돌아보는 순간, 아내는 어둠의 저편으로 사라지고 그는 텅 빈 공간을 응시한다. 실패한 오르페우스는 다시 지상에 올라와 한층 더 슬프게 리라를 탔고 훗날 그는 예술의 신으로 칭송받는다.

오르페우스가 응시한 텅 빈 어둠은 사랑하는 아내가 사라진 공간이고 이것이 바로 블랑쇼가 말하는 문학의 공간이다. 이 공간은 연인이 있었던(뒤따라오던) 자리다. 이 말을 뒤집으면 내가 사랑하는 연인은 텅 빈 공간을 메운 욕망의 대상이라는 뜻이다. 생각도 마찬가지다. 망각의 자리를 그 뒤에 오는 새로운 경험이 덧칠한다. 흐르는 물속에 잠긴 나의 두 발이 두번 다시 같은 물을 만날 수 없듯이 생각은 흐르면서 망각의 공간을 다른 기억들로 채우고 비우고 다시 채운다. 하이데거는 예술을 항아리 혹은 집에 비유했다. 항아리의 쓸모는 가운데가 텅 빈 공간에 있다. 그 공간에 나는 물건을 넣고 꺼내고 다시 넣는다. 내 집이 집인 것도 들락거릴 수 있어서다. 이것이 예술이고 언어다. 쓸모는 쓸모없는 텅 빈 공간 때문에 생기고 내 삶은 죽음이라는 텅 빈 공간에서 태어나 죽음으로 돌아간다. 오르페우스의 공간은 예술의 공간이다. 예술의 공간은 기억의 공간이자 인식의 공간이다.

블랑쇼의 글은 이런 공간을 매끄럽게 감추거나 지우지 않고 드러내기에 존재로서의 글쓰기다. 프로이트의 글쓰기 패드로 쓰고 지우고 다시 쓴 회상의 글쓰기다. 저자는 사막으로 추방되어 텅 빈 사막을 고독 속에서 응시한다. 자기 작품을 읽지 못하는 처절한 고독이다. 에우리디케가 사라진 어둠의 공간을 응시하는 오르페우스는 그 래서 예술의 신이다. 끊임없이 흐르는 기억과 생각을 그대로 보여주기 때문에 블랑쇼의 글은 모호하다. 뇌가 하는 일이란 참으로 리라의 소리처럼 부드럽고 미묘하다. 우리가 흙에서 나와 흙으로 돌아간다는 것을 알려주고 지나친 욕망을 내려놓게 하는 것, '응시'를 내려놓는 것이다.[8]

　참 이상하다. 우리는 몸 안에, 뇌 안에 망각이라는 죽음의 공간을 품고 있다. 그 죽음은 우리를 살게 하는 동력이다. 날마다 죽음과 함께 살아간다. 그런데도 그것을 의식하지 못한다. 삶은 그 죽음의 공간을 메꾸면서 나타나기에 공간은 언제나 다른 어떤 것으로 채워져서 인지되기 때문이다. 현상학에서 말하는 공간the Void은 대자연, 사물, 혹은 흙이다. 대자연의 사물은 내 안에 '나 아닌 것'으로 만들어진 몸과 뇌의 뉴런들, 프로이트가 말한 기억의 흔적들과 소통한다. 마담 멀은 흔적을 너무 사랑했고 이저벨은 의식을 너무 믿었다. 이제 오르페우스는 아내가 사라진 긴 어둠을 응시하면서 무언가를 깨닫는다. 모든 욕망의 실체가 무void라는 것을. 흔적들은 의식의 뒷모습이라는 것을.

　나는 착각하는 동물이다. 아무리 치밀하게 계획하고 실행에 옮기더라도 시간이 흐르면 계획 속의 이물질이 모습을 드러낸다. 물질의 흔적은 이성보다 강력해 결코 양보하거나 지워지는 법이 없다. 마치 영원히 사는 사람이 없듯이. 그래서 시간은 진실을 전달하는 매개체다. 시간은 고통을 희미하게 만들고 행복을 묽게 흐려놓으며 고통도 기쁨도 없는 무, '내 안의 또 다른 나'를 드러낸다. 그러므로 계획하는 시간이 있고 깨닫는 순간이 있으며 후회하고 반성하는 시간이 있다. 나는 시간 속에 사는 동물이다.

3장

나는 왜
후회하는가

봄가을 없이 밤마다 돋는 달도
예전엔 미처 몰랐어요.
이렇게 사무치게 그리울 줄도
예전엔 미처 몰랐어요,
달이 암만 밝아도 쳐다볼 줄을
예전엔 미처 몰랐어요.
이제금 저 달이 설움인 줄을
예전엔 미처 몰랐어요.

아, 김소월의 시가 이렇게 좋을 줄 예전엔 미처 몰랐다. 풀잎 하나
가 온 우주를 품고 있듯이 이 짤막한 시는 온 우주를 끌어안고 있
다. 서른세 살의 나이에 요절한 김소월(1902~1934)은 서정 시인이었

지만 삶의 깊은 통찰을 담은 현상학자이자 마음의 구조를 설명한 뇌과학자였다. 지나친 해석일까. 이 시는 우리에게 어떤 친근함을 불러일으킨다. 오래 입어서 닳고 닳은 내복처럼, 내 몸의 일부처럼 친근하다. 왜 그럴까. 1923년 『개벽』에 실렸던 이 친숙한 시는 마음의 구조를 잘 드러내고 있다. 지금까지 설명해온 다윈의 진화론이나 윌리엄 제임스의 심리학, 프로이트의 기억의 원리를 반영한다. 마치 풀잎 하나가 온 우주를 담듯이.

예전엔
미처 몰랐어요

내 마음은 동물과 달리 느끼고 생각한다. 이렇게 말하면 환경학자나 동물 애호가들은 네가 원숭이냐? 어떻게 개나 원숭이의 마음을 아느냐? 그들의 마음속에 들어가보았느냐라고 반문할 것이다. 그렇다면 동물이 우리와 다른 점을 들어보자. 나는 언어를 사용한다. 동물에게는 언어가 없나? 아니, 있다. 독일의 동물학자인 카를 폰 프리슈는 벌의 언어를 알아보기 위해 사천 번이 넘는 실험을 했다. 벌은 꿀이 있는 곳을 발견하면 동료들에게 날아와서 몸짓으로 장소를 알려준다. 둥근 원을 그리는 몸짓과 마구 흔들어대는 몸짓으로 벌은 먹이가 있는 곳과 거리를 정확히 알려준다. 벌끼리만 통하는 독특한 몸짓의 언어다. 그러나 이런 몸짓은 음성언어가 아니기에 전달에 한계가 있다. 대화를 이어가지 못하는 일방통행로이고 캄캄한 밤에는 볼 수 없다.

이런 실험에 기초하여 에밀 뱅베니스트는 고등 동물에서조차 엄격히 언어학적 소통은 부족하다고 말한다.[1] 벌의 언어는 인간의 언어와 그 본질에서부터 다르다. 보이지 않는 곳에서는 통하지 않고 장소와 시간의 제약을 받는다. 벌의 몸짓은 반응과 대답으로 이어지지 못하며 무엇보다 기록을 남길 수 없다. 전보를 치거나 통신, 스마트폰으로 문자를 전달하지 못하며 인류의 유산인 역사와 문학처럼 기록으로 남지 못한다. 이런 몸짓의 언어는 문화와 예술을 창조하지 못해 이것이 나보코프의 말처럼 영국박물관과 단순한 따옴표의 차이를 낳는다. 이렇게 말하는 근거는 무엇인가? 벌의 언어는 시간의 흐름을 저장하지 않는다.

벌들의 언어는 정확하다. 틀림이 없다. 몸짓으로 보여주기 때문이다. 인간의 언어는 정확하지 않다. 시간에 따라 의미 전달에 오해의 공간이 있다. 말은 특정 지역 안에서 자의적으로 발생한 체계로 누가 말하는가, 누가 듣는가에 따라 같은 말도 뜻이 달라진다. 같은 말도 어떤 장소, 어떤 시간에 했느냐에 따라 의미가 달라진다. 그래서 우리는 자기 세계에 갇혀 오해 속에서 외롭게 살아가기 십상이다. 그러나 모든 것엔 빛과 어둠이 있듯이 모호성이 부르는 고독과 착각이 의외로 문명을 고안해낸다. 문학이란 고독의 언어를 최대로 활용한 매체다. 예술과 문화의 독창성은 바로 이런 부정확성과 모호성을 바탕으로 태어난다.

문학은 누가 언제 읽느냐에 따라, 장소와 주체와 시간에 따라 해석이 달라진다. 그리고 이것이 개인이 누릴 수 있는 문학의 윤리이자 자유다. 물론 어떤 해석도 가능하다는 말은 아니고 어떤 한계 안에서 자유가 주어진다. 칸트는 『판단력 비판』에서 이 한계를 예술의 형식form이라고 말한다. 형식 안에서 얻을 수 있는 개인의 자유이기에 미적 판단은 보편성을 담은 자유다. 법의 한계 안에서의 자유란 민주주의의 근본 원리이기도 하다. 이처럼 언어의 부정확성과 모호성은 소중한 문화유산을 창조하는 동력이 된다.

기억과 인지 역시 그리 정확한 원본은 아니다. 시간과 장소에 따라 대상에 대한 판단이 달라진다. 오직 인간만이 습관을 넘어서 회상이라는 삽화적 기억을 갖고 있다는 말은 인간만이 언어학적 체계를 갖고 있다는 말과 동일하다. 프랑스의 철학자 라캉이 프로이트를 재해석하면서 의식(혹은 현실 원칙)을 '상징계the Symbolic'로 표현한 것은 같은 맥락으로 이해될 수 있다. 기억과 인지 역시 부정확하기에 창조의 동인이다. 인간은 감각 외에 의식이 진화하여 지구상에서 가장 강력한 종이 된 것이다. 비록 고독하고 착각하는 자의식 때문에 복잡하고도 모호한 삶을 살지만 의식이 진화되지 않았다면 인간 종은 더 힘센 사자의 밥이 되거나 상어의 밥이 되었을지도 모른다. 자의식 때문에 존재는 고독하고 과거를 회상하며 미래를 꿈꾼다. 자의식은 벌의 몸짓과 다른 언어 체계를 사용하여 사회를 구성하고 법을 만들며 독창성의 발자취를 무한히 기록하여 보전한다.

그런데 언어, 기억, 생각의 모호성은 또 하나의 나를 구성해낸다. 후회하는 인간이다. 의식의 진화에 따른 기술 문명의 발달은 긍정과 부정의 양면을 지닌다. 그것은 면보다 질기지만 자연환경이나 몸에는 안 좋은 나일론과 같고, 자유롭게 변형되지만 몸에는 안 좋은 플

라스틱과 같다. 이게 모두 예전엔 미처 몰랐던 것이다. 우리는 결과를 미처 모르기에 무한히 기술을 고안해낸다. 미처 모르고 말을 하여 오해를 낳고 미처 모르고 기술을 고안하여 부작용을 낳는다. 미처 모르고 그 사람을 뿌리쳤으며, 미처 모르고 그 일을 맡은 것이고, 미처 모르고 살아간다. 온갖 부귀, 권력, 영예가 한순간의 이슬인 것은 언제나 밝은 이성으로 기획한 일이 예상치 못한 결과를 가져오고 이에 따른 깨달음이 뒤늦게 찾아오기 때문이다.

고독하고 생각하고 기억하고 착각하는 나는 후회하는 나다. 똑같은 원리에서 나타나는 여러 현상이기 때문이다. 뇌의 구조로 이 원리를 살펴보자. 삽화적 기억이라는 회상은 의식과 무의식, 혹은 기억을 받아들이는 해마와 그것을 저장하는 기억의 흔적들이라는 뇌의 이중 장치에 의해 일어난다. 이 말을 지겨울 정도로 반복했지만 어쩔 도리가 없다. 단순한 원리지만 모르고 살아가기 때문이다. 아니, 알려 줘도 잊기 때문이다. 아직도 "울기에 슬프다"고 말하면 고개가 갸우 뚱해지지 않는가. 나는 쓰러지면 다시 일어서는 오뚝이다. 알려주면 쓰러졌다가 어느새 다시 일어서서 모른 척한다. 그러므로 윌리엄 제임스가 말한 "우리는 울기에 슬프고 웃기에 행복하다"는 말로 다시 쓰러져보자. 뇌는 하부에 자리한 감정이 먼저 반응하며 곧이어 의식이 이를 알아채고 느낀다. 의식은 시간상 나중에 진화했기 때문이다. 동물은 뇌의 크기에 따라 의식이 있으나 기능 면에서 인간과 같지는 않다. 가장 큰 차이는 무엇일까.

앞서 나는 인간만이 시계를 보며 살아간다고 말했다. 동물은 대부분 자연의 사계절에 맞춰 살아간다. 개구리는 겨울이 되면 동면하고 봄이 되면 깨어나 자신이 살아 있노라고 즐겁게 울어댄다. 가을에 만물이 소생한다고 믿는 농부나 철학자는 없다. 인간도 농경 시절에는 입춘이니, 소한이니, 대한이니 하며 계절의 눈치를 보면서 살아갔다. 그런데 산업사회가 되고 기술 문명이 발달할수록 점점 더 계절이 아니라 시계의 눈치를 보며 살게 된다. 지금은 시간이 우리를 뒤쫓아 오는 상황이 되었다. 다들 무지하게 바쁘다. 왜 바쁜지 생각할 틈도 없이 바쁘다. 인구가 증가하고 자연환경이 파괴되며 경쟁이 심화되어서 그런가? 물론 맞다. 그러나 이보다는 우리 스스로 바쁘지 않으면 살지 못하는 어떤 구조를 지녔기 때문이다.

내가 어떻게 삶을 영위하는지 가만히 생각해보자. 나는 지금 무엇을 하고 사나? 과거에 어떤 일을 했고 어떤 선택을 했던가? 지금까지 해온 일들을 떠올린다. 그리고 미래에 어떤 삶을 살지 생각한다. 그래 희망을 갖자…… 그러고는 문득 내일까지 끝내야 하는 일이 떠올라 생각하기를 멈춘다. 일에 몰두한다. 나는 어디에 있는가. 도대체 현재를 느끼고 사는가? 나는 주로 과거를 회상하거나 내일을 생각하며 살아가는 것은 아닌가.

경험의 흔적이 많이 쌓이지 않은 어린 시절이나 젊은 시절에는 주로 내일을 더 많이 생각하고, 경험의 잔고가 넘치게 쌓인 노년에는 어제를 그리워하며 산다. 내 생각과 판단에서 현재는 빠져 있다. 현재 사물을 인식하고 판단할 때도 과거 경험의 눈으로 읽기 때문에 시차에 의해 판단과 인식이 달라진다. 같은 사람도 오래전에 볼 때와 지금 볼 때 다르게 여겨지고 같은 책도 시간이 흐르면 달리 읽힌다. 과거와 현재와 미래라는 뉴턴식의 직선적인 시간 개념은 실제 경험에서는 곡선이다. 의식의 진화로 인해 현재의 시간은 증발하고 과거와 미래의 두 지점을 오가는 곡선을 만들면서 우리는 살아간다.

그런데 신비하게도 현재의 시간을 한순간도 놓치지 않고 열심히 따라가는 뉴런은 기억의 흔적들이 아니라 의식이다. 앞서 설명했듯이 프로이트는 신비한 글쓰기 패드로 기억의 원리를 설명했다. 경험을 받아들이는 해마는 이것을 기억의 흔적이라는 뉴런들에 저장한다. 해마는 경험을 무한히 받아들이기 위해 저장소를 따로 두는 것이다. 둘의 관계는 상호 배타적이다. 의식과 흔적의 저장 및 인출 사이에서 회상이 태어난다. 프로이트는 기억을 더듬어 환자의 상흔을 찾고 이를 치유해야 하는 의사였다. 그의 심리학은 상흔을 찾는 의사의 역할과, 그 상흔이 허구이자 허구를 통해 삶이 영위된다는 철학자로서의 양면을 오가면서 이뤄진다. 이 글의 맨 마지막에 그는 지나치듯이 한 문장을 언급하는데 그것은 훗날 현상학자들이 발전시킨 시간 개념이었다. 과학자였던 프로이트는 철학자로서 한마디를 가볍게 던진 것이다. "지각을 담당한 의식의 불연속성에 근거하여 시간이라는 개념이 생긴다."[2] 이 문장은 매우 중요하다. 특히 의식의 '불연속성'이란 단어는 중요하다. 불연속성이란 무엇인가.

의식은 시간을 따르고
흔적은 시간을 따르지 않는다

의식은 경험을 받아들여 흔적들에 저장하고 다시 회상이나 대상을 인지할 때 흔적들을 인출하는데 이런 이중 구조에 의해 시차가 발생한다. 마치 예금통장에서 돈을 인출할 때 시차에 의해 이자가 붙는 것과 같다. 의식과 흔적 뉴런들은 서로 붙었다가 떨어지고 다시 붙었다가 떨어진다. 의식은 늘 바쁘게 현재의 시간을 따르고, 흔적들은 경험의 저장소로서 시간을 따르지 않기 때문이다. 시간을 쫓는 의식과 시간을 따르지 않는 흔적들 사이에서 불연속성이 발생한다. 차액이 생긴다. 예를 들어 경험할 때 저장되는 흔적들은 앞선 경험 위에 덧칠해지고 그 후의 경험들에 의해 덧씌워진다. 의식이 계속 앞으로 나가면서 저장하고 인출하기 때문이다.

뒤늦게 진화한 의식은 왜 시간을 따르는가? 정신을 바짝 차리고 현재의 순간들을 따라가면서 판단하고 저장해야 하기 때문이다. 그렇지 않으면 언제 포식자에게 먹힐지 모른다. 아리스토텔레스가 인간을 '사회적 동물'이라고 말한 것은 이런 맥락에서 의식의 진화를 암시한 것이었다. 계속 앞으로 나아가는 의식의 시간 개념은 우리가 공동생활을 영위할 수 있는 기준, 즉 시계를 제공한다. 공동생활은 공동의 기준을 가질 때 가능하다. 법과 기계적 시간은 이런 의미에서 동일하다. 일정한 기준을 만들어 약속을 지키고 모든 사람이 공정하게 일하도록 한다. 입시에서, 면접에서 무한히 문제를 풀 시간을 주지 않는 것도 이런 이유에서다.

해마(혹은 의식)가 따르는 시간은 뉴턴식의 직선적 시간이다. 문제는 경험을 저장하는 뉴런들이 시간을 따르지 않는다는 데 있다. 덩달아 시간을 따르면 대혼란이 일어난다. 서로 배타적인 이중 장치 때문에 인류는 무한히 경험을 축적하고 그 경험의 눈으로 현실에 재빨리 대응할 수 있었다. 그런데 이런 이중 장치가 신비하게도 현재를 증발시킨다. 우리가 실제 느끼는 시간은 벽에 걸린 기계상의 시간과 다르다. 진화는 회상을 낳았듯이 경험하는 시간, 혹은 느끼는 시간 perceptual time을 낳는다.

시간을 따르는 의식 때문에 현재 나의 회상은 당시의 사건과 정확히 일치하지 않는다. 프로이트는 의사가 환자를 다룰 때 그의 기억들을 환자와 의사의 현재 욕망과 상황 속에서 다뤄야 한다고 말했다. 제임스 역시 우리가 과거라고 생각하는 어떤 것은 현재 일어나는 것들과 뗄 수 없이 연관되어 있다고 말한다. 의식이 계속 앞으로 나아가기에 그가 인출하는 과거란 현시점에서 되돌아보는 과거다. 제임스에 따르면 "먼 과거일수록 지각되는 것이 아니라 생각되는 것이다."[3] 먼 과거는 한 편의 동화와 같다. 이것을 응용한 문학이 유명한 나보코프의 『롤리타』인데 이 문제는 조금 후에 다루기로 하고 잠시 제임스의 시간과 인식의 문제에 더 머물러보자.

현상학의 시조인 제임스의 심리학에서 시간은 기억만큼 중요하다. '생각은 끊임없이 흐른다'는 가설을 뒷받침하기 때문이다. 그의 심리학은 인간의 경험에 바탕을 두기에 느끼는 시간이고, 현상학 역시 기억과 의식의 흐름이라는 시간을 중시한다. 기계적인 시간은 하루가 24시간이고 1분은 60초다. 만일 이런 기준이 없다면 나는 타인과 어울려 사회생활을 영위하지 못한다. 그러나 실제로 개인이 느끼고 경험하는 시간은 이와 무척 다르다. 연인과 만날 날을 기다리는 젊은이의 하루는 무척 길지만 노인의 하루는 순간처럼 짧다. 뇌가 느끼는 시간은 책상 위에서 끊임없이 째깍거리는 탁상시계의 초침과는 크게 다르다. 감지하는 시간을 발견한 제임스는 훗날 앙리 베르그송 (1859~1941)으로 하여금 『물질과 기억』이라는 책을 쓰게 했고 이것은 모더니즘 예술에 큰 공헌을 하게 된다.

조이스와 포크너의 의식의 흐름 기법이나 프루스트의 『잃어버린 시간을 찾아서』는 우리가 감지하는 기억과 시간을 문학의 형식으로 친절하게 구현한 것이다. 이상한 것은, 독자들은 이런 문학이 어렵고 난해하다며 회피한다는 점이다. 자기 뇌를 회피한다. 실제 뇌에서 일어나는 사실을 공들여 재현한 것보다는 그저 의식 혼자서 모든 일을 도맡아 처리한 듯 매끄럽게 권위를 가지고 서술하는 사실주의 문학을 더 쉽게 받아들인다. 김동인의 사실주의가 기계적 시간에 치중한다면 이상의 모더니즘은 경험하는 시간에 치중한다. 나는 '울기에 슬프다'는 진실보다 '슬프기에 운다'는 말이 더 낯익다. 의식은 늦게 진화했기 때문에 원래부터 있던 몸의 감각들을 베일로 감추고 혼자 일을 다 처리하는 척한다. 진화는 진실을 감추는 방식으로 이뤄져왔다. 땅속 저 밑은 부글부글 끓는 용암으로 가득 차 있다고 진실을 알려주어도 금방 잊는다. 그것을 매 순간 의식하면서 어찌 땅에 발을 굳건히 딛고 그 위에 집을 짓고 살겠는가. 게다가 인구 증가와 문명의 발달은 공동생활의 단위를 넓혀갔고 이를 위해 효율성과 간편화가 진행되었다. 의식의 속임수가 생각의 속임수를 낳는다.

현재를 사는 것의
어려움

소설가나 철학자들은 순간을 놓치지 말고 현재를 열심히 살라고 조언한다. 그러나 이 말은 사실 실천하기 불가능하다. 가능한 실천이 아니기에 줄곧 충고하는 것인지도 모른다. 나에게 의식만 있다면, 아니 동물처럼 습관적 기억만 있다면 가능할지도 모른다. 어느 한쪽만 있으면 문제 해결이 쉽다. 그러나 경험하는 시간에서 현재란 없다. 현재는 지각하는 순간 이미 지났다. 울기에 슬픈 것과 마찬가지로 뇌에서 감각의 뉴런들에는 이미 불이 반짝 들어왔고 다음 순간 의식이 작동하기에 지금이라고 느낀 순간 이미 그 시간은 지난 것이다. 제임스는 『심리학의 원리』에서 이렇게 말했다.

거칠게 그리고 소통을 위해 우리는 시간을 과거, 현재, 그리고 미래로 나눈다. 그러나 엄밀히 말해 현재라는 시간은 없다. 시간은 결코 나뉠 수 없는 점과 순간에 의해 나뉜 과거와 미래로 구성되어 있다. 그 순간, 혹은 점으로 존재하는 시간이 엄밀히 말해 '현재'다. 우리가 대략 현재라고 부르는 것은 시간의 흐름에서 적어도 최소량의 의식을 포함하여 경험하는 부분이다. 그 의식 안에서 변화하는 순간이 현재라는 점이다……. 우리가 이것을 현재 시점이라 본다면 이 느낌의 최소 단위는 두 지점을 포함하는 것이 분명하다. 지나가는 것과 다가오는 것이라는 내밀한 느낌. 전자는 기억되고 후자는 상상된다. 두 지점의 한계는 최소 단위의 시작과 끝에서 무한하게 뻗어나가 곧 다음 순간으로 녹아들며 다음 자극에 의해 앞으로 나아간다(2010, 1권 404-405).

현재 순간을 따르는 의식은 멈추지 않기에 흔적들을 인출하는 순간은 이미 현재에서 조금 더 나아간 것이다. 앞으로 나아가는 선과 뒤로 돌아서는 선들은 나사와 같은 곡선을 이루며 끝없이 이어진다. 제임스가 말하듯이 "모든 의식은 시간의 형식 안에 있고, 그래서 시간은 느낌의 형식이자, 감수성의 형식이다."(1권, 404쪽)

만일 현재가 과거와 미래의 두 지점 사이의 텅 빈 공간이고 과거와 미래 사이에서 오가는 것이 삶이라면 우리는 시간을 어떤 방식으로 느끼고 살아가는가. 제임스와 나보코프가 말하듯이 우리는 현재를 오직 일정한 시간의 길이, 즉 '기간'으로 느낀다. 현재는 기간으로 존재한다. 우리가 아무것도 하지 않을 때 불안하거나 초조해하는 것은 바로 현재가 텅 빈 공간이기 때문이다. 의식이란 자신이 만들어놓은 이 공간을 과거에 대한 회상과 미래에 대한 상상으로 메꿔간다. 그리고 물론 무언가를 열심히 해서 이 불안을 메꾼다. 손으로 무언가를 열심히 만들어내고 고안한다. 기술 문명의 발달도 이런 일거리 가운데 하나다.

하이데거는 「테크놀로지에 관한 질문The Question of Concerning Technology」이라는 글에서 의문을 제기한다.[4] 기술산업 사회는 왜 우리를 본래 진실한 모습으로부터 멀어지게 하는가? 원래 그리스어로 '테크네'는 미, 혹은 예술을 의미했다. 동물의 앞발이 진화한 두 손은 테크네를 고안하는 도구였고 인간이 동물과 갈라서는 전환점이었다. 고대 동굴벽화를 문명의 시작으로 보는 이유다. 예술을 창조하는 상상력은 과거를 회상하고 미래를 꿈꾸는 기능과 같은 뉴런에서 일어나는 뇌의 작용이기 때문이다.

그런데 시간이 흘러 기술산업 사회에 이르면 테크네는 자연에 도전하고 이를 공격하는 방향으로 진행된다. 예를 들어 마차에서 자동차로 갈아타면서 우리는 멀리 가게 되고 가까이에 있는 진실은 보지 못한다. 자동차에서 비행기로 바꿔 타면 더욱 자연에서 멀어진다. 자동차가 자신이 태어난 흙과 고향을 멀리하게 했다면 비행기는 조국을 멀리하게 만든다. 최근 관광산업이 발달하면서 사람들은 한국의 경치보다는 유럽이나 중국, 미국을 구경하는 데 더 관심을 갖는다. 자기 뇌에서 일어나는 일은 몰라도 먼 지구촌 한 모퉁이에서 일어나는 일은 안다. 이제 화성으로 가는 여행이 시작되면 지구를 잊게 되는 날도 오지 않을까.

하이데거에 따르면 '테크네'는 원래 '진실을 드러내는 방식'이었다. 드러낸다revealing는 것은 감춘다concealing는 것을 전제로 한다. 그렇다면 진리를 감추고 드러내는 방식이 미학이며 예술이다. 예를 들어보자. 소포클레스의 『오이디푸스 왕』은 신탁을 피하기 위해 코린토스에서 테베로 도망쳤고 오는 길에 자신도 모른 채 아버지를 죽인다. 그리고 스핑크스의 수수께끼를 풀고 지혜를 인정받아 자신도 모른 채 왕비인 어머니와 결혼한다. 이것이 진실을 감춘 베일이다. 이제 테베에 재난이 닥치고 죄인을 찾는 일을 맡는다. 그리고 자신이 죄인임을 발견한다. 이 반전의 순간이 드러냄이다. 하이데거의 말처럼 진리를 감추고 드러내는 과정이 서사 예술이다.

최종 메시지는 무엇인가. 인간의 욕망이나 시도가 전혀 뜻과 같지 않다는 것을 보여주며 지식의 속도를 늦추게 하는 것이다. 의식의 오만함을 전복하여 베일에 싸인 몸(감각)의 위력을 드러낸다. 베일을 들추고 텅 빈 공간(몸의 고향인 흙)을 보여주는 순간의 놀라움과 깨달음은 동물적 감각이 진화 이전에 터를 잡았던 집주인이었음을 알려주는 것이다. 그렇기에 깨달음은 니체가 『비극의 탄생』에서 말하듯이 지혜 속에 숨은 동물적 감각이 드러나는 것이고, 때늦은 후회란 뒤늦게 진화한 의식이 주인인 듯 착각했기에 날라든 지불청구서다.

기억은
사랑이다

흔히 어떤 소설이나 영화가 인기를 모을 때 나는 그것을 본 친구에게 어떤 이야기인지 묻는다. 친구는 흥분하여 자세히 줄거리를 말하지만 나는 왜 그게 독자나 관객을 끌어모으는지 이해하지 못한다. 그런 나를 못마땅하게 바라보며 친구는 몇몇 장면과 멋진 주인공을 입에 침이 마르도록 알려준다. 그러나 나는 여전히 설득되지 못한다. 소설이나 영화는 경험하고 즐기고 느껴야 하는 것이지 말로 전달할 수 있는 언어의 영역이 아니다. 줄거리만 들으면 모든 이야기는 비슷비슷하다. 전달하는 이야기는 뼈대이기에 살이 없다. 경험하고 놀라고 깨닫는 감정을 걸러낸 말간 곰국이다. 의식의 언어가 주인이 되면 개념이 된다. 말은 의식을 주인으로 삼지만 미학은 감각을 주인으로 대접한다. 감각이 먼저 오고 인지는 뒤에 오기에 미학은 경험과 시간의 예술이고 뇌의 원리를 드러내는 유일한 고안물이다.

감각은 언어 등 뒤에 납작 붙어서 예기치 않은 순간에 '짐승'으로 튀어나온다. 그리고 이미 때가 늦었다는 것을, 이미 의식에 봉사한 그 시간은 지나갔다는 것을 깨닫게 한다. 헨리 제임스는 심리학을 하듯이 소설을 썼다. 앞 장에서 나는 「정글 속의 짐승」의 마지막 부분을 처리하지 않은 채 남겨두었다. 생각이 물처럼 흐르듯이 판단도 흐른다. 세상에서 가장 고립된 사람의 마지막 깨달음은 무엇일까.

그는 늘 혼자였다. 그러던 어느 날 큰 저택에서 열린 파티에서 자기를 기억하는 아름다운 여인을 만난다. 그녀는 그와 지낸 시간들을 자세히 기억해 그를 놀라게 만든다. 남자는 아무것도 기억하지 못했다. 그의 기억의 저장고는 텅 비어 있었다. 늘 두려운 어떤 일이 일어날 거라 믿고 타인과 접촉을 끊은 채 외롭게 살아왔기 때문이다. 그에게는 현재가 없었다. 곧 나타날 짐승 때문이다. 원시 시대 사람들은 곧 나타날 짐승을 기다리면서 두려움으로 현재를 잃고 살았을 것이다. 그것이 DNA로 남아 지금도 사람들은 내일을 걱정하고 오늘을 보내는 것은 아닐는지.

기억은 사랑이다. 누가 더 많이 사랑했는지 알아보려면 누가 더 자세히 더 많이 기억하는가를 알아보면 된다. 그녀는 '메이May'라는 이름처럼 오월의 훈풍 같은 여자였다. 물론 남자는 마처Marcher, 삼월의 쌀쌀한 바람이다. 마처는 두려운 '그것'이 나타나는 순간을 함께 지켜달라 말하고 메이는 여전히 그를 사랑했기에 그의 요구를 받아들인다. 그러나 남자는 언젠가 자신에게 닥칠 '그것'에 대한 두려움으로 삶의 매 순간을 경험하지 않고 회피했다. 남에게 피해를 주지 않으려는 마음에서라고 그는 생각하지만 작가는 상처받기 두려운 마음에서 나오는 이기심이라고 암시한다.

그렇게 세월이 흘렀다. 메이는 자기가 병으로 머지않아 세상을 뜰 것임을 알고 어떻게든 남은 시간에 그가 단 한 번이라도 사랑과 이별의 아픔을 경험하도록 도우려 한다. 그가 삶을 살았다고 느끼게 하려는 것이다. 메이는 마처가 그녀를 사랑하고 의지한다는 것을 알지만 오직 그만이 그런 사실을 모른다. 그녀는 자기 마음을 알려줄 방법이 없다. 둘의 대화는 늘 그렇게 빗나간다.

"나는 고통스럽습니다." 존 마처가 말했다.

"안 돼요, 절대!"

"적어도 어떻게 내가 고통조차 마다하겠어요?"

"절대 고통받지 마세요!" 메이 버트럼은 되풀이했다.

건강이 너무 나빴는데도 그녀는 이 말을 너무 강한 어조로 말해 그는 순간 놀래서 바라보았다. 마치 어떤 빛, 숨겨진 어떤 빛이 눈앞에 가물거리며 피어오르듯이 바라보았다. 다시 어둠이 그것을 덮어버렸다. 그러나 희미한 빛이 그에게 이미 하나의 생각이 되었다. "내가 [알] 권리가 없기 때문인지?"

"알려고 하지 마세요, 당신이 그럴 필요가 없을 때는……" 그녀는 자비롭게 설득한다. "당신은 그럴 필요 없어요—우린 그러면 안 되기 때문에."

"그러면 안 되다니요?" 그는 그저 그녀가 무슨 말을 하는지 알
수 있기만 바랐다!

"아니 그건 너무 과해요."

"너무 과해요?" 그는 여전히 물었다.(1903년, 587쪽)[5]

마처는 자신에게 곧 어떤 두려운 일이 일어날 것이라 생각하면서
그 정체가 무엇인지 알고 싶어한다. 그는 메이가 그것을 알고 있다
고 믿지만 사실 메이는 그것을 모른다. 다만 때가 늦어 마처가 사랑
할 단 한 번의 기회를 놓치는 것을 안타깝게 여긴다. 그녀는 지금 이
순간 삶을 느끼라고 암시한다. 삶은 아는 것이 아니라 느끼는 것이고
미래는 실제로 존재하지 않는다는 것이다. 시간은 영원한 현재일 뿐
이다.

마처는 메이가 그것을 알려주지 않은 채 세상을 떠날까봐 두려워
한다. 드넓은 세상에 홀로 남겨질 자신만을 두려워하는 그의 이기심
을 끝내 열지 못한 채 그녀는 세상을 뜬다. 혼자 남은 마처는 그녀를
원망하며 먼 곳을 여행하고 돌아와 그녀의 무덤가를 찾는다. 그리고
저만치에서 죽은 연인의 무덤 위에서 슬피 우는 한 남자를 본다. 자
신이 아니라 죽은 연인을 위해 슬피 우는 그 남자의 모습에서 그는
문득 자신이 잃어버린 것이 무엇인지 깨닫는다. 그녀를 사랑하는 것,
자신이 아니라 그녀를 위해 함께 시간을 나누는 것, 그 기회, 그 시
간이 영원히 지나가버렸다. 그녀는 이미 가고 없었다. 창백한 얼굴로
죽음을 예감하면서 마지막 손길을 내밀었을 때 그녀는 마처가 홀로

남아 깨달으며 후회할 것을 알고 있었고 그래서 사랑할 기회를 주려했다. 작가는 말한다. 바로 그 순간에 짐승이 튀어나왔지만 그는 늘 미래에 일어날 어떤 것을 두려워하여 그것을 눈치채지 못했다. 마처의 시간 속에 현재는 증발하고 없었다. 오직 숲에서 웅크린 짐승의 시간, 미래의 시간뿐이었다.

그제야 그는 자신이 무엇을 잃었는지 깨닫는다. 마지막에 얻은 지식에 매달리면서 그는 메이의 무덤 앞에 침통한 마음으로 꿇어앉았다. 그리고 마치 어떤 일이 일어날 것이라는 예감에 매달렸듯이 이제는 새롭게 얻은 순간적인 깨달음에 매달린다. 바로 그 순간 그는 본다. 거대한 짐승이 뛰쳐나가는 것을. 그리고 그는 메이의 무덤 위에 얼굴을 파묻는다.

「정글 속의 짐승」은 헨리 제임스 문학에서 가장 난해하고 중요한 작품으로 읽을 때마다 여러 번 나오는 '그것'의 의미가 바뀌어 다가온다. 동생 제임스는 기억과 사유가 물처럼 흐르고 시간에 따라 의미가 달라진다는 것을 보여준다. 생각이 물처럼 흐른다면 그것에 매달리는 것은 부질없다. 마지막에 마처가 깨달음의 지식에 매달리는 것조차 작가는 거부한다. 매달리는 순간, 거대한 짐승이 뛰쳐나오는 것이다. 깨달음일지라도 그것에 매달리지 마라. 세상은 덧없고 무상하기에 하나의 지식에 매달리면 많은 경험을 하지 못한다. 두려움 없이 경험하는 것, 모든 대상에서 얻는 것은 순간의 인상일 뿐이며 외형과 인상이 우리가 잡을 수 있는 전부다. 어느 진화심리학자는 말했다. 인류의 역사를 365일로 가정했을 때 문명의 시작은 겨우 마지막 10분에 해당된다고. 아주 오랫동안 인류는 정글에서 뛰쳐나올 짐승을 두려워하여 오늘의 행복을 내일로 미루며 살아왔고 그 습관이 여전히 DNA로 남아 있다.

생각은 그것이 깨달음일지라도 매달리는 것이 아니었다. 시간은 계속 흐르고 감각은 새로운 생각을 낳기 때문에 그녀를 사랑해야 했다는 후회조차 흘려보내야 할 어제의 일인 것이다. 삶은 늘 후회의 연속이다. 그러나 그 후회에 매달리지 않는 것이 지혜다. 오늘의 후회는 내일의 축복으로 바뀔 수 있기 때문이다. 우리가 후회에 강박적으로 매달리지 않고 가만히 들여다보면 그 후회스러운 일이 의외로 이후 축복이 됐음을 알게 된다.

나는 미국 유학 시절 한 학기 내내 한 작가만 공부하는 과목을 몇 개 택한 적이 있다. 셰익스피어, 밀턴 그리고 로버트 프로스트였다. 19, 20세기 미국 소설은 일주일에 한 작가의 대표작을 한 권씩 읽고 토론했던 것도 있었지만, 한 작가를 학기 내내 읽고 토론하는 경우는 또 다른 맛이 있었다. 솔직히 당시에는 엄청나게 쓴맛이었지만 지나고 나서는 그 작품들이 그리워지곤 했다. 이상하게 한 번도 이 세 작가를 학생들에게 한 학기에 집중적으로 가르칠 기회는 얻지 못했다. 이 가운데 프로스트는 당시에 나를 불안과 스트레스에서 구해준 과목이었다. 우선 영어가 쉽게 쓰였다. 남의 나라 언어는 나를 늘 불안하게 만들었다. 그리고 주제가 소박한 일상을 다룬다. 자연을 배경으로 인간의 마음을 잔잔히 그리고 있다. 특히 삶에서 피할 수 없는 한계를 야단스럽지 않게 그린다. 정서와 감각의 글이며 생각을 하게 만드는 인식의 시들이었다. 그런데 이제 와서 돌이켜보면 그 시들이 마음을 가라앉히고 스트레스를 덜어준 또 다른 이유가 있었던 것 같다.

노오란 숲속에 두 갈래 길이 나 있네.
한 몸으로 두 길을 가볼 수 없는 서운함에
덤불 숲속으로 굽어 들어간 곳까지
한동안 멀리 서서 바라보았지.

그러고서 나는 똑같이 아름다운 저쪽 길을 택했네.
풀이 많고 길이 덜 든 것 같아
더 나은 길이라고 믿었던 것 같네.
지나는 발길에 비슷하게 길이 든 것 같았지만.

그날 아침 두 길은 밟힌 자국이 거의 없는
나뭇잎들에 의해 똑같이 덮여 있었지.
아, 다른 길은 훗날 걸어보리라!
길이 어떻게 이어지는지 알면서,
다시 올 가망이 없다는 것을 알면서도.

세월이 흐른 뒤 어느 곳에서
나는 한숨지으며 말하리라.
숲속에 두 갈래 길이 나 있었고
나는 발길이 덜 닿은 길을 택했지.
그리고 그것이 내 삶을 바꾸어놓았단다.
- 「가지 않은 길」

이 서정적인 시는 로버트 프로스트의 「가지 않은 길The Road not Taken」이다. 프로스트(1874~1963)는 뉴잉글랜드 북부 뉴헴프셔의 한 농장에 살면서 자연과 농촌 사람들을 배경으로 시를 썼다. 이미지즘이나 모더니즘 문학이 야단스럽게 펼쳐지던 당시에 그는 숲과 호수가 그림처럼 아름다운 소박한 마을에서 자신만의 개성을 담담히 그려냈다. 「눈 내리는 밤에 숲속에 서서」 역시 많은 독자를 거느린 시다. 하얀 눈이 쌓인 숲의 아름다움에 흠뻑 취한 나그네와 이제 그만 가자고 부추기는 나그네의 말馬. 가야 할 길이 있어 떠나는 나그네는 삶의 무한한 매혹과 그 매혹이 요구하는 절제 및 한계를 담담히 짚어준다. 「가지 않은 길」 역시 마찬가지다. 가지 않은 길에 대해 늘 미련과 후회와 불평을 하는 프로스트의 친구가 있었다고 한다. 그리고 이 사실을 들먹이는 많은 평론에 대해 시인은 그저 삶의 단면을 쓴 것일 뿐이라고 말했다.

후회는 삶의 본질이라는 해석을 덧붙이면 시인은 화를 낼까? 제발 내 시를 가만두라고, 그냥 느끼라고. 아마 그 말이 맞을 것이다. 그러나 문학은 감각이면서 동시에 판단을 요구하고 타인과의 공감을 요구하는 예술이다. 살면서 우리는 크고 작은 많은 선택지와 마주한다. 두 길을 동시에 가지 못하고 하나를 택해야만 한다. 그때마다 이유를 대면서. 그러나 때로 선택은 큰 차이를 낳는다. 시인은 마지막 연에서 먼 훗날 "그리움과 후회의 한숨a sigh"으로 가지 않은 길을 생각한다. 그 길로 갔더라면 더 좋았을 텐데. 내가 이렇게 된 것은 이 길을 택했기 때문이야. 안도의 긴 숨이 아니라 동경하는 한숨이다. 그것이 우리 삶이 아니던가. 가지 않은 길은 언제나 나의 또 다른 선택으로 존재하고 현재의 불만에 대한 대안으로 존재하지만 그것은 동시에 허구다. 그 길을 갔더라도 미련은 마찬가지로 남을 것이다. 중요한 것은 시인이 훗날 후회할 것임을 예견한다는 사실이다. 먼 훗날 자신이 그리 말할 것이라는 점이다. 어떤 길을 택하든 후회는 따른다. 가지 않은 길은 현실의 불만을 메꾸는 수단이기 때문이다. 그러므로 후회에 매달리지 않고 계속 살아가는 것이 중요하다. 판단과 생각은 물처럼 끝없이 흐르고 변화한다. 후회는 삶의 본질이다. 우리는 강물처럼 흐르는 시간과 사유의 흐름 속에 발을 딛고 매 순간 최선을 다해 어떤 길을 선택한다. 그리고 그 결과는 미래의 어느 순간에 불쑥 나타난다. 그것이 시간이다.

짐승이
나타나는 시간

우리에게는 잘 알려지지 않은 듯하나 영국에서 2011년에 제작된 「리트릿Retreat」이라는 영화가 있다. 아기를 잃은 부부가 상처받은 마음을 치유하기 위해 조용한 섬으로 휴가를 온다. 그 섬은 아주 작아 별장 주인과 그 별장을 빌린 두 부부만 사는 고립된 외딴섬이었다. 말이 별장이지 오래되고 낡아 시설들이 제대로 작동하지 않았다. 지하실의 발전기가 자주 고장 나고 외부와의 통신이 두절되자 아내는 두려움으로 집에서 벗어나고 싶어한다. 그때 바닷가에 나갔다가 한 남자가 좁은 길가에 쓰러진 것을 발견한다. 피투성이 군인을 집으로 데려온 부부는 우선 그의 권총을 감춘다. 정신이 든 남자는 외부 세계는 전부 감기 바이러스에 의해 감염되었으니 집 안을 차단해야 한다고 주장했다. 밖의 세상과의 통신이 두절된 상태에서 부부는 군인의 말을 반신반의하지만 나가려는 부부를 가로막으며 문마다 못질하는 군인을 제지하지 못한다.

부부는 집주인 내외도 감염되어 죽었고 무전기도 고장 난 것을 알게 된다. 완전히 단절된 집 안에서 군인과 갈등을 벌이던 남편이 감염된다. 여전히 군인을 의심하던 여자는 군인을 다그쳐서 간신히 라디오에 접근한다. 라디오에서는 "백신이 있으니 탈주한 군인은 빨리 돌아오라"고 말한다. 그녀가 군인에게 진실을 말하라고 다그치자 그는 "거짓이다. 백신은 없다" "그들이 나를 가두고 여러 가지 실험을 했다"고 주장한다. 여자는 군인을 의심하지만 힘에 밀려 고전한다. 사투 끝에 군인을 죽이고 남편의 시체를 수레에 담아 끌며 가까스로 집을 빠져나온 그녀가 배를 타려고 좁은 길로 들어서는 찰나…… 여기서 나는 잠깐 숨을 고른다. 지금까지 너무 오래 군인과 싸우는 부부를 보았고 그를 의심하는 데도 조금 지쳤기 때문이다. 물론 이제 군인이 죽고 집에서 나왔으니 나도 그 지긋지긋한 섬에서 벗어날 것이다. 나는 그렇게 이야기를 믿고 따른다. 그런데 갑자기 총소리와 함께 그녀가 쓰러졌다. 유유히 사라지는 헬리콥터. 나는 뒤통수를 한 방 세게 얻어맞는다. 이게 뭐지?

다음 순간 나는 지금까지 속았다는 것을 알았다. 아, 속았구나, 속았어. 외부 사람들이 모두 감염된 것이 아니라 군인이 감염되었던 거야. 그는 도망친 감염자로서 잡히지 않으려고 부부를 속인 것이다.

실험 대상이 되거나 죽임을 당하지 않으려고 외부와 완전한 차단을 시도한 것이다. 감염자의 소재를 파악한 당국은 그와 연루된 사람을 죽여야 한다. 감염을 방지하고 정보 유출을 막기 위해서다. 군인은 부부를 속였고 당국은 백신이 있다면서 그들을 속였으며 나는 이들 모두에게 속았다. 마지막 반전을 맞을 때까지 철저히 보안된 영화. 정말이지 시치미 뚝 떼고 관객을 반대 방향으로 끌고 간 속임수. 감염자가 추적을 피하려고 시도하는 모든 행동이 부부와 나에게는 반대로 해석되었다. 밖이 오염되었기에 모두 차단해야만 안이 안전하다는 논리는 독재자들이 밖을 희생양으로 삼아 안의 독재를 유지하는 방법이기도 하다.

마지막 반전을 맞을 때까지 나는 완벽하게 속았다. 무슨 저런 지루한 영화가 다 있어? 은근 짜증이 나려고도 했다. 그런데 속임수의 극치를 맛보니 감탄이 절로 나온다. 그런데 왜 완벽한 속임수를 깨달았을 때 즐거울까. 미학은 속임수를 최고의 미덕으로 삼는다는 점에서 삶의 현실과 다르다. 현실에서는 거짓말을 하면 안 되지만 소설가는 어떻게 감쪽같이 독자를 속일까를 고심한다. 사실은 늘 거짓말을 하고 살면서 진실이라고 믿는 의식의 오만함을 깨우치기 위해 미학은 의도적으로 거짓말을 통해 진실에 접근한다. 오이디푸스는 자신이 죄인임을 알았을 때 비탄에 빠져 눈을 찌르고 아내이자 어머니인 왕비는 자살한다. 비극이다. 그런데 이 놀라운 반전에 독자는 감탄하고 연민을 느끼며 박수를 보낸다. 위대한 왕의 추락은 비극이지만 삶의 진실을 엿보게 해주기 때문이다.

동물적 감각은 말을 하지 않는다. 그냥 느끼게 한다. 그것은 지식의 영역이 아니기 때문에 자발적으로 순간 튀어나와 관객을 놀라고 즐겁게 한다. 아폴론의 지식을 뒤엎은 디오니소스적 파괴의 시간은 진화에 억눌린 동물적 감각이 뒤늦게 튀어나오는 시간이다. 내가 원래 터를 잡은 집주인이라면서.

시간은 빛나는 모든 영광을 한낱 여름날의 아침 이슬처럼 덧없게 만든다. 오이디푸스는 지적 승리의 절정에서 오만했다. 오만함의 아찔한 정상에서 그는 추락한다. 그리고 자신의 지적 추구가 얼마나 무지했던가를 깨닫고 자기 눈을 찌른다. 정상에 오르면 늘 내려갈 것을 염두에 둬 오만하지 않아야 한다. 그 옛날, 촉나라의 유비도 마지막에 제갈량의 만류를 뿌리치고 오나라와 대결하다가 실패해 목숨을 거둔다. 그리고 후회한다. 관우의 원수를 갚으려던 자신의 성급함과 오만함을. 시간의 흐름은 영특한 지혜 속에 숨은 무지와 그것을 깨닫는 데서 오는 뼈아픈 후회를 안겨준다.

동물은 후회하지 않는다. 무지한 선택에 대한 기대도 결과에 대한 후회도 없다. 왜 가장 지배적인 종인 인간만이 후회하는가. 시간은 언제나 뒷모습만 보여주기 때문에 깨달음은 때늦게 찾아온다. 우리는 이미 지난 것, 돌이킬 수 없는 것에 대해서만 후회한다. 이런 삶을 잘 보여주는 것이 서사 예술이다. 소설이나 영화, 드라마 등의 서사 예술은 형식을 경험하는 시간 예술이다. 내 삶을 지배하는 집주인은 의식이 아니라 기억의 흔적이고 감각이라는 것을 경험을 통해 깨닫게 하는 예술이다.

효율성을 중시하는 일상에서 의식은 주인 행세를 한다. 그래서 감각은 자신이 먼저 태어난 형인데 억울하다. 기억의 흔적이 없으면 의식은 회상하거나 인지하는 데 무능력하다. 그러나 나중에 진화했다는 이유만으로 의식은 혼자 도맡아 처리하는 양 주인 행세를 한다. 감각의 흔적들은 적절한 때를 엿본다. 의식이 마음 놓고 오만하게 행동하도록 잠시 내버려둔다. 그리고 어느 순간 뒤통수를 한 대 치고는 그 선택이 실패했다는 것을 알려준다. 짐승의 출현이다. 아, 이게 진실이었구나. 내가 잘못 살았구나. 그러나 그런 깨달음은 끝이 아니다. 후회에 따른 인식의 전환은 생각이 계속 흐르기 때문에 얼마든지 달라진다. 예를 들어 지금 후회할지라도 돌이킬 수 없는 과거에 매이지 않고 계속 최선을 다해 살면 언젠가 현재의 후회가 의외의 선물로 찾아온다. 물론 그때에는 또 다른 선택에 대한 후회가 있을지 모르겠지만……

헨리 제임스의 모든 작품 가운데 깨달음이 순간적인 동물적 후각, 짐승의 출현인 것을 가장 잘 그린 소설은 『여인의 초상』이다. 이 작품 역시 수많은 해석이 나와 마치 평론가로 이름을 얻으려면 이 작품과 멜빌의 단편 「필경사 바틀비」를 달리 읽어야 할 것만 같은 강박에 빠진다. 앞 장에서 언급했듯이, 이 소설에서 이저벨을 사랑하는 랠프는 미국에서 막 도착해 유럽을 보려는see 열망에 가득 찬 이저벨에게 유럽은 "보는 게 아니라 느끼는 것feel"이라고 말한다. 보는 것은 의식이 앞서는 것이고 느끼는 것은 감각이 앞서는 것인데 유럽의 사교계를 경험한 랠프는 경험이 없는 이저벨에 비해 삶의 어두운 진실을 통찰하고 있었다. 그녀를 사랑했지만 그는 죽음을 앞두고 있었다.

결국 랠프를 비롯한 주변 사람들의 충고를 듣지 않고 이저벨은 제 고집대로 마담 멀과 오스먼드의 계략에 걸려든다. 그리고 그 계략의 실체는 오직 늦게야, 이미 선택을 한 후에야 짐승처럼 불쑥 나타난다. 헨리 제임스는 이저벨의 경험을 통해 이 동물적 후각, 혹은 계시의 순간을 자연스럽게 드러낸다. 이저벨은 남편 오스먼드가 자신이 믿었던 사람이 아니라는 것을 알게 된다. 예술을 이해하고 그녀에게 세상을 이해할 기회와 관용을 베풀어줄 사람이 아니라 편협하고 자기중심적이며 돈과 명예, 겉치레만 중시하는 사람이었다. 소유욕과 지배욕이 강한 그가 가장 참을 수 없는 것은 이저벨이 자신을 전혀 두려워하지 않는 것이었다. 그는 그런 아내를 증오하기 시작했다. 질식할 듯 숨 막히는 분위기에서 이저벨은 랠프의 충고를 알아채지 못한 과거의 실수를 수치스러워하며 인내로 4년의 시간을 보낸다. 어느날 유일한 탈출구인 의붓딸 팬지와 산책을 하고 집에 돌아온 그녀는 무심코 거실로 들어섰을 때 한 장면을 목격한다.

거실의 문지방을 막 넘어서려는 찰나 그녀는 어떤 인상을 받고 걸음을 멈추었다. 그 인상이란 엄밀히 말하면 이전에도 없지는 않았으나 이번에는 뭔가 새롭게 느껴지는 것이었다. 걸음을 멈춘 탓에 그 장면은 잠시 동안 방해받지 않고 감지되었다. 마담 멀은 보닛을 쓴 채 서 있고 길버트 오스먼드는 그녀에게 무슨 말을 건네고 있다. 아주 잠시 동안 그들은 그녀가 들어온 것을 몰랐다. 분명히 이저벨은 그런 모습을 전에도 본 적이 있으나 그녀가 보지 못했던 것, 아니 적어도 알아채지 못했던 것은 두 사람의 대화가 갑자기 친숙한 침묵으로 바뀐 것이고 그 순간 그녀의 존재가 그들을 놀라게 했다는 것이다. 마담 멀은 벽난로에서 조금 떨어진 양탄자 위에 서 있고 오스먼드는 안락의자에 깊숙이 앉아 그녀를 올려다보고 있었다. 그녀의 머리는 평상시처럼 꼿꼿했으나 두 눈은 그를 내려다보고 있었다.(제40장 404쪽)

왜 이저벨은 마담 멀이 서 있고 오스먼드가 앉아 있다는 사실에 놀랐을까. 대개 남녀는 그런 자세를 취하지 않는다. 대화를 나눌 때 서로 마주보고 동등하게 앉거나 선다. 그 자세는 마치 오래된 친구들이 때로 말하지 않아도 서로 통하는 그런 자유롭고 방만한 여유를 암시하고 있었다. 아마도 이저벨이 4년 동안의 쓰라린 경험을 하지 않았다면 이 장면을 그냥 지나쳤을 수도 있다. 그들은 오랜 친구 사이였으니까. 그러나 이저벨이 느끼는 실망이 그녀의 눈을 뜨게 한다. 이제 그녀는 지난 4년간의 위선적 실체를 경험한 사람의 시선으로 옛 장면을 다시 감지한다. 그리고 번개처럼 스치는 어떤 이미지에 부딪힌다. 여자의 내려다보는 응시와 남자의 올려다보는 응시는 어떤 비밀을 감추고 있다는 직감이었다.

두 사람은 이저벨을 알아차리고는 아무렇지도 않은 듯이 그 순간을 얼버무리며 넘어간다. 그러나 그녀가 느낀 짧은 순간은 바로 의식이 두 사람의 내면에 깃든 속임수를 느끼는 시간이었다. 물론 이로부터 시작해 그녀가 밤을 새워 지난날을 돌이켜보는 장면이 이어지고, 조금씩 이 사람 저 사람의 입을 통해 모든 비밀이 밝혀진 후, 랠프를 떠난 지 6년이 흘러서야 그녀는 다시 랠프의 옛 정원으로 돌아온다. 세상을 알고 느끼고 싶다는 꿈에 가득 부풀어 영국 귀족 워버턴 경을 거부하여 랠프를 놀라게 하고 오스먼드를 택해 그를 슬프게 했던 그 정원으로 고통과 후회를 안고 돌아온 것이다. 오직 랠프의 죽음을 보기 위해서. 그리고 그녀는 랠프의 사랑과 고통이 얼마나 큰 것이었는지 깨닫는다. 사랑으로 몰래 준 유산이 오히려 그녀를 함정에 빠뜨렸다니…… 마지막 침상에서 그녀는 그의 사랑이 얼마나 깊은 것이었는지, 그리고 자신의 잘못이 얼마나 큰 것이었는지를 눈물과 함께 받아들인다. 그의 죽음 앞에서 자기 실수를 인정한 후에야 비로소 그녀는 랠프의 유령을 보게 된다. 진실한 사랑의 유령은 그녀를 지켜주는 경험의 등불이 된다. 사랑과 야망의 한계가 그녀의 기억 속에 흔적으로 저장된 것이다.

헨리 제임스는 번개처럼 스치는 진실의 순간을 언어가 아닌 감각, 즉 이저벨의 느낌으로 전달한다. 단단히 무장된 의식의 베일을 뚫고 숨겨진 어떤 비밀이 드러난다. 깨달음은 흔히 누군가의 말에 의해 일어나기보다 스스로 느끼는 어떤 순간의 발견이고 동물적 후각이다. 동물적 본능은 의식보다 강렬한 삶의 에너지이고 어떤 의미에서 지식을 낳는 동력이지만 언제나 의식 뒤에서 번개처럼 스치는 순간의 감각으로만 우리에게 전해진다. 합리적이고 논리적인 것들을 움직이는 것은 그 뒤에 숨은 감각(혹은 기억의 흔적)이라는 물질이었다. 일찍이 그녀가 거부했던 인격을 표현하는 모든 외양, 입은 옷, 사는 집, 가구, 읽는 책 등 물질의 위력을 그녀는 비로소 감지한다. 겉으로 드러난 외양이 전부였다. 그 뒤에는 아무것도 없었다.

우리는 대상을 객관적으로 판단하지 못한다. 경험한 만큼의 눈으로 볼 뿐이다. 물론 저자 자신의 말처럼 속인 것은 두 사람이었고 이저벨은 그저 그들의 외양에 감탄하고 그 뒤에 진실이 숨어 있다고 믿었다. 그렇다면 이저벨에게는 잘못이 전혀 없었을까. 그가 랠프의 충고를 귀담아들었더라면, 조금만 더 신중했더라면⋯⋯. 그러나 이것은 좀더 성숙한 경험들이 그녀의 뇌 속에 자리잡기 전에는 불가능했다. 기억의 흔적은 오직 스스로의 경험을 통해서만 저장될 수 있다. 경험하라. 삶의 넓고 깊고 오묘한 진실을 느끼기 위해 두려움 없이 경험하라. 고통스러운 경험조차 없는 것보다 낫다.

경험과 실수 없이 삶에서 얻을 수 있는 것은 없다. 이것이 제임스 형제가 우리를 향해 던지는 메시지다. 우리는 습관의 뭉치이며, 동물적 후각이 우리를 살게 하는 힘이라고 형은 말했다. 동생은 그 습관이 경험에 의해 얼마든 변화될 수 있는 가소성을 지닌다는 것을 예술로 증명했다. 내적으로 잠재한 착각이 없었더라면 이저벨은 실수하지 않았을 테고 그러면 『여인의 초상』이라는 예술은 탄생하지 못했을 것이다. 그리고 이 글을 읽는 독자도 없었을 테고 착각과 후회가 얼마나 풍성한 예술을 낳는지도 느끼지 못했을 것이다.

생각은 강물처럼 흐르고 매 순간 변한다. 이것이 윌리엄 제임스가 말하는 생각의 다섯 번째 특징이다. 생각이 흐른다는 것은 시간이 흐르는 것이고 시간의 흐름은 허무와 후회를 낳는다. 동생 제임스도 그렇게 생각하는가? 이저벨의 마지막 선택을 통해 이를 판단해본다. 그녀는 속았다는 것을 알면서도 오스먼드에게 되돌아간다. 내 젊은 시절, 미국에서의 첫해 가을, 19세기 미국 소설을 매주 한 권씩 읽고 토론하던 그 시절에 나는 이저벨의 마지막 선택을 이해할 수 없었다. 코끝에 감도는 풍요롭고 은은한 향내를 맡으면서 나는 담당 교수의 연구실을 찾았다. 그가 즐기는 독특한 파이프 담배 향기는 영문과 건물에 들어서면 나를 황홀하게 했다.

"저는 이저벨의 선택을 도저히 이해할 수 없어요. 왜 아직도 캐스퍼가 그녀에게 구애하고 워버턴이 여전히 그녀를 사랑하는데 그 모든 발견과 깨달음에도 불구하고 서둘러 오스먼드에게 돌아가나요?" 나이 지긋한 교수는 내 질문을 기꺼이 받아들이며 토론을 했지만 나는 설득되지 못했다. 내가 기억하는 교수의 마지막 말은 "그것이 작가 제임스의 선택"이라는 것이었다. 나는 그 답을 그때에도 이해할 수 없었고 그 이후로도 오랫동안 이해할 수 없었다. 그러나 삶의 속임수를 아주 많이 경험한 지금은 그 답이 정답이었음을 이해한다. 물론 그 이유를 지금 여기서 낱낱이 털어놓지는 못한다. 긴 세월 내 경험들이 이해를 낳았고 그리고 부득부득 우기던 철없던 그 시절에 대한 그리움을 낳았다. 내 고집을 받아주던, 이제는 돌아가시고 없는 그분이 그리워진다.

평론가들 역시 이 결말을 놓고 말이 많았다. 멜빌의 단편 「필경사 바틀비」와 함께 이저벨의 선택은 유명 평론가들이 한번씩 논의하는 핫 이슈다. 자신에게 남겨진 유산의 일부를 그녀에게 주고 이 사실을 감추었던 랠프, 그녀가 자유롭게 유럽을 경험하고 풍요한 삶을 살 것을 원했던 그 배려는 유산을 탐내는 두 남녀의 계략에 걸려드는 미끼가 되었다. 이제 그 모든 속임수를 깨달았으니 새롭게 출발해야 한다. 그런데 그 못된 사람들에게 다시 돌아간다니?

작가는 이저벨이 오스먼드에게 돌아가기 직전에 인상적인 장면 하나를 배치했다. 캐스퍼의 길고 불꽃처럼 강렬한 포옹이 그녀를 숨막히게 하는 키스 장면이다. 제임스는 이 장면을 수정판에서 한층 더 공들여 격렬하게 묘사했다. 그런데 이저벨은 모처럼 저자가 펼쳐 놓은 키스 장면을 한 방에 걷어차고 오스먼드에게 돌아간다. 이 여잔 뭘 모르는군. 비평가들은 그녀를 나무라기도 하고 원수의 딸 팬지를 돕기 위해서라고 그녀를 감싸기도 한다. 헨리 제임스는 이저벨의 마지막 선택을 모호하게 설정하여 끝없이 이어지는 해석을 원했던 것일까? 시간과 사유는 흐른다는 형의 심리학을 반영하려 했던 것일까? 후회는 삶의 과정이다. 그것에 매달리지 않으며, 마음은 그렇게 흐르고 뇌는 그렇게 구조되어 있다는 사실을 아는 것도 삶의 지혜 아닐까. 그래서 미학을 논의하는 철학자들은 반복하고 반복한다. 감각을 섬기라고, 의식이 아니라 물질과 감각이 주인이라고.

감각을 섬기라는
충고

동양의 도 사상에서는 만물의 근원을 도(道)라고 칭한다. 도는 무엇인가. 길이다. 공(空)이라고도 한다. 텅 빈 공간이 만물을 창조하는 근원이다. "보이지 않지만 모든 것을 품어 안은 어떤 것"이다. 헤겔은 『정신의 현상학』에서 인간과 사회를 넘어 만물을 통해 흐르는 에너지를 정신이라 말하며 "죽음이 주인이고 삶이 하인"이라는 유명한 주인과 노예의 변증법을 제시했다.[6] 삶의 주인은 죽음이다. 죽음이 부르면 우리는 언제든지 밥숟가락을 놔야 한다. 초기 헤겔의 사상에 초점을 맞춘 알렉상드르 코제브(1902~1968)는 이 부분을 조명하여 당대의 메를로퐁티와 라캉을 비롯한 프랑스 철학자들에게 커다란 영향을 미쳤다. 죽음과 삶의 변증법은 라캉에게 프로이트의 삶 충동과 죽음 충동을 재해석하는 이정표가 된다. 라캉은 자신이 탐하고 심취했지만 깊이 이해할 수는 없었던 도 사상과 이 부분을 연결했다. 그는 실제로 파리에 살던 중국인 프랑수아 쳉으로부터 도 사상을 3년 정도 배웠는데 쳉이 자기 학문을 위해 그를 떠나자 "나는 어떻게 하라고"라고 말하며 당황했다고 전해진다.[7]

정신분석가 라캉을 현상학자로 보는 사람들은 그가 헤겔과 프로이트를 연결했고 하이데거를 굉장히 좋아했다는 사실을 떠올린다. 생전에 그는 하이데거를 존경하면서 처음 출판한 『에크리』를 자랑스럽게 보냈는데 그 책을 읽으려던 하이데거는 이렇게 말했다고 한다. "바로 이 사람이 정신분석을 받아야 하는군." 그 책은 무슨 말인지 모르게 쓰였고 해체를 사랑하는 프랑스인들은 그런 글쓰기에 매료되어 베스트셀러가 되었으며, 지금도 출판되고 있다. 그러나 독일 철학자였던 하이데거에게는 무슨 말인지 모를 수수께끼로 가득 찬 책이었을 것이다. 헤겔처럼 라캉은 죽음을 만물의 근원으로 보았다. 삶은 의식이고 죽음은 물질이다. 라캉은 프로이트의 기억의 흔적을 물질성, 혹은 도 사상의 영향을 받아 흙이라는 만물의 근원으로 넓혀 해석했다. 하이데거가 공허the Void라고 표현한 것이다. 그러므로 물질 혹은 감각이 의식의 주인이다. 늦게 진화한 의식은 리모델링을 하여 이 집에 세를 들었다. 잠깐 살다 가는 처지에 집주인 행세를 한다. 의식은 감각(혹은 공허)을 마주하기 두려워 베일로 가리고 대신 삶의 목적을 주었다. 사회가 요구하는 바람이자 기대치다. 그러나 살아 있는 동안에도 감각은 등기 서류를 가지고 있어 틈틈이 의식을 뚫고 나와 자신을 드러낸다. 이것이 뒤늦게 뛰쳐나오는 짐승이다. 미학에서는 이 공허가 힐끗 드러날 때를 에피파니epiphany라고 한다. 죽음이라는 집주인이 현현하는 순간이다.

내 마음속에 자리잡은 물질의 흔적을 사상가들은 제각기 다른 이름으로 불렀다. 칸트는 모든 동물이 공유한 입맛에 맞는 것the agreeable을 먹을 자유, 니체는 법과 예술의 신인 아폴론의 베일을 뚫고 솟구치는 쾌락과 파괴의 신인 디오니소스, 헤겔은 주인과 노예의 변증법에서 주인(죽음), 다윈은 동물적 본능, 윌리엄 제임스는 습관, 프로이트는 무의식, 혹은 쾌락 원칙 너머의 죽음충동, 후설은 의식이 지향하는 물질성, 하이데거는 예술작품이 드러내는 감각, 혹은 텅 빈 공허, 메를로퐁티는 몸, 라캉은 실재계the Real, 지젝은 잉여쾌락, 들뢰즈는 노마드 혹은 질량의 층과 분자 층의 접합에서 나오는 제3의 탈주선이라 했으며, 아마도 최근의 뇌과학자들에게 그것은 뇌의 아래쪽, 원초적 뇌간, 혹은 경험을 저장한 전두엽의 뉴런들에 해당될 것이다. 위대한 창조란 앞선 것을 자기 시대에 맞게 재해석하고 다른 이름을 붙인 것이다. 자기만의 고유한 이름을 부여해 불러주는 것이 사랑이자 권력이며 독창성이다.

뇌의 어느 부분이 의식을 담당하는가에 대한 연구는 현재 학자에 따라 조금씩 다르다. 지금까지는 대부분 뇌의 가운데 기억은 해마로, 인지는 시상 등에 위치한 것으로 보고 있다. 뇌간과 전두엽의 소통 및 순환을 이 가운데 부분이 맡아 한다. 의식은 뇌의 아래와 위를 연결하고 왼쪽과 오른쪽을 연결한다. 논리적이고 효율적인 좌측 뇌와 전체를 통찰하는 우측 뇌의 소통 및 순환도 중심부가 맡아 한다. 그러니 주인은 각종 저장고들이다. 의식은 대자연의 순리대로 동서남북을 소통시키고 순환시키는 매개자이자 심부름꾼이다.

중세 시대에 살았던 토마스 아퀴나스는 미의 세 번째 요소를 에피파니로 보았다. 기억의 흔적과 의식의 이중 조직망을 뚫고 힐긋 보이는 물질의 흔적, 텅 빈 어둠이다. 앞서 언급했듯이 블랑쇼가 오르페우스를 예술의 신으로 본 것은 바로 그가 지하세계를 빠져나오는 마지막 순간에 뒤를 돌아보고 연인이 사라진 텅 빈 공간을 응시했기 때문이다. 완전히 빠져나갈 때까지 돌아보지 말라는 요구는 사실 참으로 무자비하다. 계속 잘 따라오겠지라고 믿으면서 간다 하더라도 마지막엔 한번쯤 확인해야 한다. 자신만 달랑 빠져나오면 모든 게 헛수고다. 본래 사랑이란 사랑을 확인하려는 과정인데 어떻게 확인하지 않을 수 있는가. 자신이 믿는 것이 진짜인가 하면서 베일을 들추는 것이 결혼식 아니던가. 사랑의 확인 충동을 간파한 지하세계의 왕은 한 수 위다. 아니, 그래서 오르페우스는 예술의 신이 되었으니 그가 한 수 더 위인가? 그가 응시한 어둠은 베일을 걷고 본 연인의 실체였다. 이 순간이 에피파니, 즉 "신은 죽었다"는 유명한 니체의 말처럼 신이 자신을 드러내는 때다. 그래서 헨리 제임스는 외양appearance이 전부라고 말했다. 외양 너머는 텅 빈 어둠이다.

나는 니체의 "신은 죽었다"는 말이 19세기 말 유럽 사회에서 더 이상 신이 사라진 시대, 절대 논리가 사라진 시대를 가리키는 말이라고 생각했었다. 그리고 그것을 세기말의 풍조와 새로운 문화예술의 패러다임인 모더니즘의 시작이라고 보았다. 물론 니체는 기독교 신을 부정했다. 그리스 문화에 심취했던 그에게는 헬레니즘 문화가 헤브라이즘보다 더 진실에 가까웠다. 기독교의 신은 원죄를 속죄하는 과정으로 삶을 규정하는 데 비해 그리스 신들은 솔직하고 가볍고 즐거운 신으로 대단히 인간적이라는 것이다. 그는 목사의 아들이었지만 그리스 어원학에 심취했던 철학자다. 그런데 시간이 흘러 현상학과 뇌과학을 배우고 나니 니체의 "신은 죽었다"는 말은 죽음이 집주인이라는 헤겔의 말과 같다고 이해된다. 신의 얼굴은 만물의 근원인 텅 빈 죽음, 흙이다. 그리고 그 흙은 생명을 잉태하는 뿌리다. 흙에서 태어나 흙으로 돌아가는 그사이에 잠깐 삶이 존재한다. 삶은 외양이다. 그리고 외양은 경험에 의해 끊임없이 흐르고 변모한다. 후회는 삶의 본질이지만 노력에 의해 복으로 바꿀 수 있다.

철학자마다 용어는 달라도 알맹이에선 큰 차이가 없다. 모두 인간과 세상에 관한 이야기이며, 그 이야기들은 시간의 마술에 의해 달라진다. 늦게 뛰쳐나오는 짐승이 앞선 진리의 오만함을 뒤엎는다. 시간은 생각을 흐르게 하는 형식이기에 후회는 피할 수 없다. 그러나 뭐니 뭐니 해도 시간의 가장 심술궂은 마술은 나이 들수록 시간이 빨리 가는 것이다.

뉴턴식 기계적 시간은 젊은이에게든 노인에게든 똑같이 주어진다. 하루는 24시간이고 한 시간은 60분이다. 그것은 의식의 집에 걸린 벽시계의 분침이다. 그러나 실제로 느끼는 시간의 간극은 엄청나다. 어린 시절에는 명절을 기다리고, 성장하면 연인을 기다린다. 참 늦게 간다. 일주일이 한 달 같다. 빨리 만나고 싶기 때문에 더 늦다. 그런데 노인들에게서 가장 흔히 듣는 말은 시간이 갈수록 엄청나게 빨라진다는 것이다. 노인은 무엇을 기다리는가. 만나고 싶지 않은, 미루고 싶은 죽음이다. 그러니 시간이 더 빨라진다. 봄인가 했더니 어느새 잎이 지고 가을인가 했더니 어느새 다시 봄이다. 경험하는 시간에서 주인은 몸 혹은 감각이기에 의식의 소원과 반대로 나간다. 노인에게는 1년이 하루 같다. 노인은 미처 달력을 넘길 새도 없이 내년 달력을 구한다. 왜 이런 현상이 일어나는가. 과학적으로 설명이 되는가. 그렇다면 시간을 늘려서 사는 방법은 없는가.

나이 들수록
시간이 빨리 가는 이유

다우베 드라이스마는 『나이 들수록 왜 시간은 빨리 흐르는가』(2001)라는 흥미로운 책을 펴냈다.[8] 그는 루리야의 환자와 보르헤스 소설의 주인공을 예로 들면서 어제 본 얼굴을 오차 없이 기억하고 오늘 본 얼굴을 오차 없이 기억하는 것은 기억하지 않는 것과 같다고 말한다. 그것은 같은 사람을 서로 다른 얼굴로 기억하는 일종의 정신 질환에 속한다고 말한다. 기억과 인지에 착각이 깃드는 것과 똑같은 원리로 시간에도 왜곡이 일어난다. 이것이 경험하는 시간, 감지하는 시간이다. 시간의 마술은 정상적이고 누구에게나 일어나므로 이것을 따르지 않으면 오히려 환자다.

　그는 말한다. 많은 일이 일어나지 않는 단순한 10세 아이는 1년을 인생의 10분의 1로 느끼고 이 일 저 일 정신없이 바쁜 50세의 남자는 1년을 인생의 50분의 1로 느낀다. 모든 일이 습관적으로 반복되는 노인에게 순간은 느껴지지 못한 채 지나간다. 윌리엄 제임스가 말했듯이 같은 일이 반복되면 그 일은 자동으로 습관화되어 의식이 느끼지 못하고 지나가는 것이다. 어릴 때는 모든 것이 새롭다. 기다림은 길고 지루하며 불안감은 생생하고 그 기억이 강렬하다. 다채로운 여행의 기억처럼 놀랍고 다양한 사건의 연속, 낯선 경험들이 각인되어 자세히 떠오른다. 그러나 해가 갈수록 이런 기대와 흥분은 일상이 되어 자동으로 사라지며 거의 각인되지 않는다.

어린 시절의 뇌에서는 어떤 일이 일어날까. 모든 경험이 새롭고 기대에 가득 찬다. 그리고 하나하나 빠짐없이 뇌의 흔적들에 새겨지고 저장된다. 그러므로 시간이 길게 느껴진다. 반면 살아갈수록 이미 경험한 것, 새겨진 것들이 반복되므로 무의식중에 지나간다. 우리 몸의 신체가 느리고 노쇠해가므로 웬만한 것은 의식이 눈치채지 못하는 사이에 지나간다. 경험을 저장하는 기능이나 인출하는 기능도 노쇠하여 망각은 늘어나고 저장하는 기능은 약해진다.

경험이 덜 축적된 젊은 시절에는 모든 일이 기대감을 불러일으키며 호기심이 강하다. 마음이 성급해지고 시간을 앞질러 나간다. 따라서 하루가 길게 느껴진다. 드라이스마에 따르면 경험을 저축하는 양과 질의 절정기는 대략 십대 후반에서 이십대 전반이다. 청소년기의 경험이 가장 강도 높게 저장되고 훗날 기억된다. 이때는 사실 몸도 성숙의 절정기를 이룬다. 마음 역시 몸의 일부이기에 이 시기에 자아형성이 이뤄지고 뇌도 왕성하게 활동한다. 성적 욕망 역시 가장 활발해져서 연인을 찾아 결혼하려는 시기인 까닭에 인생에서 가장 중요한 변화가 일어난다. 누구를 만나고, 헤어져야 하는데 뜻대로 안되고, 그래서 다투고 다시 만나고 결국 헤어지며 상처를 입는다. 그러다 다른 사람을 만나 드디어 결혼하는 등등 훗날 돌이켜보면 대학 졸업 후 3~4년은 몹시 길게 기억된다.

당연히 삶에서 인상적이고 의미 있게 경험한 날들도 길게 회상된다. 제임스는 학습과 반복에서 기억이 오래가려면 앞선 지식과 결부해 장기 기억으로 저장해야 한다고 말한 바 있다. 예를 들어 스키를 겨울에 배우면 그다음 여름에야 실력이 늘어난 것을 느낀다. 이것은 연습과 반복 그 자체만으로는 저장되지 않는다는 것을 의미한다. 반복된 경험들은 앞선 경험들과 연결되고 그 뒤의 경험들과 이어져 저장되기에 시차를 두고 달라진 결과가 드러나는 것이다. 마치 짐승이 뒤늦게 뛰쳐나오듯이. 단기 기억을 장기 기억으로 바꾸는 일은 주로 몸에서 일어나는 기술의 습득이다.

이와 달리 진화의 결과로 나타나는 회상은 조금 다르다. 몸과 의식이 결부되어 나타나는 허구적 회상은 인상에 남는 것, 아주 새로운 것, 절실한 고통, 절박한 모험 등을 저장한다. 그러므로 제임스가 말하듯이, 제프리 잭스가 말하듯이, 기억에 남으려면 특이성distinctiveness이 있어야 한다(123). 몸의 습관은 나이와 큰 상관이 없다. 치매가 아닌 이상 노인이 되었다고 해서 습관적인 동작들을 잊진 않는다. 정상적인 경우에 회상은 나이가 들면 저장이 잘 안 되고 그래서 1년이 하루같이 지나간다는 것이다. 일상에서는 낯익은 일만 일어나고 모험에의 의지도 없어지기에 의식이 저장할 의무를 느끼지 못한다고 볼 수 있다.

때아닌
고난?

나는 딸애와 외국 학회에 함께 나갈 때가 종종 있다. 그때마다 그 아이는 어찌나 빨리 걷는지 낯선 곳에서 길을 잃을까봐 나는 달음질하듯 졸졸 그 애 뒤를 따르곤 한다. 그 애가 내 뒤를 따라다니면서 이리저리 고개를 돌리고는 엄마가 사라질까봐 두려워하던 때가 엊그제 같은데 참 세월이 무상하다. 입장이 완전히 뒤바뀌었다. 지난여름 영국에서 있었던 일이다. 그 애는 암스테르담에서 열린 학회에서 발표를 했고 나는 런던에서 열린 학회에서 발표를 해 일정을 마친 뒤 그리움에 가득 차 런던에서 만났다. 고작 일주일 후에 만나는 것인데 시간은 그리도 길었다. 만나면 한국말을 실컷 하고 설렁탕집을 찾아 뜨거운 국물을 후루룩 들이킬 거라고 생각했다.

이튿날 우리는 그래스미어에 있는 도브 코티지Dove Cottage를 찾아가게 되어 있었다. 시인 윌리엄 워즈워스(1770~1850)가 자연을 벗삼아 시를 쓰며 살았던 작은 집이다. 런던의 우스터 역에서 기차를 탔다. 초행이라 이리 뛰고 저리 뛰며 묻다보니 흥남철수 때 기차에 올라타던 사람들처럼 헐레벌떡 간신히 기차에 올라탔다. 그리고 세 시간쯤 달린 후 옥스홈에서 내려 윈드미어로 가는 기차로 갈아탔다. 콜리지와 워즈워스가 함께 영국 낭만시의 문을 연 유명한 호숫가는 다시 버스로 한참 가야 하고 그곳을 지나 더 가면 그래스미어가 나온다고 했다. 유월의 장대비가 억수로 쏟아졌다. 30분쯤 지나 종착역에 내렸다. 그곳에서 하룻밤을 묵은 후 이튿날 그래스미어로 가야만

했다.

　작은 우산으로는 피할 수도 없이 비바람이 휘몰아쳤다. 뒤에서 덜
컹거리며 딸려오는 트렁크를 재촉하며 나는 그 애 뒤를 헉헉거리면
서 뒤쫓았다. 그냥 가까운 곳, 너무 비싸지 않은 곳에, 저기 저런 곳
에 짐을 풀고 하룻밤 묵으면 딱 좋겠는데 고만고만한 숙소들을 뒤로
한 채 그 애는 계속 걸어 내려갔다. 그러다 어느 그럴듯한 집으로 들
어갔는데 기다려도 주인은 나오지 않았다. 그곳은 뒷문이었고, 마을
이 작고 앞이 안 보일 정도로 비가 쏟아지니 손님을 기다리지 않았
던 모양이다. 그 애는 집을 나와 다시 왼쪽 길로 들어선다. 아예 우
산도 제대로 쓰지 않고 성이 난 듯 빗속을 걸어간다. 일이 잘 안 풀
리면 항상 저런 모습이다. 나는 그 애의 트렁크까지 질질 끌며 쫓아
가다가 깜짝 놀랐다. 여권부터 돈, 랩톱 컴퓨터 그리고 소중한 물건
이 몽땅 들어 있는 내 커다란 손가방을 그 집에 놓고 나온 것이다.
저만치 가는 그 애를 보며 나는 뒤돌아섰다. 그리고 두 개의 트렁크
를 양손에 끌고 뛰었다. 트렁크들은 제각기 따로 놀며 내 달음질을
방해한다. 나는 그 애의 딱딱한 트렁크를 빗길에 놓고 그냥 내달렸
다. 미웠다.

　다행히 그 집 탁자 위에 내 가방이 얌전히 놓여 있었다. 휴우, 살
았구나. 나는 가방을 집어 어깨에 메고 오던 길을 다시 내달렸다. 저
만치서 그 애가 돌아오고 있었다.

　"엄마, 왜 내 트렁크를 길가에 내동댕이쳤어?"

　"누가 안 집어가길 다행이다……."

　그 애는 이제 방향을 오른쪽으로 틀어 좀더 내려간다. 드디어 우

리 앞에 마을에서 가장 예쁜 집이 나타났다. 온몸에서 물이 줄줄 떨어지는 우리를 친절히 맞은 여주인은 이층의 아담한 방으로 안내했고 하얀 도자기 잔 두 개와 우유 잔과 홍차 주전자를 가져다주었다. 그야말로 영화에서나 보던 영국식 티 세트였다. 따뜻하게 몸을 녹여주던 그 맛, 트렁크 안에서 꺼낸 물기 젖은 옷들…… 눈처럼 하얀 타월로 만든 긴 샤워 가운을 입으니 질질 끌린다. 영국인에게는 무릎까지 오는 샤워 가운일 텐데. 보얀 안개비 속에서 내려다보이던 창밖의 동네 모습, 그것은 한 폭의 아름다운 그림이었다. 따스한 잠자리…… 구박받으며 졸졸 따라온 보람이 있었다.

그게 젊음이었다. 나이가 들면 모험이 싫고 두렵지만 젊음은 그렇게 끈질기고 담대하며 새로운 경험을 원한다. 도브 코티지 방문 전날 오후는 그렇게 지나갔다. 여행이 끝나고 돌아온 후, 그때의 기억이 가끔씩 떠오른다. 힘이 들었던 만큼 달콤해지는 추억이다. 일주일간 규칙적으로 호텔을 나와 런던대학에 가서 학회에 참여하고 발표하던 시간보다 도브 코티지를 찾아갔던 고난과 모험이 압도적으로 나의 회상을 차지한다. 특히 동화 속 집처럼 서 있던 윈더미어의 작고 예쁜 호텔. 기계적 시간으로 따지면 앞의 것의 반도 안 되는데 회상에서는 몇 배로 길게 느껴진다. 이것이 시간을 엿가락처럼 길게 늘여 사는 길이지 않을까. 이것이 기억에 오래도록 남는 '특이성'이다.

특이성이란 늙어서도 어린애같이 사는 것이다. 삶의 매 순간에 순수한 기대와 두근거림을 가지고 낯선 여행을 하는 호기심, 고난을 자초하는 모험심을 갖는 것. 이런 단순함이 어렸을 때나 젊은 시절에는 있었다. 그러나 나이가 들면 모든 것이 복잡하고 낯익고 시들해지고 그래서 먹고 싶은 것도 없다고 말하는 노인이 많다. 당연하다. 그러나 워즈워스는 「무지개」라는 시에서 그렇게 살려면 차라리 죽으라고 말한다.

하늘의 무지개를 볼 때마다
내 가슴은 뛴다.
내 삶이 열리는 순간에도 그러했고
어른이 된 오늘도 그러하구나.
더 나이 든 후에도 그리되어야지,
안 그러면 차라리 죽을 것이다!

어린이는 어른의 아버지,
나의 하루하루가
대자연의 성스러움 속에 묻혀 살기를.

일흔세 살에야 영국 왕실로부터 인정을 받아 계관 시인이 된 워즈워스는 시간을 늘려 사는 법을 알았다. 그는 이미 늙음에 저항하는 특이성이 가슴 뛰는 무지개에서 온다는 것을 알았다. 그는 뇌과학자이며 심리학자였다. 본인은 아니라고 펄쩍 뛰겠지만 많은 독자를 보유한 문학은 마음이 좋아하게 되어 있다. 프로스트의 경우와 마찬가지로 좋은 시는 소박하지만 어딘지 친근하고 읽는 이에게 잘 맞는 옷처럼 착 달라붙는다. 기억과 회상, 생각의 본질을 통찰하고 있기 때문이다. 경험하는 시간은 특이성에 의해 늘어난다.

윌리엄 제임스는 생각이 강물처럼 흐른다고 말했다.[9] 고대 그리스 철학자 헤라클레이토스를 인용하며 생각을 강물에 비유한다. 시간 역시 강물처럼 흐른다. 젊은 시절에는 몸이 빠르기에 강물의 흐름보다 더 앞서나간다. 시간이 몸보다 느리며, 그래서 시간이 길다고 느낀다. 하지만 나이가 들면 몸이 느려지면서 강물의 흐름을 따르지 못한다. 그러니 시간이 나를 두고 저만큼 빨리 달아난다고 느낀다. 조금 사는 것이다. 그러면서 반대로 남은 시간은 점점 줄어들기에 의식은 조급해진다. 감지하는 시간이란 이처럼 상대적이고 마술적이다.

날마다 같은 일을 반복하며 살면 그것은 살지 않는 것과 같다. 무지개를 보면서 아이는 그 너머에는 무엇이 있을까, 언젠가는 꼭 가봐야지라는 희망과 열망을 느낄 것이다. 그러나 어른이 되면 얘야, 가보니 그 뒤에는 아무것도 없더라고 말하고, 노인이 되면 저건 물방울이 만들어낸 허상이야라고 말하며 아예 일어서지도 않는다. 무릎 힘이 약하기 때문이다. 그래서 아마 그렇게 사느니 차라리 죽을 거라고 워즈워스는 말했을 것이다. 나이 들어도 주변의 일에 놀라고 호기심을 느끼며 특이한 일, 한 번도 해보지 않은 일, 한 번도 가보지 않은 곳을 가는 모험심을 갖는 게 시간을 늘리는 길이다.

노인은 모험을 두려워하며 일상에서 벗어나는 것을 싫어한다. 그것이 일 년을 하루처럼 느끼게 하는 것 아닌가. 그저 꽉 들어찬 과거의 기억들에 매달리는 것이다. 최근 스웨덴 작가 요나스 요나손은 백 살이 되어 요양소를 뛰쳐나온 노인의 모험담 『창문 넘어 도망친 100세 노인』으로 전 세계 독자를 즐겁게 했다. 그 책이 베스트셀러가 된 이유는 어떻게 사느냐에 따라 삶은 경이로움이 될 수 있다는 것을 보여주었기 때문이리라.

시간은 경험의 방식이다. 후회는 반복되고 미래는 예상하지만 결코 그대로 실현되지 않는다. 회상과 예상은 현재라는 텅 빈 공간을 채운 꿈이며 희망일 뿐이다. 착각은 필연적인 요구다. 그러므로 후회가 삶의 본질임을 모르면 후회에 매달려 삶의 시간을 놓쳐버리게 된다. 헨리 제임스 못지않게 실수와 후회를 잘 다룬 또 한 명의 작가는 제임스 조이스다. 그의 단편 「가슴 아픈 사건A Painful Case」은 우리가 흔히 하는 후회를 잘 그려내고 있다.

사랑하는 남녀는 헤어질 때
왜 친구로 남고 싶어하는가?

제임스 더피는 더블린에서 조금 떨어진 낡고 어두운 집에 세 들어 살고 있다. 그의 방은 화려한 장식이 거의 없이 검소했다. 검은 쇠침대가 하나 놓여 있고 철제 세면대, 네 개의 나무 의자, 옷걸이, 책들이 차곡차곡 정돈된 흰색 책장 하나. 벽난로 위에는 흰 갓을 씌운 램프 외에 아무것도 놓여 있지 않았다. 단순하고 절제된 방 안 풍경처럼 그는 자세와 마음이 흐트러지는 것을 싫어했다. 특히 나이 들어가는 자기 몸을 비스듬한 눈길로 바라보곤 했다. 모차르트 음악을 좋아한 그는 가끔 오페라 음악회에 가는 것을 생의 유일한 사치로 여겼다.

이런 성격에 걸맞은 그의 직업은 무엇일까. 사설 은행에서 현금 출납을 담당하는 일이었다. 더피는 아침 일찍 기차를 타고 시내로 출근한다. 정오에는 늘 들르는 식당에서 맥주 한 병에 작은 접시에 담긴 비스킷을 점심으로 시켜 먹곤 했다. 오후 네 시에 퇴근하면 늘 같은 식당에서 저녁을 먹고 도시 외곽을 산보하거나 집에 돌아와 집주인의 피아노 연주를 감상했다.

어느 날 그는 여느 때처럼 오페라를 감상하러 극장에 갔다. 좌석이 거의 비어 있었는데 옆자리에 앉은 여자 역시 무대 위의 가수들에게 미안함을 느끼는 듯이 한마디를 하면서 둘의 말문이 트이기 시작했다. 더피보다 한두 살 어려 보이는 그녀는 시니코 부인으로 딸과 함께 극장에 온 것이었다. 남편은 더블린과 홀랜드를 오가는 배의 선장으로 대부분의 시간을 바다 위에서 살았고 집을 비우는 때가 많았다. 그는 그녀의 집에 가서 둘 사이를 전혀 의심하지 않는 남편과 만나 인사도 한다. 시니코 부인은 술을 조금 즐겼다. 둘이 만나 이야기를 나누면서 보내던 어느 날, 그녀는 더피의 손을 잡더니 자신의 뺨에 갖다 대었다. 놀란 더피는 그녀의 뜨거운 손을 뿌리치고 더 이상 만나면 안 된다고 말한다. 모든 만남은 슬픔으로 끝날 뿐이라면서. 여기서 유명한 조이스의 문장, 아니 더피의 생각이 나온다.

남자와 남자 사이의 사랑은 성행위가 없기 때문에 불가능하고, 남자와 여자 사이의 우정은 성행위가 있어야 하기 때문에 불가능하다.

물론 이 말은 20세기 전반 호모섹슈얼리티가 사회적으로 금지되었던 시절의 것이다. 흔히 남녀 사이에서 더 이상 사랑을 이어갈 수 없을 때 우리는 "이제부터 친구로 지내자"는 말을 한다. 남녀가 계속 만나기는 하는데 섹스는 하지 못한다는 의미다. 이럴 경우 대부분 그 우정은 지켜지지 않고 결국 헤어진다.

더피는 다시 예전의 규칙적인 삶으로 돌아간다. 4년이 지난 어느 날, 저녁 식사를 주문하고 술을 한잔 들이켠 그 앞에 사뿐히 내려앉은 신문 기사가 눈에 들어왔다. "가슴 아픈 사건"이라는 제목 아래 전날 기차역에서 일어난 사고를 다룬 것이었다. 시드니 퍼레이드 역에서 43세의 시니코 부인이 사고로 죽었다. 킹스타운에서 오는 기차의 기관사는 무사고 운전사였다. 한 여자가 철로 위를 걸어가고 있어 역무원도 소리쳤지만 그녀는 그냥 철로를 건너다 기차에 머리를 심하게 부딪혀 세상을 떴다. 그녀는 물론 취한 상태였다.

기사 내용은 희생자의 실수를 암시했지만 독자는 더피와 마찬가지로 자살이라는 암시를 받는다. 자신이 그녀를 거부했고 그것이 죽음에 이르게 한 것이라는 죄책감과 충격으로 그는 밖으로 나가 무작정 걷는다. 술집에 들러 펀치를 한잔 들이키고 텅 빈 밤의 공원을 더듬는다. 4년 전 그녀와 함께 걷곤 하던 공원이었다. 그녀는 이제 더이상 이 세상에 없다. 그는 삶의 화려한 잔치에서 쫓겨난 느낌이었다. 그녀는 그를 사랑했지만 그는 그 사랑을 거절하고 모욕했다. 수치심이 밀려오고 텅 빈 공간의 긴 침묵 속에 그는 홀로 남겨진 자신을 발견한다.

그녀의 고독은 더피에게 감염되고 독자에게 감염된다. 시니코 부인을 만날 때, 그의 책장에는 니체의 『차라투스트라는 이렇게 말했다』와 『즐거운 학문』이 보태졌었다. 그가 습관적인 삶에서 이탈할 수 있었던 유일한 길이었는데. 그때는 아마도 자신이 그녀를 얼마나 사랑하는지 몰랐을 것이다. 마음이 흐트러지는 것을 거부해온 습관에서 벗어날 수 없었던 그의 한계였다. 삶의 풍요로운 잔치에 참여할 수 있는 유일한 초대권을 그는 그렇게 버렸던 것이다.

그런데 나는 혹시 그런 적이 없었던가? 돌이킬 수 없는 가슴 아픈 후회는 없었던가. 있다. 지금은 치매로 대전의 어느 요양소에 계신 어머니를 그 전에 더 자주 찾아뵙지 못했던 것, 아버지를 잃고 혼자 산 긴 시간이 어머니에게 얼마나 두렵고 외로웠을까 미처 느끼지 못했던 나의 후회, 그 긴 시간에 나는 예순아홉에 뇌종양으로 세상을 뜬 아버지만을 그리워하지 않았던가.

시간은 물처럼 흐르기에 비록 후회는 삶의 뗄 수 없는 본질이라 하지만 가슴 아픈 사건임에 틀림없다. 만일 과거의 시간을 그대로 돌이킬 수 있다 믿고 그것을 실천에 옮기는 경우는? 어떤 결과를 낳는지 다음 장에서 살펴보자. 집착이다.

4장

나는 왜
집착하는가

자신의 딸이 노예로 팔려가 똑같은 삶을 살게 되리라는 것을 견디지 못하고 딸을 죽인 흑인 어머니는 죄인인가 아닌가. 미국에서 실제 이런 일이 일어났다. 아무리 낳은 어머니일지라도 주어진 목숨을 빼앗을 권리는 없다. 딸은 어머니의 소유물이 아니라 한 개인으로서 살 권리를 지니기 때문이다. 엄연한 살인이다. 검사는 이렇게 고소한다. 그러면 변호사는 어떤 변론을 할 수 있을까. 흑인 여성이 실제로 겪은 노예의 삶이 얼마나 비참한가를 말하고 그녀의 살인을 정당화하진 못하지만 형량을 줄일 수는 있으리라. 그렇다면 문학은 그녀에게 어떤 판결을 내릴 수 있을까.

지난 반세기 미국이 중심이 되어 일어난 포스트모던 문화운동은 역사상 그 어느 때보다 자유와 예술이 결합된 시기였다. 흑인, 여성, 식민지인, 그리고 동성애자에 이르기까지 억압받은 계층이 권리를 주장하고 이를 예술로 승화시키며 정치적으로 반영한 반세기였다. 흑인 해방 문학은 이미 그 이전 노예 해방 때부터 있었고, 이후에도 주요 남성 작가들이 없었던 것은 아니다. 그러면 20세기 후반에 이 사건은 어떤 시각으로 다뤄져야 내용의 보편성과 기법의 특이성을 지닐 수 있는가. 흑인이면서 동시에 여성이 겪는 삶의 고통이다. 백인 뿐 아니라 같은 흑인 남성에게서 겪는 공통된 문제는 무엇인가. 사랑을 소유와 집착으로 착각하는 것이다. 분명히 어머니의 사랑은 무한하지만 자식의 목숨을 빼앗은 행위는 집착에서 온 것이다. 남성의 성폭력도 마찬가지다. 사랑과 집착은 같은 감정인 에로스의 양면이고 예부터 지금까지 변함없는 문학의 주제였다.

프로이트는 사랑과 증오, 혹은 집착을 잘 설명해낸 과학자였다. 그는 애초에 마음을 과학적으로 다루려고 시도했다. 의사였기 때문이다. 다윈의 진화론을 믿은 그는 동물의 몸이나 감각은 아무리 진화해도 여전히 의식을 좌우하는 절대적인 근거라는 가설에서 출발했다. 이것이 무의식the Unconsciousness이라는 거대한 영역이다. 무의식은 프로이트가 평생 되풀이하여 증명하려 했던 심리학 용어다. 『꿈의 분석』에서 무의식은 현실이 억압한 욕망이 꿈으로 이미지화되어 나온다. 이때 욕망의 리비도는 주로 성적 욕망이다. 초기의 글인 기억에 대한 과학적 접근을 잠시 접어두고, 그는 그리스 신화와 셰익스피어 문학에서 하나의 반복되는 가설을 얻어 무의식의 근거로 삼는다. 이것이 오이디푸스 콤플렉스다.

유아는 태어나 자신을 먹여주고 챙겨주는 어머니(혹은 누이)에게 애착을 느낀다. 그리고 아버지를 방해꾼으로 여기는데, 서너 살 이후

부터는 아버지에 대한 증오를 단념하고 자신이 아버지가 되어 어머니 같은 연인과 맺어질 거라고 스스로를 달랜다. 이미 유아기에 성적 경험이 있었다는 것인데 이때 성이란 오늘날과 같은 남녀 간의 성행위를 의미하지 않는다. 온몸으로 느끼는 아늑한 평화를 말한다. 세상과 내가 분리되는 개체화 이전, 몸으로서의 존재가 꿈꾸는 또 다른 몸과의 결합을 의미한다. 그러므로 '근친상간 터부'란 단순히 섹스를 의미하지 않는다.

나는 딸애가 태어난 후 거의 1년 동안 그 애를 따스한 물속에서 매일 목욕시켰다. 그래야 쑥쑥 큰다고 어른들이 말했다. 아기의 작은 몸뚱이를 두 손으로 받쳐 알맞은 온도의 물에 담그고 꺼낸 후 왼손으로 받치고 오른손으로 비누칠을 살살 해주면 아기는 발그레한 작은 몸을 눕히고 두 눈을 사르르 감는다. 그 충만함이 원초적 에로스이자 소위 '유아기 성infantile sexuality'이 아닐까.[1] 서너 살이 되어 자의식이 생기기 이전 의식이 없을 때, 즉 무의식 혹은 "스크린 메모리"라 불리는 시기의 성으로 에로스라고도 부른다. 아이는 어머니의 몸에서 분리된 것을 모른다. 이런 무의식은 성장해도 사라지지 않고 에로스의 본질로 자리잡고 틈틈이 나타나기 때문에 늘 조심해야 한다. 사랑이 갈망하는 소유와 집착은 연인을 파괴할 수도 있기 때문이다.

애착은 사랑의 원형이다. 오이디푸스는 신탁을 피하려다 자신도 모른 채 아버지를 죽이고 어머니와 결혼한다. 햄릿은 아버지를 죽이고 어머니와 결혼한 삼촌과 자신을 동일시하여 원수를 곧바로 죽이지 못한다. 프로이트는 이 같은 패턴이 반복되는 것에 주목하여 현실 원칙에 억압된 무의식, 혹은 유아기의 성을 설명했다. 무의식은 억압되지만 다른 형태로 되돌아온다는 것이 프로이트의 가설이다. 어머니처럼 자신을 돌봐줄 것 같은 연인, 그래서 그 남자 혹은 여자와 한 몸이 되고자 하는 애착, 이것이 에로스의 두 얼굴이다. 애착은 서로를 돌봐주기에 사회적으로 권장되는 사랑의 리비도다. 그러나 집착은 타인을 인정하지 못하는 소유욕이다. 전자는 타인을 인정하며 사는 사회의식이고 후자는 타인을 인정하지 못하는 성적 욕망의 본질이다. 두 얼굴 가운데 어느 쪽이 더 강할까. 안타깝게도 후자가 절대적으로 강하다. 사랑에 빠질 때 우리를 살게 하는 힘의 원천은 사랑과 관용보다는 증오와 집착이다. 이것이 남녀 간의 사랑이나 부모 자식 간의 사랑을 자칫 빗나가게 만든다. 성인이 되어서도 두 가지 감정은 쌍둥이처럼 늘 붙어다닌다.

에로스는 두 몸이 하나 되는 소망이고 이것은 대상을 파괴해야 가능하다. 사랑하는 여자에게 폭행을 하는 것은 타인을 인정할 관용이나 사회적 자신감이 없을 때 나타나는 증오와 파괴의 리비도다. 앞의 이야기로 돌아가자면, 흑인 어머니는 지극한 사랑에서 어린 딸을 죽인다. 그러나 그것은 사회적으로 용납되지 않는 행위다. 타인의 살 권리를 인정하지 않는 집착이기 때문이다. 이것이 흑인 여자가 어린 딸을 죽인 살인 사건을 소재로 노벨문학상 수상작을 쓸 수 있었던 이유다. 토니 모리슨(1931~)이 사용한 독특한 기법은 죽인 어린 딸이 시간이 흘러 소녀가 되어 어머니를 찾아온다는 설정이다. 유령이 나오는 이야기처럼 현실에서는 불가능하지만 문학에서는 가능한 반사실주의 기법이다.

『빌러비드Beloved』(1987)는 그렇게 탄생했다. 죽은 딸애가 소녀로

환생하여 어머니를 찾아온다. 둘은 이웃을 외면하고 집 안에 고립되어 서로가 서로를 탐한다. 개체를 인정하지 않고 밀착되는 사랑, 그야말로 숨 막히는 사랑이다. 시간이 흐르면 필연적으로 둘의 몸과 마음은 피폐해진다. 사회를 거부하고 연인과 단둘이 있고 싶은 소망, 먼 알래스카의 외딴섬에 가서 단둘이만 살고 싶은 소망, 그것이 사랑이다. 모리슨은 어머니의 살인 사건에서 '집착'이라는 에로스의 본질을 찾아내고 사랑의 파괴적 이면을 드러낸다. 집착은 몸의 요구이며 한정 없다. 훗날 프로이트는 집착이 둘이 하나 되어 흙으로 돌아가고 싶은 본능, 즉 만물에 내재된 죽음본능death instinct이라고 말한다.

앞서 우리는 뇌가 의식과 기억의 흔적이라는 이중 구조로 이뤄지기 때문에 인간은 동물과 달리 회상하고 생각하며 판단하는 독특한 능력이 있다는 것을 살펴봤다. 고독, 착각, 후회는 이런 구조로 진화한 인간의 필연적 증상이었다. 집착 역시 똑같은 원리에서 나온다. 의식과 무의식의 이중 구조다. 무의식은 흔적들, 감정, 몸, 에로스, 감각 등 다른 이름으로 불리기도 한다. 비록 의식에 억압되어 있으나 무의식은 의식을 좌우하는 막강한 리비도다. 우리는 개체를 모르는 의식 이전, 즉 집착이라는 무의식에 본능적으로 끌린다.

이 감정은 사람을 향한 것뿐만이 아니다. 그보다 더 본질적인 어떤 것에 대한 그리움일 수 있다. 『위대한 개츠비』와 『롤리타』는 연인에 대한 집착을 잘 드러낸 위대한 문학이다. 둘 다 집착의 끝은 파멸이라는 것을 보여준다. 물론 기법은 사뭇 다르다. 위대한 작가들은 어떻게 같은 주제를 다르게 재현하는가. 그리고 무엇보다 독자는 왜 이 두 작품을 사랑하는가. 연인에 의해 파멸하는 이야기이기 때문인

가. 아니면 그보다 더 근원적인 어떤 것, 돌이킬 수 없는 것, 금지된 것에 치명적으로 끌리는 만인의 그리움이 숨어 있기 때문인가…….

지나간 시간에 대한
집착

피츠제럴드는 미국 중부 미네소타 출신으로 동부의 프린스턴대학을 3년간 다니다가 중퇴하고 군대에 입대했다. 군대에 갔었나 싶을 정도로 그는 곱고 귀족적인 인상이다. 그리고 그 인상만큼이나 감정도 여리다. 프린스턴 재학 시절 『낙원의 이편』(1920)이라는 작품으로 선풍적인 인기를 모았고 두 번째 장편인 『위대한 개츠비』는 20세기 미국 소설에서 걸작으로 꼽힌다. 불과 20대 후반에 명작을 썼던 것이다. 주인공들 역시 이상주의적이고 낭만적이다. 그리고 허영심이 많아 내적으로 강건하지 못하다. 문제는 두 번째 작품이 당시에 큰 비평적 관심을 불러모으지 못했고 그로 하여금 더 나은 작품을 써야 한다는 강박감에 시달리며 살게 했다는 것이다.

　첫 작품이 성공한 이후, 그는 이름이 알려지자 파티와 술과 여자들 속에 어울려 살면서 돈과 재능을 낭비한다. 이어서 아내 젤다가 정신병원에 드나들기 시작하면서 그 뒷바라지를 하는 데 정력과 시간을 소모한다. 경제적으로 궁핍해지자 단편을 지어 팔았고 알코올 중독에 빠졌다. 그리고 차츰 정신이 흐트러지고 창작에 몰두하지 못하게 된다. 그가 7~8년에 걸쳐 고치고 또 고쳐 내놓은 작품 『밤은 부드러워라』(1934)는 지금과 달리 당대에는 비평가들의 혹평과 함께 대중으로부터도 외면당했다. 시점이 여기저기 흩어지고 형식이 산만한 작품이었다.[2] 그는 대중과 비평가의 시선에서 사라져갔다. 그가 푼돈을 벌기 위해 할리우드로 가서 팔리지 않는 각본에 매달릴 때 그의 존재는 서점에서조차 알아보지 못할 정도였고, 그가 심장마비로 죽었을 때 신문 기사는 『위대한 개츠비』의 작가가 아니라 『낙원의 이편』의 작가가 죽었다는 내용의 단신이었다. 자신의 주인공 개츠비의 장례식과 비슷하다. 술과 파티에 열광하던 그 많은 사람은 그의 장례식에 한 명도 오지 않았다. 그는 더 이상 이용 가치가 없었던 것이다.

『밤은 부드러워라』는 피츠제럴드의 정신이 얼마나 흐트러지고 주의력이 풍화되었는지 잘 보여주는 작품이다. 특히 젊은 시절의 『위대한 개츠비』와 비교하면 너무나 달라진 그의 심리 상태를 보여준다. 소설은 촉망받는 정신과 의사가 가난하지만 능력을 믿고 사회에 공헌하겠다는 이상주의로 가득 차 있었으나 정신병원에서 만난 한 여성 환자에 의해 자아가 파괴되는 과정을 담고 있다. 그녀의 돈과 파티, 술, 유한계급과의 접촉이 조금씩 그의 집중력을 앗아간다. 감각의 유혹에 저항하지 못하는 나약함에서 그는 개츠비와 닮고 작가 자신과도 닮았다. 이성 뒤에 숨은 감각과 몸의 위력 앞에 자신의 골수를 그대로 노출하여 열정을 낭비하는 것이다. 앞서 언급했듯이 나는 의식과 감각의 이중 구조로 이뤄져 있다. 의식은 진화한 부분이고 감각은 뇌의 아랫부분으로 진화하기 이전의 동물로서의 몸이다. 이 경우에는 감각보다 관능이라는 표현이 더 적절할 것 같다. 프로이트가 말한 에로스의 양면인 사랑과 증오(혹은 폭력)다. 관능은 의식과 타협할 때만 폭력을 발휘하지 못한다. 의식과 협조하고 균형을 이루지 못하면 관능은 증오로 변질하여 위력을 발휘함으로써 주의력과 판단을 흐뜨려놓는다. 증오의 다른 이름인 관능은 해체를 통해 흙으로 돌아가려는 충동이다. 쾌락은 한계를 모른다. 그것의 동력이 쾌감을 넘어 쾌락으로 향하는 만물에 내재한 '죽음충동'이기 때문이다. 의식과 관능의 균형이 깨지고 관능이 힘을 얻으면 광폭해지면서 정신병이나 신경증으로 나타난다. 동시대 작가였던 헤밍웨이는 피츠제럴드의 재능이 흩어지는 것이 안타까워 그에게 그러지 말라고 충고했다.

주인공 개츠비는 저자와 마찬가지로 중서부 출신이다. 그는 자신을 버리고 톰과 결혼한 데이지를 찾아 동부 롱아일랜드에 있는 그녀의 집 부근으로 간다. 중서부는 미국의 소박하고 성실한 전통적인 도덕을 상징하고 동부는 부유한 유한계급이 파티를 즐기는, 정신적으로 타락하고 부도덕한 곳이다. 청년 시절 사랑했던 연인 데이지를 되찾기 위해 개츠비는 그녀가 사는 동네 맞은편에 거대한 저택을 짓고 밤마다 파티를 벌인다. 그가 물 쓰듯 쓰는 자금이 전쟁 시 부정하게 번 돈이라는 암시와 함께 소설은 개츠비가 한 걸음씩 파멸되어가는 과정을 치밀하게 그려낸다. 오늘날 읽어도 감탄이 나올 정도로 구성이 완벽하다. 길이도 그리 길지 않으면서 표현에 군더더기가 없다. 그리고 유기적으로 사건들이 얽히면서 전달하려는 주제를 가장 적절하게 숨겨놓아 구성 면에서 완벽함을 드러낸다. 피츠제럴드의 정신이 맑았던 시절이다.

관찰자 겸 서술자, 닉은 주식 투자를 배우기 위해 서부에서 동부로 막 건너왔다. 그는 데이지의 사촌이고 개츠비의 저택 한 모퉁이에 방을 얻어 산다. 밤마다 파티를 열고 술과 춤으로 소동을 벌이는 개츠비는 데이지가 나타나기를 기다리고 있었고 닉의 주선에 의해 그의 꿈은 이뤄진다. 그가 기다리는 데이지는 누구인가. 개츠비가 군대에 갔을 때 그를 버리고 부유한 톰과 결혼한 그녀는 이성적이 아니라 감각적인 여성이다. 남편이 주유소 주인의 아내와 부적절한 관계인 것을 알면서도 속아주며 살던 그녀 앞에 다시 나타난 개츠비는 부와 사랑을 모두 소유한 완벽한 구애자였다. 재즈 시대로 불리는 1920년대, 춤과 술이 넘치는 광란의 파티는 아메리칸드림의 개척정신을 녹여 흐느적거리는 휜죽으로 만들어간다.

왜 개츠비는 구애에 실패하고 오히려 톰과 데이지 부부에 의해 희생되는가. 그런 결말이 암시하는 것은 무엇인가. 한 여자를 사랑하고 최선을 다해 구애했으나 오히려 그녀에 의해 배반당하는 한 멍청한 남자에 관한 이야기가 왜 그토록 여러 차례 영화로 제작되고도 한 번도 성공하지 못했는가. 도대체 개츠비는 왜 위대한가, 아니, 위대하기는커녕 바보 아닌가.

개츠비는 데이지의 실체를 통찰하지 못한다. 그녀가 자신을 더 사랑해 톰을 버리고 되돌아올 것이라 믿는다. 무엇보다 그는 돈과 파티라는 관능으로 그녀를 되찾으려 했다. 물론 데이지를 상징하는 것은 감각이고 관능이다. 그러나 그녀에게는 톰이 그렇듯이 타인을 돌보고 사랑하는 마음이 없었다. 이기적이고 인색했다. 그것이 피츠제럴드가 본 동부의 부패한 부유층이다. 톰이 주유소 주인의 아내와 몰래 광란의 파티를 벌이듯이 데이지 역시 개츠비가 제공하는 부와 달콤한 관능에 빠진다. 그녀의 실체를 드러내는 사건은 개츠비와 함께 그의 차를 운전하고 뉴욕에서 돌아오는 길에 일어난다. 톰과 개츠비 어느 쪽도 선택할 수 없었던 흥분한 데이지는 갑자기 뛰어든 머틀을 피하지 못했다. 그리고 데이지의 실수는 개츠비의 것으로 오해되어 주유소 남자에 의해 죽임을 당한다. 톰은 관능의 노예이고 데이지는 감각의 노예이며 개츠비는 관능을 사랑으로 착각한 바보였다. 오직 사건을 전달하는 관찰자, 닉만이 아직 동부의 타락에 물들지 않은 시선으로 인물들을 바라본다. 그는 동부에 대한 환상을 버리고 중서부로 돌아간다.

이런 이야기를 영화로 옮기면 성공하기 어렵다. 너무 잘 알려진 이야기인 데다, 줄거리 위주로 갈 때 원작이 갖는 시점과 구성의 탄탄함을 영화에서 살려낼 수 없기 때문이다. 잘해봐야 본전도 못 건진다. 그런데 왜 제작자들은 멋진 배우를 캐스팅하여 영화로 만들려는 충동을 느끼는가?[3] 누구나 평등하게 노력하면 지위와 부를 누릴 수 있다는 '아메리칸드림'의 개척정신이 지닌 환상과 허실을 보여주기 때문에? 물론 개츠비가 남겨놓은 일기장에는 프랭클린의 자서전이 암시하듯이 정직하고 성실하게 노력하는 실용주의적 정신이 깃들어 있었다. '왜 세상의 모든 남자가 여자에게 희생되는가?' 피츠제럴드는 언젠가 이렇게 말한 적이 있다. 작가 자신도 정신병원을 드나든 아내 젤다의 희생자 아니었나? 죽은 개츠비의 장례식에는 그 많던 방문자가 한 명도 오지 않았다. 힘과 돈이 있을 때 달라붙던 그 많은 파티족은 이용 가치가 없어지자 그를 버린다 등등. 우리는 피츠제럴드가 다른 작품들 속에서도 다르게 반복하는 주제를 가지고 해석을 내려

볼 수 있다. 그러나 이 모든 것에도 불구하고, 그토록 실패함에도 불구하고, 그 이야기를 되풀이하여 영화로 만들고 싶은 것은 그 속에 무언가 끌리는 것이 있기 때문이다.

데이지가 개츠비의 차로 사고를 저지른 날 밤, 그녀의 저택 창가를 올려다보면서 개츠비는 그 자리에서 떠날 줄 모른다. 그는 톰과 데이지의 그림자가 어른거리는 창문을 올려다보며 데이지를 끝까지 보호해야 한다고 믿는다. 훗날 일어난 개츠비의 희생을 돌이켜보면 이때 톰은 겁에 질린 데이지를 위로하며 개츠비에게 죄를 덮어씌울 음모를 꾸미고 있었다. 창문의 그 불빛은 개츠비가 롱아일랜드 바다 건너 바라보던 이스트 에그의 초록 불빛과 같았다. 순진한 소망을 지니고 과거 한때, 자신을 사랑했던 데이지를 돈으로 되찾으려 했던 개츠비의 순수한 꿈은 돈으로 낙원을 건설하려던 아메리칸드림을 상징한다. 그러나 돈은 인간이 관능과 쾌락의 노예가 되는 가장 빠른 길이었다. 모두 다 아는 이야기, 이것이 전부일까?

개츠비의 가장 큰 잘못은 무엇일까. 그는 데이지가 톰에게 "나는 단 한 번도 당신을 사랑한 적이 없어요"라고 선언하기를 원했다. 그러곤 루이스로 돌아가 마치 5년 전에 살고 있는 듯이 데이지와 결혼하기를 원했다. 개츠비가 안타까운 것은 바로 그 점을 데이지가 이해하지 못한다는 데에 있다. 닉은 말한다.

"나라면 그녀에게 너무 많은 요구를 하지 않겠어요." 나는 용기를 내어 말했다. "우리는 과거를 되돌릴 수는 없어요."

"과거를 되돌릴 수 없다고?" 그는 믿을 수 없다는 듯이 소리쳤다. "무슨 소리! 물론 되돌릴 수 있고말고!"

그는 거칠게 주변을 돌아보았다. 마치 과거가 바로 지금 그의 집 그림자 안 어딘가에 웅크리고 있다는 듯이.

"난 반드시 모든 것을 예전 그대로 돌려놓고 말 거야." 그는 단호하게 고개를 끄덕이면서 말했다. "데이지도 결국은 알게 될 걸."(88)

2013년 배즈 루어먼은 디카프리오 주연의 영화에서 과거를 돌이킬 수 있다는 개츠비의 대사를 강조했다. 그러나 관객에게 감동을 불러일으키지는 못했다. 우리는 너무나 당연히 과거를 돌이킬 수 있다고 믿기 때문에 개츠비의 꿈을 진지하게 의심해보지 않는다. 아니, 그런 성향이 있다. 의식의 속임수다.

개츠비가 응시한 초록 불빛은 시간, 다시는 되찾을 길 없는 그리운 시간들이었다. 웃고 떠들며 겨울방학이면 기차에서 내려 손을 호호 불며 집으로 가던 대학 시절의 친구들, 그 속에는 잠깐 사랑을 주고받던 데이지가 있었다. 물론 시간은 흐르고 그가 군대에 간 사이 그녀는 톰과 결혼하여 동부의 부촌에 살고 있으며 순수한 시절의 낭만은 돈이 주는 지루함과 감각에의 추구를 당해내지 못한 채 부패한다. 톰이 머틀과 함께 벌이는 쾌락의 파티는 이성의 저편에 있었다. 개츠비는 감각의 사치로 데이지를 얻으려 했고 쾌락은 도덕을 앞지른다.

개츠비는 바보지만 위대하다. 과거라는 시간을 돌이키려는 불가능성에 도전하면서 자신을 산화하기 때문이다. 감각이란 언어 속에 묻혀 언어의 의미를 지연시키는 언어의 핵이다. 그렇기에 감각을 그린 작품은 영화로 만들기 어렵다. 독자는 느끼지만 그게 뭔지 모른다. 그것이 감각이자 몸이다. 피츠제럴드는 잃어버린 시간에 매달려 현실을 도피하는 주인공들을 주로 그렸다. 그 자신도 이성적 판단이 감각의 노예가 되는 그런 삶을 살았다. 『밤은 부드러워라』의 파편화된 서술이 보여주듯이 그는 정신적으로 황폐해질 때까지 과거의 화려한 시간을 그리워했고 대작을 쓰려고 발버둥쳤다. 이미 대작이 나왔는데 그 사실을 본인도 대중도 몰랐다. 44세에 할리우드에서 팔리지 않는 시나리오를 써서 생계를 유지하면서 그는 술을 마셔댔다. 그리고 심장마비로 죽는다. 그의 문학작품이 훗날 계속 읽히고 사랑받는 이유는 이런 나약함과 더불어 위대한 꿈에 있었다.

테레사 수녀는 세상에서 가장 소중한 것은 '오늘'이라고 말했다. 현재는 오직 오늘이라는 기간으로 존재한다. 그러나 우리는 쉽사리 과거에 집착하며 산다. 피츠제럴드의 비극은 과거의 시간에 집착하고 그것을 되찾으려 했던 데 있다. 과거는 프로이트가 말하듯이 변형된 현재의 욕망일 뿐이다. 데이지는 더 이상 군대에 가기 전 그를 사랑했던 연인이 아니었다. 과거에 대한 향수는 나의 본성이지만 그 과거는 시간에 따라 늘 다른 모습으로 존재한다. 환자의 상흔을 밝히려 했던 프로이트조차 과거의 시간을 현재의 욕망으로 다뤄야 한다고 말하지 않았던가. 이 시간과 감각의 마술을 영화로 만들기는 어렵지만 돈이 있고 멋진 배우가 나타나면 또 『위대한 개츠비』를 영화로 만들려 할 것이다. 집착은 되돌아갈 수 없는 유년기를 돌이키려는 본능이다.

피츠제럴드처럼 시간의 마술에 집착한 작가가 또 있다. 시간의 흐름에 의해 변형되는 과거, 그 돌아갈 수 없는 장소와 시간을 평생토록 그리워하며 이를 주제로 글을 쓴 작가가 있다.

과거의 환상에
집착하는 슬픔

블라디미르 나보코프(1899~1977)는 1899년 러시아 상트페테르부르크에서 귀족 가문의 장남으로 태어났다. 조부는 법무장관을 지냈고 아버지는 유대인 차별에 항의하는 법을 만들고 제정 러시아를 민주화하려는 꿈을 가진 정치가였다. 그의 가족은 여름이면 도시에서 떨어진 대장원에서 휴가를 보냈다(이 영지는 현재 나보코프 박물관이 되었다). 그는 미처 성인이 되기도 전에 갑부의 집안인 외가로부터 저택을 상속받는다. 가정교사를 두고 어릴 적부터 영어와 프랑스어를 배웠으며 많은 하인에 둘러싸여 살면서 나비를 채집하고 시를 출판했다.

그러나 볼셰비키 혁명은 그의 이런 사치스런 삶을 송두리째 빼앗는다. 그의 가족은 목숨을 걸고 변장하여 크리미아로 탈출했다. 그가 열여덟 살이 되던 1917년의 일이었다. 그는 런던의 케임브리지대학에서 러시아와 프랑스 문학 전공으로 학위를 마치고, 아버지가 정치활동을 하는 베를린에 거주하며 러시아어로 소설을 쓰기 시작했다. 러시아 이민자를 위한 신문을 발행하며 그의 글을 실어주던 아버지는 정치 집회에서 다른 사람으로 오인받아 총에 맞아 사망하고 남동생은 동성애자로 오해받아 나치 수용소에서 굶어 죽는다. 그리고 그는 러시아계 유대인 베라와 결혼하여 아들을 낳는다.

나치가 유대인을 학살하기 시작하자 부부는 파리로 이사하여 미국으로의 망명을 시도한다. 비자 받기가 너무 힘들고 여비도 없었지만 아버지가 유대인 차별을 폐지하는 법안을 위해 애쓴 것을 알고 있던 미국 거주의 유대인들이 부부를 도와 간신히 미국행에 오른다. 그가 파리를 떠난 직후 그가 살았던 아파트는 독일 비행기에 의해 폭파되었다. 일주일만 늦게 출발했더라면 오늘날 『롤리타』라는 걸작은 볼 수 없었을 것이다. 그는 18년을 러시아에서 귀족으로 살았고 22년을 유럽에서 빈민으로 살았으며 1940년 미국으로 탈출했다.

처음에 그는 어릴 적부터 사랑했던 나비 박물관에서 무보수로 일하다가 코넬대학에서 프랑스 문학과 러시아 문학을 가르치는 일자리를 얻는다. 강의 틈틈이 나비 채집과 소설 쓰기를 병행했고 자연과학과 문학을 융합하려 했다. 그리고 이 융합의 방식이 기억memory이었다. 프로이트와 제임스 가운데 누구의 심리학을 택했을까. 기억의 원리에서 보면 두 심리학자가 다를 바 없지만 나보코프는 프로이트를 비판하고 제임스를 추종했다.

케임브리지대학 시절 영국과 사회주의 국가 러시아에서 열풍을 일으킨 프로이트의 정신분석을 그는 강력히 비난했다. 오이디푸스 콤플렉스에 근거하여 꿈을 분석하다니. 늑대인간의 신경증의 원인을 성교 장면을 목격한 충격으로 해석하다니! 그는 프로이트의 '유아기 성'을 터무니없는 사기라고 말한다. 기억을 돌이킬 수 있다니, 상흔을 밝히다니! 특히 당시에 막 출판되어 심리학계를 뒤흔든 '늑대인간 분석'(원제는 From the History of an Infantile Neurosis, 1918)에 거의 분노한다. 늑대인간으로 더 잘 알려진 환자 세르게이는 제정 러시아 귀족의 아들이었다. 그는 늑대 꿈에 시달리고 나비를 두려워했다. 프로이트는 환자의 기억을 통해 그에게 하나의 패턴이 반복되는 것을 발견한다. 무릎 꿇고 마루를 닦듯이 몸을 앞으로 기울인 여성에게 열정적으로 욕망을 느끼는 것이다. 의식에서는 기억하지 못하지만 습관으로 남아 있는 패턴이다. 프로이트가 「스크린 메모리」에서 말하듯이 유아기 경험은 의식이 발달하면서 지워지지만 몸의 습관으로 남아 반복된다.

프로이트가 밝힌 병의 원인은 세르게이가 한 살 반 때 동물처럼 배후 성교를 하는 부모의 자세를 보고 충격을 받았다는 것이다. 이후 이 장면은 '원초적 장면The Primal Scene'이라 알려진다. 이 가설은 당대 심리학자들에게 찬반의 물의를 일으켰고 그럴수록 나보코프의 심기를 건드렸다. 제정 러시아 귀족 가문에서는 상상도 할 수 없는 이야기다. 부모의 침실은 자식과 떨어져 있고 유모가 돌보는데 어찌 그런 터무니없는 해석을 하는가. 물론 프로이트는 이 분석에서 환자가 어릴 적에 보았던 그림책에서 동물의 교미 장면을 부모에게 투사한 것일 수도 있다고 언급했다. 그리고 자신의 해석이 허구일 수 있다고 주를 달아놓았다. 그러나 대중은 원래 그런 자세한 내용에는 관심이 없다. 그보다 물의를 일으킬 만한 제안에 왈가왈부한다. 그래서 이 분석이 주의를 끌고 유명해졌다. 당시 런던에서는 지식인들이 너도나도 분석을 받으려 달려들었고 러시아에서도 정신분석이 소개되어 센터가 생겼다.

나보코프에게 부모는 돌아갈 수 없는 고향만큼 소중한 것이었다. 그러니 동물 같은 자세로 성교를 하는 부모는 모욕이었다. 그는 정신 분석이 볼셰비키 일당처럼 우매한 민중을 교묘하게 속이는 사기라고 말한다. 그리고 마르크스, 레닌, 프로이트를 모두 사기꾼이라 부른다.[4] 프로이트를 비판하면서 그는 제임스의 심리학에 공감한다. 특히 "먼 기억은 지각되는 것이 아니라 생각된다"는 것과, 기억은 감정과 관련되기 때문에 "다정하고 친근한 일"은 오래도록 기억에 남는다는 말에 동의했다. 기억은 그 자체로 허구이자 소설이었다.

미성년자를 성폭행하는 부도덕한 이야기라고 오해받았던 『롤리타』(1955)는 프로이트의 유아기 성을 흉내 내면서 동시에 그것을 뒤엎고 예술가 나보코프가 승리하는 비극적 코미디다. 어린 소녀 롤리타를 사랑하고 욕망하는 험버트는 소녀보다 20여 년을 더 산 중년의 사내다. 다시 말하면 롤리타는 성인이 되어서 회상하는 아주 먼 친근한 기억의 시간과 장소다. 그곳은 돌아갈 수 없는 고향, 나보코프가 너무나 그리워하는 고향 비르였다. 그는 자서전 『기억이여 말하라』에서 소련 독재자와의 오랜 싸움은 재산 문제와는 전혀 상관없는 일이라고 말한다. 긴 세월 그가 간직해온 향수는 잃어버린 수표에 대한 슬픔이 아니라 "잃어버린 어린 시절에 대해 지나치게 비대해진 그리움"이었다.

그리고 마지막으로: 나는 어느 생태학적 장소 한 곳을
그리워할 권리를 내 마음속에 지닐 것이다.

……내가 살고 있는 미국의 하늘 아래서

러시아의 어느 한 곳을 위해

한숨지을 권리를[5]

러시아에서 탈출한 이후 유럽에서 나보코프는 가난뿐 아니라 감시 속에 살았다. 레닌의 공산주의가 민중의 자유를 담보 삼아 이뤄지는 것을 통찰하고 모든 독재와 절대주의 이론을 거부한 그의 생각은 제임스의 심리학과 다르지 않았다. 삽화적 기억은 허구를 포함하고 시간에 의해 허구는 늘어난다. 친근한 것일수록 깊이 기억된다. 나보코프가 사랑한 모든 여인은 고향을 떠올리게 하는 인물들이다. 나오는 책마다 아내에게 바치는데 그녀의 이름은 베라Véra, 마치 고향 비르를 연상시킨다.

나보코프는 왜 소설의 서문에서 매번 프로이트를 비난했을까. 정면으로 레닌을 비판할 수 없었던 그가 선택한 대상이 프로이트였던 것은 아닐까. 프로이트에게 넋을 빼앗긴 유럽인들의 열광이 혁명의 열광을 떠올리게 했는지도 모른다. 퀼티는 나보코프와 기억의 방식을 놓고 다투는 라이벌이다. 다름 아닌 정신분석가다. 퀼티는 롤리타를 빼앗아 포르노 배우로 쓰고 버린다. 그런데도 롤리타는 그를 끝까지 사랑하면서 험버트의 마지막 구애를 거절한다. 두 사람은 프로이트의 유아기 성욕을 대표한다. 이와 달리 험버트는 변덕스럽고 속임수 가득한 롤리타를 지극히 사랑하지만 그녀의 사랑을 얻지 못한다. 그는 그녀를 빼앗아간 퀼티를 죽이고 살인죄로 감옥을 선택한다. 유아기 성을 얻지 못한 대신 감옥에서 『롤리타』라는 회고록을 씀으로써 불멸의 예술작품을 창조한 것이다. 그러므로 나보코프를 대표한다.

수십 년 전 내가 젊었을 때 나는 이 소설을 미국에서 읽었다. 아, 이런 것이 사랑이구나. 나는 특히 다음 장면에서 마음이 아팠다. 롤리타를 수소문하던 끝에 다른 남자와 결혼한 창백한 그녀, 아이를 밴 그녀를 다시 찾은 험버트. "더 이상 님펫이 아닌데." 내 예상을 뒤엎고 험버트는 변함없이 사랑을 고백한다. 한번 마음을 주면 끝까지 사랑하는 것이다. 이룰 수 없으면 더욱 타오른다. 마침내 그는 퀼티를 죽이고 경찰의 추적을 받는다. 이때 가슴 아픈 마지막 한 장면이 있다. 길가에서 더러운 자신의 입가를 문지르고 먼 추억을 회상하듯 희미한 눈동자로 발길을 멈춘 그의 귀에 어떤 소리가 들린다. 멀리서 아지랑이처럼 들려오는 소리, 저 아래 광산촌에서 어린아이들이 노는 소리, 웃음소리가 섞인 아득한 함성이었다. 공기가 너무 맑아 이 뒤섞인 소리들의 화음 안에서 간간이 방망이 소리, 장난감 마차가 덜그럭거리는 소리도 들린다. 혹시 지금 험버트, 아니 저자 나보코프는 상트페테르부르크의 대저택에서 보낸 어린 시절, 혹은 비르의 시골 대장원에서 보낸 어린 시절을 듣고 있는 것은 아닌가. 그러나 이런 추측은 곧 다음 문장으로 인해 달라진다.

그러나 환히 떠오르는 골목에서 아이들의 움직임 하나하나를 보기에는 나는 너무도 멀리 떨어져 있었다. 높은 비탈길에서, 나는 아련한 음악에 조용한 웅얼거림 속에서 튀어나오는 어떤 외침 소리에 귀를 기울이고 서 있었다. 그리고 그때 나는 알았다. 가망 없이 가슴이 아픈 것은 내 곁에 롤리타가 없어서가 아니라, 저 소리들의 화음 속에서 그녀의 음성이 더 이상 들리지 않기 때문이었다.[6]

그녀의 음성이 들리지 않는다는 것은 무슨 의미일까. 슬프지만 집착에서 벗어나는 예술가의 승리다. 그토록 집착한 어린 시절의 고향은 마음속의 환상일 뿐 현실에서 그대로 존재하지 않는다. 그 아픈 현실을 깨달으며 그는 아픔을 예술로 승화시킨다. 이것이 개츠비의 비극과 험버트의 비극이 다른 점이고 피츠제럴드와 나보코프의 차이점이다.

나보코프는 회상의 위대함은 그것을 정확히 다시 찾을 수 있기 때문이 아니라 변형되고 굴절되어 하나의 아름다운 환상으로 그를 유혹하기 때문이라고 보았다. 이 환상이 글을 쓰며 힘든 현실을 견디고 살아가는 꿈이자 동기가 되는 것이다. 흐르지 않는 것은 강물이 아니고 세월이 아니듯이 기억이나 인지도 흐르고 변형된다. 데카르트적 의식의 총체성을 거부하는 나보코프는 정치성을 강하게 부인했다. 어떤 이념도 총체성도 거부한 그는 레닌과 스탈린의 공산주의를 증오했다. 그리고 돌아갈 수 없는 시간과 장소와 부모와 조국을 그리워했다. 『롤리타』가 베스트셀러가 되자 그는 코넬대학 교수직을 버리고 러시아와 가까운 유럽으로 돌아갔다. 21년을 미국에서 살았으나 단 한 채의 집도 소유하지 않았고 스위스에서도 호텔에서 거주하다가 1977년 세상을 뜬다. 오직 단 한 곳, 돌아갈 수 없는 고향만이 그가 이승에서 소유한 단 한 칸의 집이었다.

예술가에게 집착은 창작의 근원이 된다. 모리슨의 주인공은 대상을 소유하고 집착하여 목숨을 빼앗는 것을 사랑이라고 믿는다. 파괴적 사랑이다. 개츠비 역시 과거를 그대로 되찾으려 했기에 희생된다. 『롤리타』의 주인공 험버트는 어린 시절 고향에 집착하며 배반자를 죽이고 감옥에 간다. 그런데 이 세 작품은 세 작가를 가장 유명하게 만든 대표작이다. 집착이 소설을 명품으로 만드는 주제인 까닭은 무엇일까. 집착은 독자가 절실히 원하지만 사회가 금지한 에로스의 본질이기 때문이다. 사랑은 먼 알래스카의 외딴섬에 가서 단둘이만 살고 싶은 욕망이다. 사랑은 사회를 거부하고 삶 속에서 죽음을 추구하는 배타적인 어떤 것이다. 그리고 작가는 이 소망을 실현하려는 주인공을 처벌하여 명작을 만든다. 금지된 소망을 실현하는 주인공과 달리 독자는 안전하게 현실사회로 돌아오는 것이다. 명작을 남기려는 예술가의 집념은 주인공의 집착을 소재로 삼는다. 집착과 집념은 어떻게 다를까.

가짜 젖꼭지
인생

강한 집착은 사랑의 이름으로 닻을 내린다. 왜 그럴까. 동물적 본능과 배타적인 의식의 진화에서 그 이유를 찾아보자. 뇌의 아래에 위치한 감성과 위쪽에 위치한 이성이 상호 작용하는 이중 장치는 서로 균형을 취하면서 나의 기억과 인지를 조정한다. 그런데 의식은 앞으로 나아가면서 현재 시간을 따르고, 흔적 혹은 감정은 시간을 따르지 않는다. 이런 배타적 관계에 의해 습관과 달리 삽화적 기억은 허구적이 된다. 의식은 과거의 경험에 의존하기에 앞으로 나아가면서 동시에 뒤로 회귀한다. 순환의 고리 속에서 우리는 무언가를 단단히 잡고 있어야만 한다.

실존주의 철학은 인간의 존재 조건을 불안, 불만, 공허, 심연 등의 용어로 규정하곤 했다. 기억과 인지는 공허를 감싸 안고 외돌아 이뤄진다. 의식은 앞으로 나아가면서 저장소로 돌아가기에 그 사이의 차액인 공간, 즉 텅 빈 공허가 생긴다. 이 공허는 필연적이다. 모든 생명은 이 공간을 지니고 태어난다. 죽음이라고도 불리는 이 공간은 새로운 삶을 낳는 근원이다. 프로이트에게 이 공간은 문명 속의 불만 discontent이었고, 실존주의자들에게는 불안anxiety, 라캉에게는 결핍lack이었다. 시간과 존재를 연결한 하이데거는 이것을 지루함boredom이라 불렀다.

프로이트는 저 유명한 『문명 속의 불만』에서 아무리 문명이 발달해도 그 속에는 지울 수 없는 어떤 불만이 남아 있다고 말한다. 우리는 행복해지려고 노력하지만 그 행복은 찰나일 뿐 길어지면 묽어지고 다시 불만이 생긴다. 불만은 생존의 조건이다. 삶의 무게는 너무 무거워서 그것을 거들어줄 손길이 필요하다. 고통을 줄이는 과학기술, 예술, 그리고 술이나 아편 같은 인위적인 무감각이다(SE 21권, 75쪽). 과학과 예술은 창조적 집념이지만 아편이나 술은 파괴적 집착이다. 집착은 이 필연적 불만을 완전히 지울 수 있을 거라 착각한다. 프로이트가 죽음만이 이 불만을 완벽히 채운다고 말했듯이 불만을 없애버리려는 갈망은 죽음에 이르는 길이다. 불만은 어떤 행태로 존재해야 안전한가? 적절한 공간으로 존재해야 삶의 동인이 된다.

의식과 무의식 사이에 존재하는 망각의 심연은 생존의 심연이다. 그것은 공허감을 일으키지만 동시에 우리를 살게 하는 힘이다. 어린 아이는 태어나면 운다. 그리고 어머니의 젖꼭지를 세게 빠는 것으로 울음을 그친다. 그러나 울음은 배가 고픈 탓만은 아니다. 흔히 아이가 보채거나 잠을 재울 때 가짜 젖꼭지를 물리던 시절이 있었다. 양분 섭취가 아니라 마음속의 공허나 불안을 잠재우기 위해 '그것'이 필요한 것이다. 그러나 서너 살이 되어서도 가짜 젖꼭지를 물고 다니지는 않는다. 장난감이나 다른 물건이 눈에 들어오기 때문이다. 나이에 따라 공허감을 채워줄 대상은 바뀐다. 학교에 들어가면 졸업이라는 목표가 생기고 졸업할 때는 취업이라는 목표가 생긴다.

아이는 가짜 젖꼭지에 매달리지만 어른은 사회가 인정하는 어떤 대상에 매달린다. 시간의 강물 속에 휩쓸리지 않기 위해 나는 지탱할 가치가 있는 무언가를 추구하게 된다.

가장 대표적인 집착의 대상은 연인이다. 동물은 힘으로 구애한다. 힘이 생존을 좌우하기에 암컷은 힘센 유전자를 원한다. 그러나 인간은 의식의 진화에 따라 사회적 동물이 되었고 따라서 사회가 인정하는 가치, 돈, 직위, 명예 등을 가짐으로써 연인을 얻으려 한다. 존 밀턴의 『실낙원』에는 사탄이 이브를 유혹하여 지식의 나무Tree of Knowledge에 열린 열매를 먹도록 하는 장면이 나온다. 유혹에 잘 말려들지 않는 이브를 결정적으로 설득한 사탄의 말은 무엇이었을까. "네가 지식을 갖게 되면 아담이 너를 더 사랑할 것이다." 남성과 마찬가지로 여성도 사랑받기 위해 지식을 추구했다.

　문학은 생물학과 분리되지 않는다. 성 리비도를 원초적 에너지로 보았던 프로이트는 종족 보전의 본능이라는 다윈의 진화론적 입장을 취했다. 무언가 부족함을 느끼는 결핍의 상태는 연인을 얻기 위한 생물학적 본능이고, 연인을 얻기 위해서는 사회가 인정하는 가치 획득이라는 삶의 목표가 생긴다. 그러므로 마음의 공허를 충족시킬 것처럼 보이는 찬란한 대상의 본질은 신기루와 같은 허상이다. 얻으면 찰나의 만족을 줄 뿐 시간이 지나면 다시 공허가 찾아든다. 문명은 찰나의 만족을 주지만 곧 묶어져 다시 불만을 낳는다. 이 불만은 괴물이어서 모르거나 단숨에 제거하려 들면 안 된다. 오이디푸스가 죄인을 밝히려고 지식과 수사력을 총동원했지만 결국 자신의 발등을 찍는 결과를 낳았듯이 결핍은 내재한 것이어서 함부로 건드리면 안 된다. 삶은 지름길이 아니라 둘레길이다. 빙 돌아서 가는 것이 삶의 지혜다.

　볼일도 할 일도 없는 어느 오후, 시골 기차역에서 다음 기차가 올 때를 기다리는 시간은 한없이 길다. 하이데거는 피할 수 없는 공허를 시간과 연결했다. 그리고 이를 '지루함boredom'이라 부른다. 아무 일도 하지 않고 시간 자체만을 느낄 때 우리는 지루함을 맛본다. 지루함은 무언가를 기다릴 때 찾아드는 "시간에 대한 공허한 느낌"이다. 연인을 기다릴 때의 지루함 역시 비슷하다. 사람들은 그래서 여행하거나 지하철을 탈 때, 책을 들고 다닌다. 독서로 지루함을 잊으려는 것이다. 스마트폰은 지루함을 이겨내려는 인류의 고안품이다. 독서는 집착을 낳지 않는다. 그러나 스마트폰은 집착을 낳을 수 있다. 독서를 할 때 감정과 의식은 균형을 이룬다. 그러나 스마트폰은 기계적 정보와 쾌락을 담기 때문에 중독될 수 있다.

스마트폰 이야기가 나왔으니 시골 역의 지루함보다 더 위험한 지루함에 대해 이야기해보자. 친구 집에서 열리는 파티에 갔다. 여러 사람을 만나고 웃고 떠들며 먹고 마셨다. 정신없이 놀다보니 하룻저녁이 금방 지나갔다. 집에 와서 그 시간들을 떠올린다. 그 재미있던 시간이 모두 흘러갔다고 생각하니 허무한 느낌이 든다. 허무하다, 정말 허무해. 하이데거가 말하듯이 이런 유의 지루함이 더 심각한 것은 시간이 흐른다는 것을 당시에는 모르기 때문이다. 오직 지난 후에야 이미 시간이 흘러간 것을 깨닫는다.

누구나 시간에 대한 텅 빈 느낌을 두려워한다. 그것은 내 안의 텅 빈 공허와 다르지 않기 때문이다. 지루함을 이겨내기 위해 인류는 무언가를 끊임없이 고안해왔다. 그리고 그 고안품들에 문명이라는 이름을 붙인다. 하이데거는 테크놀로지를 고안해내는 인간의 두 손은 동물의 앞발이 변형된 것으로, 그 두 가지의 차이는 엄청나다고 말한다. 문명은 지루함이라는 불만을 줄이기 위해 만들어지지만 어떤 한계를 넘어서면 불만을 더 키운다. 더 빨리 더 멀리 갈수록 가장 가까이에 있는 것들과 멀어진다. 나 자신과 멀어진다. 드디어 인터넷은 세계를 하나로 만들고 스마트폰은 내 손가락으로 세계를 움직이는 경지에 이른다. 그럴수록 속도는 더 빨라지고 경쟁은 더 치열해진다. 내 마음속의 불안이라는 괴물 역시 커진다. 최근에 불안을 호소하는 공황장애나 신경증 환자가 많은 이유다.

제임스는 「감정이란 무엇인가」에서 우리는 두렵기에 도망치는 것이 아니라 도망치기에 두렵다고 말했다. 감각이 의식보다 앞서는 것이다. 그렇다면 인간에게 가장 원초적 감정은 무엇일까. 두려움이다. 한 치 앞을 내다볼 수 없기에 느끼는 두려움은 언제 포식자에게 먹힐지 모른다는 원시적 두려움에서 출발한다. 공포는 살아남기 위한 동물적 본능이다. 암컷 동물들은 강한 새끼를 낳기 위해 강한 수놈을 구한다. 수컷은 같은 수놈끼리 싸워 암컷에게 구애한다. 새끼가 번식하기 위한 조건이다. 라캉이 말했듯이 신God은 모든 두려움을 하나로 수렴하는 장치다. 그렇다면 가장 이상적인 속도는 무엇일까. 집착하되 적절하게 집착하는 길은?

몸은 집착을 원하고
의식은 떼어놓기를 원한다

어릴 적부터 친구처럼 지낸 남녀는 성장하여 연인 사이가 된다. 둘은 늘 그렇듯이 만나서 이야기하고 함께 맛있는 것을 먹지만 성관계는 결혼 전이라는 이유로 그리 중요한 문제가 되지 않았다. 그런데 남자가 어느 날 갑자기 자살하고 여자는 혼란에 빠진다. 그리고 죽은 연인과 가장 친했던 친구가 그녀를 위로해주다 우연히 서로 하룻밤 성관계를 갖게 된다. 이후 그녀는 정상적이지 못한, 신경증으로 격리된 삶을 살아간다. 친구는 그녀를 사랑해 만남을 지속하지만 끝내 그녀를 사회 속으로 되돌려놓지 못한다. 무라카미 하루키의 『상실의 시대』. 10년 전쯤 읽었던 작품으로 기억에 선명히 남아 있는 부분이다.

그토록 오래 사귄 연인과는 경험하지 못했던 성적 희열을 그와 가장 친한 친구와 느끼다니, 순수한 영혼을 지닌 그녀는 깊은 죄의식에서 헤어나지 못한다. 혹시 성관계와 사랑은 별개이지 않을까. 사랑은 친근함이지만 성은 낯섦이 아닐까. 이것을 설명하기 위해 우선 다음과 같은 예를 들고 싶다.

어릴 적 잠자리에 들 때 어머니는 나와 한 살 터울인 동생에게 콩쥐팥쥐, 장화홍련전, 흥부와 놀부, 구렁덩덩 서선비 등의 이야기를 들려주곤 하셨다. 어머니의 레퍼토리는 거의 변치 않고 반복됐지만 우리는 매번 싫증은커녕 호기심을 가지고 듣곤 했다. 만일 어머니가 콩쥐가 벌을 받고 팥쥐가 상을 받는 등 다르게 이야기했더라면 우리는 고개를 갸우뚱하면서 싫어했을 것이다. 어린 시절에는 같은 이야기를 아무리 반복해 들어도 지겹지 않다. 마치 같은 음식을 매번 먹어도 질려 하지 않듯이. 그러나 어른이 되면 똑같은 이야기를 참아내지 못한다. 같은 원리로 똑같은 음식을 반복해서 먹지 않으려 한다. 어린이는 같은 것의 반복을 즐기는데 왜 어른은 참지 못할까. 어른은 늘 다른 것, 좀더 맛있는 것을 원한다.

유아기에는 자의식이 생기기 전이어서 나와 타인을 구별하지 못한다. 어머니와 자신을 동일시하고 훗날 이것이 몸의 소망이 되어 무의식으로 남는다. 애착관계 혹은 밀착관계다. 그러나 자의식이 생기면 타인과 나를 구별하고 밀착관계에 공간이 생긴다. 엄마 곁을 졸졸 따르던 아이가 어느 날 방문에 '노크'라고 써 붙였을 때 어머니가 받는 충격은 크다. 딸애가 초등학교 4학년쯤 되었을 때인 것 같다. 나는 그때 그 애의 방문에 써 붙여진 '노크'라는 문구에 분노했던 것을 두고 두고 후회한다. 그 애가 비로소 자의식이 생기고 타인에 대한 호기심이 생겼다는 증거인데 나를 거부한다고 잘못 판단했던 것이다. 아이는 밀착에서 거리를 두고 점점 그 애정을 어머니보다는 연인이나 친구에게서 찾는다. 프로이트는 전자를 애정 성향Affectionate Current, 후자를 관능 성향Sensual Current이라 불렀다. 애정은 자식이 부모에게서 느끼던 무한한 사랑이고 관능은 사춘기에 이르러 연인에게 느끼는 성적 욕망이다. 이 두 가지 성향은 대상을 옮겨갈 뿐 여전히 사랑의 두 속성으로 나타난다. 프로이트는 이 두 성향이 조화를 이룰 때 행복의 가능성이 있다고 보았다.7

애정 성향은 동질성에 바탕을 두는 반면 관능 성향은 이질성에 바탕을 둔다. 보살핌은 친근함을 원하고 성적 호기심은 새로움을 원한다. 몸은 밀착을 원하지만 자의식은 몸에서 떨어져 나오기를 원하기 때문이다. '노크'라고 써 붙이는 이유다. 의식은 후에 진화했기에 몸과 배타적인 관계에 있다. 하나는 시간을 따르고 다른 하나는 시간을 따르지 않는다. 하나는 경험을 수용하고 인출하는 반면 다른 하나는 저장만 한다. 둘은 다르면서 한 몸인 것이다. 이것이 『상실의 시대』의 주인공들이 겪는 딜레마다. 어머니와의 밀착에 바탕을 둔 애정 성향은 자의식이 생겨난 이후에 연인에게 투사되어 보살핌을 요구하게 된다. 남성은 어머니에게서 받았던 그런 보살핌을 아내에게서 느끼려 하고 여성은 아버지 혹은 어머니에게서 받은 보살핌과 다정함을 남편에게서 느끼고 싶어한다. 그런데 밀착관계는 동시에 에로스의 파괴적 충동을 내포하고 있다. 두 몸이 하나가 되려면 대상을 파괴해야 가능하다. 앞선 것은 보살핌이라는 사랑이고 뒤의 것은 관능의 파괴적 충동이다. 보살핌은 유아기 몸의 소망이었고 관능은 사춘기에 '다시' 찾아오는 성 본능이다. 프로이트는 우리는 몸이 한번 경험한 것을 영원히 간직하며 그것은 다른 형태로 되돌아온다고 말한다. 결혼이란 이 두 가지 반대되는 성향이 조화를 이뤄야 하는 것이기에, 행복한 결혼은 윤리와 자식을 매개로 하지 않으면 결코 쉬운 일이 아니다. 몸과 의식의 상반되는 요구 사이에서 끝없는 타협이 요구되기 때문이다.

만일 타협이 이뤄지지 않고 어느 한쪽으로 기운다면 어떤 현상이 일어날까?

도착증

미국 에머리대학의 교수인 데버라는 아우슈비츠 포로수용소에서 있었던 나치의 만행을 부정하는 어빙을 비판한다. 영국인 어빙은 히틀러를 옹호하며 유대인이 돈을 벌기 위해 아우슈비츠를 왜곡하여 팔아먹는다면서 이에 대응한다. 그리고 그녀를 영국 법원에 고발한다. 영국 법에 따라 재판이 진행되는 과정에서 데버라는 많은 것을 배운다. 맨 처음 그녀는 엄숙한 영국의 법정에서 고개조차 숙이지 않는다. 그러나 법은 감정적 대응이나 말이 아니라 철저한 증거를 가진 논박을 원했다.

어빙의 의도적인 거짓 진술과 주장은 의외로 강경하고 호응을 이끌어내기도 했다. 변호인단은 철저한 자료 수집과 판사의 판단에 촉각을 곤두세운다. 수석 변호사 램턴은 성급하고 감정적인 그녀에게 "때로 양심은 효과를 거두지 못한다"고 말하며 냉정한 증거주의와 논박을 강조한다. 재판이 거의 막바지에 이르렀을 때, 판사는 표현의 자유를 언급하며 "만일 어빙이 진실로 반유대주의를 믿는다면 그는 정당하지 않은가"라고 반문한다. 표현의 자유 앞에서 진실을 가리기는 그만큼 어려운 사회가 된 것이다. 램턴은 "거짓 정당성은 표현이나 언론의 자유가 아니다"라고 반박한다. 오로지 증거와 논리적 반박만을 믿는 냉정한 그를 데버라는 차츰 이해하고 배우게 된다. 실화에 바탕을 두고 2016년 영국의 BBC가 제작한 「나는 부정한다Denial」에서 데버라는 마침내 승소하는데, 인상적인 장면 하나가 기억에 남는다. 재판에 패소한 어빙은 여전히 아우슈비츠를 부정하는 자신의 주장을 굽히지 않는다. 모든 자료와 증거에도 불구하고 그는 계속 책을 쓰고 연설하여 대중을 현혹할 것이다.

어빙은 왜 타협하지 않는가. 두려움 때문이다. 반유대주의는 그가 살아가는 욕망의 미끼이고 그의 공허를 채운 신념이다. 모든 사람이 잘못된 것이라고 할수록 더 매달리는 이유는 그가 이미 반유대주의의 노예가 되었기 때문이다. 불안은 그를 노예로 만든다. 그리고 노예가 될수록, 매달릴수록 불안은 더 늘어나고 집착은 커진다. 급기야 도착증perversion이라는 병적 증상이 된다. 불안은 삶의 근원적 바탕이다. 말하자면 나는 어떤 대상에게 밀착하여 불안을 떨쳐버리려는 본능을 가지고 있다. 종교적 맹신을 불어넣거나 거짓된 이념이 달라붙도록 해 폭력을 행사하게 하는 것도 하나의 예다. 이때 군중의 함성, 자아도취적 연설, 자의식을 잊게 만드는 음악과 춤 등은 도착증을 부추긴다. 너와 내가 하나 되어 불안을 잊으려는 몸의 소망에서 나오는 집단 감염은 히틀러가 나치 제국을 꿈꿀 때 이성적인 독일인들을 도취시킨 방법이었다.

사디즘의 어원은 칸트와 동시대 인물인 극단적 쾌락의 추구자였던 사드 백작의 이름에 있다. 그는 법과 질서에 저항하여 몸에 가할 수 있는 쾌락의 문을 활짝 열었다. 마조히즘은 사디즘과 한 짝이다. 칸트는 실천이성에서 도덕과 법을 당위로 설정하고 법을 어기면 벌을 가하므로 이를 지킬 수 있다고 믿었다. 그렇지만 법을 철저히 지키는 독일인들이 그토록 잔인한 유대인 학살을 저질렀다. 이를 어떻게 설명할 수 있을까. 전후 아우슈비츠의 비극을 지휘한 아이히만을 비롯한 독일 장성들의 재판을 지켜본 한나 아렌트는 놀란다. 그들은 아내와 자식을 지극히 사랑하는 자상한 아버지였고 상사의 명령을 어김없이 수행하는 군인이었다. 잔인함과 악이 지극히 평범한 인간에게 내재해 있다는 것을 그녀는 "악의 평범함"이라는 말로 표현했다. 여기서 칸트의 법을 지나치게 밀어붙이면 사드적 악이 나타난다는 20세기 후반의 새로운 진리가 태어난다. 악의 지나친 금지는 오히려 악을 낳는다는 것이다. 이미 니체는 악이 선을 낳는 근원이라고 말했었다. 의식의 이면에 감각이 붙어다니듯이 선의 이면에 악이 붙어다니며 후자가 오히려 더 근원적 본능이다. 도착증은 이런 균형을 모른 채 어느 한쪽을 지나치게 밀어붙일 때 나타나는 증상을 가리키게 되었다.

부모의
집착

세상에서 가장 흔하게 볼 수 있는 집착의 유형은 아마 부모가 자식에게 느끼는 애착일 것이다. 동물 가운데 인간만큼 태어나 죽는 순간까지 자식을 돌보고 보살피는 애정을 간직하는 부류도 드물다. 부모는 자신이 경험한 세상을 자식에게 미리 알려주어 같은 실패를 반복하지 않게 하고 싶다. 자식이 누구보다 존경받는 사회인, 능력 있는 인간이 되기를 원한다. 직업과 결혼에서 실패하지 않게 하려는 마음에 늘 조언을 아끼지 않는다. 그런데 자식은 부모의 의지나 생각대로 되지 않는다. 사춘기에 접어들면 부모보다 친구에게 마음을 털어놓고 청년이 되면 부모보다 연인과 만나고 싶어한다. 아니 그 전부터 부모의 말은 잔소리처럼 여겨진다. 다 듣지 않아도 무슨 말인지 알기 때문이다. 이런 자식에게 부모는 한 가지를 바란다. 자신이 이루지 못한 꿈을 자식이 이루었으면 하는 소망이다. 이 꿈이 헛되다는 것을 제임스의 심리학으로 살펴보자.

제임스의 심리학에서 경험은 삶을 이끌어가는 이정표다. 미안하지만 어쩔 수 없이 반복한다. 내 의식은 경험을 기억의 저장소에 저장하고 이를 바탕으로 과거를 기억하며 대상을 인식하고 판단한다. 기억의 흔적은 몸이며 감각이고 물질이다. 습관을 제외하고 삽화적 기억이나 인지는 의식이 저장하고 인출하기 전에는 수면 위로 떠오르지 않는다. 그런 이유로 개인마다 기억이 다른 만큼 생각도 다르다. 또한 환경과 나이에 따라 경험도 다르다. 문제는, 나는 내 생각으로 세상을 보고 타인을 본다는 것이다. 그렇지 않으면 세상을 살 수 없고 이것이 내가 실수를 하면서 살아가는 이유다. 경험의 차이를 잊고 내 위치에서 대상을 판단하며 결정할 수밖에 없는 한계다. 그래서 어떤 결정을 내릴 때, 부모나 스승, 친구로부터 조언을 구한다. 이것은 실수를 줄이기 위해 필요하다. 반면 애착이 강할수록 자기 눈으로 아이를 보고 자기 소망과 생각을 불어넣는다. 원래 한 몸이었기 때문이다. 사랑이라고 착각하면서 자기 경험에서 나온 충고를 들려준다. 물론 자식은 이를 잘 이해할 수 없다. 경험이 다르고 아직 겪어본 적이 없어 의식으로는 옳은 것 같지만 몸이 말을 듣지 않는다.

타인을 나의 경험과 시각으로 보는 착각은 내 안에 '또 다른 나'가 있음을 무시하는 것이다. 의식 외에 몸, 감각이 있고 감각은 경험을 저장하는 저장소다. 경험하지 않은 세계는 저장소 안에 없다. 자식은 경험하고 싶어한다. 비록 그것이 실패의 길일지라도 스스로 맛보고 쓰라림 속에서 같은 실패를 반복한다. 그러나 부모에게 이것은 쉽지 않다. 아이의 낭패는 자신의 실패보다 더 아프기 때문이다. 그냥 두고 보는 것도 부모의 도리가 아니다.

가장 좋은 충고는 말이 아니라 행동이다. 말은 의식을 통해 나오지만 행동은 몸을 통해 나오므로 명령이 아니다. 아이는 절대 부모의 말(의식)을 따르지 않는다. 부모의 행동(무의식의 힘)을 따른다. 오히려 부모의 성공과 실패에서 무언가를 배운다. 부모는 자식이 되고 싶은 이상형, 배워야 할 사회적 윤리를 스스로 실천하고 보여주어야 한다. 아이는 몸 안에 부모로부터 물려받은 유전적 요인을 어느 정도 지니고 있다. 부모는 아마 이 부분을 기억하면서 자식에게 어떤 기대를 가지고 오직 아이가 조언을 원해오도록 유도하는 것이 좋다. 자신이 전혀 못 하는 것을 아이에게 강요한다면 그 아이의 기질을 죽이고 절망에 빠뜨리는 원인이 될 수도 있다. 헨리 제임스의 『나사의 회전』은 이 면을 잘 그린 명작이다.

정말 유령이 있는 걸까? 먼 시골의 외딴 저택, 부모 없는 두 아이를 맡은 가정교사는 어느 날 전에 살았던 가정교사와 하인의 유령을 본다. 그리고 두 아이가 여전히 그들의 영향을 받고 그들과 소통한다고 믿는다. 아이들이 유령을 보고도 안 보인다고 거짓말하는 것일까. 아니면 정말 못 보는 것일까. 지금까지 이 작품에 대한 비평들은 정답을 제시하지 못했다. 유령이 경험의 신이라면 어른이 보는 유령이 아이 눈에는 안 보일 수도 있다. 혹시 가정교사는 흑인 노예의 삶을 살게 될 어린 딸의 생명을 빼앗은 어머니처럼 자신의 생각과 어린아이의 생각을 일치시키는 것은 아닌가. 너와 내가 하나라는 몸의 소망은 의식의 간섭으로 떨어져 거리를 두어야 하는데 사랑이 진할수록 이 거리를 참지 못한다. 사랑을 잘하려면 '물타기'가 필요하다. 서로 밀어내고 당기는 낙낙한 신축성이 필요하다.

진정한 부모의 사랑은 지나친 책임감이나 소유욕이 아니고 자식의 경험 수준을 가늠하는 지혜다. 집착은 감각과 의식 사이의 텅 빈 공간, 혹은 '내 안의 또 다른 나'를 모르거나 인정하지 못할 때 생겨난다. 생각의 속임수를 모르면 내가 좋아하는 것을 너도 좋아한다고 착각하게 된다.

스타벅스 커피집 이름을 낳은 멜빌의 소설 『모비 딕』에서 에이해브 선장은 흰 고래에게 한쪽 다리를 잃은 후 복수의 항해를 시작한다. 그에게 모비 딕은 악의 상징이다. 그러나 작가는 모든 색의 종합인 신비한 흰 색깔은 그렇게 단순히 악을 상징하는 것이 아님을 곳곳에서 암시한다. 고래의 눈은 반대 방향을 동시에 바라보고, 생명을 위한 숨 쉬기는 죽음의 위기다. 고래가 숨을 쉬기 위해 수면 위로 떠올라 물을 뿜는 순간이 고래잡이가 작살을 던지는 순간이기 때문이다. 에이해브와 한 배에 탄 스타벅은 그의 복수전이 무의미하며 배에 탄 모든 선원을 죽일 것이라면서 만류한다. 작가는 단일한mono maniac 추구의 위험성을 경고하지만 그의 주인공은 사물의 양면을 모른다. 자연은 악도 선도 아니다. 마찬가지로 세상은 선과 악의 이중 구조로 이뤄져 있다. 인간도 의식과 감각의 이중 구조가 아닌가……

자식의 경험으로 내려가는 일은 왜 어려울까? 내 안에 또 다른 내가 있다는 것을 모르기 때문이다. 제임스는 "웃어서 기쁘고, 울어서 슬프고, 도망치니 두렵다"고 말했다. 그러나 아무리 제임스의 말이 옳다고 인지해도 나는 오뚝이처럼 자동적으로 반대로 생각한다. 이런 이유로 문학과 뇌과학과 심리학은 그토록 '내 안의 또 다른 나'인 감각을 섬기라고 말하고 또 말한다.

그렇다면 장소나 감각에의 집착은 옳은가.

장소와
감각에의 집착

이탈리아 토리노에 있는 호텔 앞에서는 더운 여름날에도 두꺼운 겨울 코트를 입고 길바닥에 털썩 주저앉아 있는 남자를 볼 수 있다. 옆에 놓인 빈 종이상자 속에는 늘 동전이 한 푼도 없었다. 그 길을 쭉 따라 올라가면 파란 하늘에 구름이 몇 점 떠 있고 똑 닮은 집들이 줄을 맞추어 죽 늘어서 있었다. 여행을 갔다 온 후에는 왜 골목, 음식점, 먹었던 음식들이 그렇게 떠오를까. 학회에서 있었던 강연이나 발표보다 큰 강당, 작은 강의실, 잔디밭, 학교 건물이 떠오른다. 강연이나 토론 내용은 애써봐도 잘 생각나지 않는다. 어린 시절을 회상할 때도 언제나 살던 집, 마당, 안방, 골목, 푼돈을 쥐고 달려가던 길모퉁이 구멍가게, 어스름에 넓은 밭 한가운데 있던 우물, 몹시 좁아서 낮에도 어둑했던 기다란 골목이 떠오른다. 이렇게 장소나 먹은 음식, 맛이 기억에 남는 이유는 의식이 주인이 아니라 감각이 주인이기 때문 아닐까. 기억을 저장하는 해마에는 장소 뉴런이 있다.

기억에 오래 남는 것은 감각임을 프루스트는 『잃어버린 시간을 찾아서』에서 잘 그려낸다. 그에게 회상은 레오니 고모 방에서 마시던 홍차, 그리고 홍차에 적셔 먹었던 마들렌의 맛과 함께 떠오른다. 그 맛과 향내는 사람이 죽고 기억이 희미해져도 오래 살아남는다. 감각은 나약하고 부서지기 쉽지만 동시에 그렇게 오래가는 강한 것이다. 나보코프가 타국에서 그토록 그리워한 것도 어릴 적 놀았던 장소다. 흙, 식물, 나비 등에 대한 기억은 함께 있었던 가족에게로 이어진다.

기억에 관한 뇌과학자 대니얼 색터는 프루스트의 이런 기억을 '무의식적인 기억Involuntary Memory'이라고 말한다. 의도와 상관없이 그냥 저절로 떠오르는 기억이다. 습관처럼 몸에 새겨진 것으로 원초적이고 끈질기다. 마르셀이 기억했던 마을의 종탑은 터무니없게 큰 것으로 기억에 남아 있었다. 근엄한 줄 알았던 아저씨도 시간이 지나고 보니 비밀스런 성생활을 했던 것으로 드러난다.[8] 기억된 이미지는 앞선 것과 닮은꼴일 뿐 그 자체는 아니다. 제임스가 말하듯이 오래된 기억은 그리움의 농도에 의해 부풀려진다. 단순히 시간이 경과되는 것뿐 아니라 내 기억 속에, 뇌 속에 각인된 것이다. 기억에서 주인은 의식이 아니라 감각 혹은 기억의 흔적들이라는 물질이다.

장소의 기억에 관한 아름다운 영화로 리안 감독에게 아카데미 감독상을 안겨준 「브로크백 마운틴」(2006)이 있다. 장소는 인간과 긴밀하게 밀착되어 삶을 좌우한다. 제임스는 원초적 기억 이미지primary memory-image로 장소와 감각의 기억을 강조하는데 이런 이미지는 무의식적으로 저장되고 쉽게 지워지지 않는다(1:436). 외부인의 출입이 금지된 와이오밍주의 깊은 산속, 넓은 초원 지대는 여름 한철 비밀리에 양을 방목하기에 좋다. 에니스와 잭은 우연히 일꾼으로 방목에 참여한다. 수천 마리의 양떼를 돌보는 일을 단둘이 맡게 된 그들은 처음에는 친구였다가 차츰 가까워진다. 사회로부터 격리된 숲으로 둘러싸인 넓은 풀밭은 두 사람을 양떼처럼 퇴행하게 만든다. 풀밭에서 뒹굴고 장난치지만 심심하다. 사회와 동떨어진 두 남자가 함께 먹고 자며, 밤의 어둠과 위험을 피해 한 텐트 안에서 몸을 부딪칠 때 사회적 금기를 넘어선 육체의 열정은 자연스러운 것이었으리라. 그러나 몸은 대자연 속에 고립된 외로운 젊은이들이었더라도 의식은 현실에 뿌리내리고 있었다. 둘은 곧 사회로 돌아와 제각기 현실에 적응하려고 노력한다. 미국 중부의 산골에 있는 와이오밍은 동성애가 금지된 보수적인 마을이었다.

에니스는 약혼녀와 결혼하여 두 딸의 아버지가 되고 잭은 로데오 경기에 출전했다가 부유한 집안의 딸인 로린을 만난다. 장인은 사업을 이어받기를 바라지만 잭의 마음은 언제나 브로크백 마운틴에서의 사랑을 잊지 못한다. 4년이 지난 어느 날, 에니스가 잭의 엽서 한 장을 받고 둘은 다시 산속 초원을 찾는다. 에니스는 동성애자였던 한 남자가 마을 사람들에 의해 살해된 사건을 기억 속에 새기고 있기에 늘 남들의 시선을 두려워했지만 잭은 좋은 결혼 조건을 포기하고 에니스와 맺어지기를 간절히 원한다. 잭의 간청을 물리치지만 에니스의 결혼생활 역시 행복하지 못했다. 긴 세월 동안 남몰래 한 번씩 만나 사랑을 나누는 게 두 남자가 할 수 있는 모든 것이었다.

동네에서 멀리 떨어져 에니스와 단둘이 살고자 계획을 세우던 잭은 의문의 죽임을 당한다. 누군가 동성애자를 폭행하고 죽인다 해도 아무런 저항이나 법적 보호를 받을 수 없었던 시대의 시골 마을이었다. 이 영화의 원작자인 애니 프루(1935~)는 『시핑 뉴스The Shipping News』(1993)로 퓰리처상을 수상한 미국의 여성 작가다. 그녀가 중편 『브로크백 마운틴』을 출간한 시기는 1997년이다. 미국에서 동성애 해방운동은 미셸 푸코의 영향을 받은 주디스 버틀러(1956~)가 '퀴어' 운동을 일으키면서 이슈화되었고, 그 시점은 1990년대다. 그러나 지금도 미국의 기독교 보수주의자들이나 중부와 남부의 산골 마을에서는 동성애자를 죄인 취급한다. 그러므로 에니스의 두려움과 잭의 간절한 소망은 가망 없는 꿈이었다. 이 소설의 마지막 장면은 법과 사회적 편견에 앞서 존재하는 감각의 소망을 아프게 묘사한다. 순수한 대자연과 인간의 원초적 감각은 상통하며 이념과 금기를 넘어 죽음보다 더 강했다.

잭이 죽은 후 에니스는 그의 유품과 마주하게 된다. 둘만의 삶을 꿈꾸며 마을에서 멀리 떨어진 황량한 벌판에 집을 지었던 잭, 그의 방 옷장 안에서 에니스는 잭이 걸어놓았던 셔츠를 발견한다. 브로크백 마운틴에서 잭이 입었던 셔츠인데 소매에는 에니스의 피가 말라붙어 있었다. 둘이 몸싸움 장난을 하면서 실수로 잭이 에니스의 코를 무릎으로 세게 쳤고 그때 코피가 여기저기 묻었는데 그 옷을 옷장에 간직하고 있었던 것이다. 그런데 옷이 어딘가 무거웠다. 그 소매속에는 또 하나의 소매가 숨겨져 있었다. 원작 소설은 영화보다 이부분을 더 잘 묘사한다.

에니스가 오래전에 세탁소에서 잃어버렸다고 생각했던 바둑판 무늬의 더러운 자신의 셔츠가 그 속에 끼어 있었다. 주머니는 해지고 단추는 떨어진 셔츠를 잭이 훔쳐 두 개의 셔츠를 안으로 서로 포개 하나처럼 보이게 걸어놓았던 것이다. 에니스는 그 옷에 얼굴을 파묻고 천천히 입과 코로 냄새를 들이마셨다. 희미한 연기 냄새와 산, 샐비어 향내, 짭짤하고 달콤한 잭의 체취를 그리워하면서. 그러나 진짜 냄새는 없었다. 그저 그토록 상상 속에서 그리워한 그 산의 위력, 그 산 냄새에 대한 기억뿐이었다. 그가 두 손안에 쥔 것 외에 산이 남겨놓은 것은 아무것도 없었다.[9]

산이 그에게 남겨놓은 것은 그의 기억이었다. 오직 산만이 지켜보는 가운데 잭과 나눈 시간, 사랑을 지켜주던 풀과 나무, 그리고 음식을 마련할 때 풍기던 연기 냄새, 땀이 밴 잭의 체취가 에니스의 기억 속에 깊이 새겨져 있었다. 맛과 냄새, 그리고 닿았던 몸의 감각은 연약했지만 가장 근원적인 것이기에 기억에 오래 남는다. 그것은 기억에 찰싹 달라붙는 친근감과 열정이었다. 산의 위력은 두 사람이 품었던 열정의 깊이였다. 마을 사람들의 폭력을 피해 둘만의 사랑을 꿈꾸었던 잭의 가망 없는 꿈에 에니스의 가슴이 무너지는 순간을 독자는 함께 느낀다. 감각은 의식보다 강했고 기억은 실제보다 더 리얼했다. 현실에서는 비극으로 끝났지만 이 작품은 동성애 해방에 큰 힘이 되었을 것이다. 아니, 그냥 이루지 못한 사랑 이야기라고 봐도 좋을 것이다. 혹은 그저 감각의 위력을 깨닫게 하는 문학이라고 보면 어떨까.

감각의 위력은 이처럼 사회 관습이나 법을 위반할 정도로 크다. 문학은 의식의 독자성을 의심하고 그 뒤에서 힘을 발휘하는 감각의 위력을 드러낸다. 같은 맥락에서 니체는 디오니소스의 감각적 파괴가 더 근원적 힘이라고 주장했지만, 그러나 그 위력은 아폴론의 법이 존재해야 가치가 있다. 삶을 적절히 영위하고 난 후 죽음을 맞듯이 삶이 없는 죽음은 의미가 없기 때문이다.

감각은 강력하지만 현실의 법과 손을 잡을 때만 의미를 지닌다. 최근의 뇌과학자나 심리학자들이 말하듯이 상상계적 착각은 반드시 상징계로 진입하여 주체로 거듭날 때 삶이 영위된다. 인간이 감각에 집착하고 사회로 진입하지 못하면 언어와 사회생활이 불가능한 정신병자psychoses가 된다. 의식과 감각이 서로를 인정하면서 균형을 이룰 때에만 오직 정상적인 삶이 가능하다. 장소를 떠올리는 것은 의식이고 감정을 느끼게 하는 것도 의식이다.

감각을 무시하고 의식에 집착하면 도착증을 보이거나 타인의 경험을 인정하지 못하는 독선에 빠진다. 반대로 의식을 무시하고 감각에 집착하면 자아가 형성되지 못하고 정신병에 걸린다. 그러면 집착의 치유는 어떻게 가능한가.

집착에서
집념으로

아주 먼 기억의 흔적들 속에서 초등학교 시절의 몇몇 장면을 꺼내본다. 6·25 전쟁이 끝나고 1950년대 후반, 우리는 학교 교실 시멘트 바닥에 무릎 꿇고 엎드려서 글을 썼다. 엉덩이를 하늘로 쳐들고 누런 종이 위에 칠판의 글씨를 베낀다. 울퉁불퉁한 바닥 때문에 양철 책받침이 닿지 않는 곳의 종이는 쓰는 대로 찢어졌다. 고개를 쳐들어 칠판을 보고는 다시 또 침을 연필심에 묻혀가면서 엎드려 글씨를 쓴다. 누렇고 얇은 종이에 나뭇결이 그대로 보이는 거친 연필, 그 심이 흐려서 훗날 진한 심이나 고무 달린 연필을 갖게 되었을 때 얼마나 좋았는지 모른다. 그 후론 학교 갈 때 작은 앉은뱅이 나무 책상을 옆구리에 끼고 다니게 되었다. 그리고 또 얼마간 시간이 지나 상급반에 올라가니 교실에 책걸상이 들어오고 더 이상 책상을 들고 다니지 않아도 되었다. 지금 학생들은 이해하지 못하겠지만 그때는 교실 수가 적어 우리는 아침반과 오후반으로 나누어 수업을 받았다. 이번 주에 아침반이면 다음 주에는 오후에 등교했다.

이런 나의 추억을 떠올리게 하는 영화가 있다. 「하나라도 덜하면 안 돼Not One Less」라는 중국 장이머우 감독의 영화다. 1999년에 개봉했는데 「책상 서랍 속의 동화」라고 번역되었다. 가난하고 허허벌판인 중국 쑤첸의 시골 마을에 막 초등학교를 졸업한 열세 살의 소녀가 찾아온다. 가오 선생이 어머니 병구완으로 한 달 동안 마을을 뜨기 때문에 그동안 학생들을 가르칠 대리 교사, 웨이민즈가 온 것이다. 가오 선생은 그 애가 노래도 잘 못 부르고 말수도 적을뿐더러 숫기가 없어 제대로 가르칠지 의문이 든다. 어쨌든 열악한 교육 환경을 알았던 선생은 학생이 한 명이라도 그만두는 일이 있으면 절대로 안 된다고 다짐시키고는 분필 26개를 주면서 하루에 한 개씩만 쓰라고 하곤 떠난다.

먼지가 보얀 교실 안에는 달랑 거친 책상과 걸상, 그리고 칠판이 있을 뿐이다. 스무 명이 넘는 반 아이들은 남루한 옷에 장난기가 가득 차서 선생이 칠판에 글씨를 쓰는 동안 웃고 떠들며 이리저리 오간다. 가오 선생이 떠나는 날, 웨이민즈는 학생들을 놔둔 채 트럭을 뒤쫓아간다. 저렇게 끈질기게 뒤쫓아 달려가는 이유가 뭘까 궁금해질 정도로 카메라는 그녀를 한동안 뒤쫓는다. 달리는 트럭을 멈추게 한 후, 그녀가 원한 것은 돈이었다. 월급으로 50위안을 내놓으라는 것이다. 갔다 오면 준다고 간신히 설득하면서 가오 선생은 덧붙인다. 단 한 명도 그만두는 학생이 없을 경우 10위안을 더 준다는 것이었다. 그날 이후 대리 교사는 칠판에 글씨를 쓴 후 교실 바깥에 나와 앉아 아이들이 도망치지 못하게 지킨다. 촌장이 달리기를 잘하는 학생을 뽑아 도시 학교로 데려가려 하자 끈질기게 반대하고 숨겨놓기까지 한다. 대리 교사는 돈을 위해 학생들을 철저히 감시하는데 첫날부터 그녀를 얕보고 말썽을 부리던 열한 살의 장후이커가 며칠 뒤 사라진다. 이제 그녀의 최대 임무는 그 아이를 교실로 돌아오게 하는 것이다. 한 명이라도 빠지면 약속한 급료를 못 받기 때문에.

아버지 없이 병석에 누운 엄마와 살던 장후이커는 돈을 벌기 위해 도시로 갔다. 대리 교사는 아이를 찾아오려면 도시로 가야 하는데 버스 비가 없다. 아이들과 이웃 마을에 가서 벽돌을 옮기고 돈을 억지로 받아내는데, 벽돌 숫자와 돈을 계산하는 법을 아이들이 칠판에 적는다. 현실의 문제를 풀기에 아이들은 신이 났다. "수학도 가르치는 구나"라며 촌장이 몰래 인정할 정도다. 돈이 모자라 애쓰는 어린 선생과 아이들은 어느새 한마음이 되어 서로 돕는다. 아이들의 도움으로 몰래 버스를 탔으나 도중에 차비가 없어 쫓겨나자 소녀는 먼 길을 혼자 걸어간다. 더운 날 타박타박 걷는 그녀의 끈기 하나는 정말 알아주어야 한다. 복숭아마냥 볼이 발갛게 익었다. 도시로 온 그녀는 이곳저곳 수소문하지만 쉽지 않다. 카메라는 그녀의 행로를 뒤쫓다가 가끔씩 거지가 되어 먹을 것을 구걸하는 장후이커를 비춘다.

장이머우 감독은 중국 농촌의 어려운 삶 속에서도 포기하지 않는 한 소녀의 행로를 정말 끈질기게 뒤쫓는다. 웨이민즈와 끈기 내기라도 하는 듯하다. 이제 그만 어딘가에서 행운이 나타날 법도 하건만 그녀의 고행은 계속된다. 먹물이 닳아 흐린 글씨로 아이 찾는 문구를 100장의 종이 위에 쓰다가 그것이 소용없게 되자 이제는 방송국에 가서 방송하려고 국장을 만나고자 한다. 신분증도 추천서도 없어 들어가지 못하지만 그녀는 정문을 지키고 일일이 오가는 사람에게 국장이냐고 묻는다. 머리를 굴리기보다 그냥 무조건, 무작정이다. 하룻밤을 새운다. 그토록 끈질기게 소녀의 행로를 비추는 단조로운 카메라에 관객은 지칠 법도 한데 이상하게 더 호기심이 일어난다. 왜 그럴까. 뭔가 변화가 있을 것만 같은 예감 때문이다.

드디어 방송국 국장이 그 사실을 알게 되고 소녀는 인터뷰를 통해 전파를 타 아이에게 돌아오라고 말한다. 말도 서툰 소녀의 눈물은 보는 이의 마음을 움직이고 그 장면을 본 음식점 주인의 신고로 장후이커를 찾는다. 그제야 시골 학교의 어려운 사정을 알게 된 시민들은 성금을 한다. 둘은 방송국 카메라와 함께 귀향한다. 색색의 분필이 든 상자를 몇 개나 얻은 아이들 속에서 장후이커는 비로소 그녀를 선생님이라 부른다. 과연 장이머우 감독이구나.

돈 때문에 시작한 학생 찾기는 어느 순간 진정한 교육이란 무엇인가, 진정한 선생은 어떤 것인가라는 주제로 바뀌어갔기 때문이다. 장이머우 감독은 집착과 집념의 차이를 너무나 잘 보여주었다. 만일 소녀가 약속한 돈을 더 받기 위해 사라진 아이를 찾았다면 그녀의 여행은 감동을 주지 못했을 것이다. 그러나 그 과정에서 그녀는 진정한 교육이 무엇인가를 보여주었고 그녀도 인터뷰에서 눈물을 흘리며 깨닫는다. 돈 때문이 아니라 학생 한 명을 되찾기 위해 그토록 포기하지 않았다는 것을. 돈에 대한 집착은 찾는 과정에서 어린 선생의 집념이 된다. 집착은 목표를 얻는 것에만 의미를 두는 반면 집념은 그 과정에 의미를 둔다. 목표물은 삶을 지속시키는 허상이기에 얻으면 아무것도 아닌 것으로 드러나고 다시 더 얻기 위해 가야 한다. 가는 과정은 중요하지 않다. 더 빨리 가서 얻어야 한다. 그러나 목표물이 아무것도 아닌 환상의 대상인 것을 알 때는 가는 과정을 중시하게 된다. 과정에서 무언가 얻고 깨닫는다. 삶은 죽음을 얻기 위해 가는 과정이 아닌가. 이런 사실을 알면서 고난을 즐겁게 받아들여 천천히 가는 것이 집념이다. 묵묵히, 포기하지 않고 하나의 목표를 향해 가는 웨이민즈, 그녀는 남 앞에서 말도 잘 못 하고 수줍어 노래도 잘 못 부르지만 고집 하나는 기가 차다. 그리고 그 끈질긴 인내의 과정에서 어떤 변화가 일어난다. 관객이 먼저 포기할 정도가 되어서야 길을 터주는 장이머우 감독의 솜씨, 이것이 좋은 예술작품을 만드는 그의 집념 아닐까. 집념은 사회적 가치를 지닐 때 신념이라고 표현되기도 한다.

집착은 뇌가 감각과 의식의 이중 구조로 이뤄진 것을 모른다. 그래서 감각을 무시하거나 지우려든다. 감각이 주인인데 오히려 의식을 주인으로 대접하는 것이다. 집념은 감각이 주인이고 의식은 입주자인 것을 안다. 둘이 조화와 균형을 이뤄 기억과 사유가 이뤄진다는 것을 받아들인다. 집념은 과정에서 일어나는 변화를 받아들인다. 돈의 집착에서 진정한 선생으로 거듭나는 변화는 긴 노력과 인내의 시련 없이 일어나지 않는다. 시간이 흐르고 경험이 변하며 사유가 달라지는 유동성은 가장 자연스러운 나의 마음이다. 마음은 사계절의 흐름처럼 순환한다. 뇌의 순환은 자연의 순환과 거의 같다. 그래서 뇌과학자 에덜먼에게 뇌는 '제2의 자연'이다. 그것이 그의 저서 제목이다.[10] 나뭇잎이 봄에 예쁘게 잎을 내밀었다가 가을에 아름답게 물들고 겨울이면 둥걸 속에 몸을 감추는 것은 어떤 힘에 의해서일까. 추위와 더위, 혹은 음과 양이라는 배타적 이중 구조로 자연이 이뤄져 있기 때문이다. 모든 상호 배타적 이중 구조는 순환을 이룬다. 마음은 자연을 닮았다.

감각은 집주인
의식은 입주자

마음의 이중 구조 때문에 삶 역시 좋은 일과 나쁜 일, 희망과 절망, 실패와 성공 등 상반된 일들로 이뤄진다. 문제는 이런 이중 구조를 감지하며 살 수 없기에 나는 하부 구조의 위력이 더 큰데도 불구하고 상부 구조를 대접하고 의지하면서 살아간다는 데 있다. 사회가 그것을 요구하기 때문이다. 점차 균형보다 어느 한편에 집착하는 경향이 나타난다. 의식은 좋은 일이 일어나면 기뻐하고 나쁜 일은 싫어한다. 뇌의 감각은 반대로 작용한다. 좋은 일은 당연하기에 금세 잊고 나쁜 일이 일어나면 받아들이기 어려워하며 그 아픔을 오래 간직한다. 예를 들어 사람에 대한 기대와 실망은 마음에 큰 상처를 남긴다. 연인에게 배반을 당하거나 언어폭력, 성폭력을 당하면 충격은 오래 남아 되풀이되어 떠오른다. 정상적 삶을 가로막는 트라우마다. 충격은 흐름과 균형을 상실한 마음의 병이지만 몸에도 여러 증상으로 나타난다. 이에 상담사의 조언을 구하고 약을 복용하며 잊기 위해 노력한다. 프로이트는 「애도와 우울증」(1917)에서 상실에는 두 가지 종

류가 있다고 말했다.[11]

봄에 나뭇잎이 다시 싹을 틔우려면 겨울에 죽어야 한다. 음은 대지의 힘이고 봄과 여름을 낳는 어머니다. 양은 음이 변형된 모습이다. 죽음이 삶의 동력이며, 감각이 의식의 동력이라는 의미다. 프로이트는 물처럼 흐르는 음과 양의 자연스러운 순환을 '애도'라고 표현한다. 부모님이나 가족의 죽음은 슬프다. 그러나 그런 슬픔은 시간이 지나면 자연스레 치유되고 일상의 삶으로 복귀한다. 망각의 힘이다. 이것이 애도다. 그러나 갑자기 일어나는 연인이나 동료의 배반은 마음에 극심한 상처와 충격을 남긴다. 삶을 연결하는 씨줄과 날줄의 하나가 툭 끊어져버리는 것이다. 충격과 치욕은 마음에 커다란 구멍을 남기는데, 무엇보다 후회와 자기 비난으로 인해 잊으려 할수록 더 생각나는 것이 문제다. 이것이 애도와는 다른 우울증이다.

프로이트는 우울증의 원인인 자기 비난이 대개 다른 사람보다 더 정직하고 양심적인 사람에게 잘 일어난다고 말한다. 우울증에서 벗어나려면 자신을 나무라지 말고 긍정하며 하던 일을 꾸준히 해 좋은 결과로 앞의 나쁜 경험을 덮씌우는 것이 좋다. 결국 자신감의 상실에서 나타나는 증상이기 때문에 더 좋은 일로 나쁜 기억을 덮어버리는 것이다. 한번 경험한 것은 몸에 새겨지기 때문에 사라지지 않지만 충격이나 분노와 수치심의 강도는 낮아지고 점차 떠오르는 빈도수가 줄어들기 마련이다. 이것이 자연스러운 치유법이다. 인공지능 시대에 아무리 과학이 발달해도 나쁜 기억을 지우고 좋은 기억만 인위적으로 남겨놓는다는 생각은 위험하다. 영화 「이터널 선샤인」이 보여주듯이 인위적으로 기억의 나쁜 부분을 지우는 것은 내면의 붕괴를 초래한다. 우리 마음은 물처럼 흐르고 뇌는 감정과 의식이라는 이중 장치로 되어 있기 때문에 사계절이 바뀌듯이 자연스럽게 다른 경험들을 쌓는 것이 좋다. 제임스가 말했듯이 자연스러운 망각은 신의 축복이다.

연인에게 배반당한 상처는 다른 연인을 사랑하면 치유된다. 인성에 대한 불신에서 오기 때문에 반드시 누군가의 사랑을 받아야 되는 것이 아니라 그저 타인에 대한 사랑의 감정이 다시 일어나면 치유가 시작된 것이다. 사랑의 감정은 나에게 삶의 의미를 주고 나를 높이 올려놓는다. 사랑하는 감정은 대상을 향한 것이지만, 소중한 것은 대상보다는 그런 감정 자체다. 장이머우 감독의 영화에서 보듯이, 라캉이 욕망 이론에서 말하듯이, 대상은 나를 살게 만드는 욕망의 미끼일 뿐 실체가 아니다. 일과 관련하여 다른 사람에게 배반당한다면 후회와 증오 속에서 사는 것보다 더 열심히 일해 성취의 기쁨으로 상처를 치유하는 것이 자연스럽다. 겨울과 여름이 교차하면서 음양의 조화로 자연이 순환하듯이 인연과 악연은 동전의 양면처럼 존재한다. 상처에 집착하고 매달리지 않는 한, 상처가 있으면 반드시 치유도 있기 마련이다.

프로이트는 『문명 속의 불만』에서 당신이 만약 예술가도 과학자도 아니라면 삶의 무게를 덜기 위해 종교를 갖는 것이 좋을 거라 말했다. 불교 신자는 아니지만 나는 한때 종범 스님의 말씀을 들으면서 마음의 평화를 찾은 적이 있다. 마치 도 사상이나 심리학, 아니 뇌과학에 대해 듣는 것 같았다. 그는 우리가 근과 식으로 이뤄져 있다고 말한다. 근은 눈, 코, 입, 귀, 손끝의 오각이고 식은 오각을 분별하는 의식이다. 지금까지 강조해온 감각(혹은 기억의 흔적)과 의식의 이중 구조와 다르지 않다. 근은 감각에 해당되고 식은 이를 분별하는 의식에 가깝다. 그는 이것을 저장식과 분별식이라고도 했다. 기억의 저장소와 의식의 이중 구조라니, 여태 반복해온 말이다. 그런데 이 의식은 늘 바쁘고 편할 날이 없다. 일어난 일, 실제로 일어나지 않는 일에 대한 걱정과 망상이다. 많은 것을 가진 사람일수록 걱정이 많다. 잃을 것이 많기에 두려움도 커진다.

종범 스님에 따르면 두려움은 아지랑이와 같다. 분노, 슬픔은 억누르려 하지 말고 폭발시키지도 마라. 그저 아지랑이 속으로 묵묵히 자신이 가야 할 길을 가는 것. 지구의 세포와 같은 우리 자신, 삶도 죽음도 다시 그 세포로 환원되는 것이니 그리 슬퍼하지 마라. 나는 오직 바람, 산, 나무, 동물 등 나를 둘러싼 환경과의 관계 속에서 존재할 뿐이다. 하이데거는 이것을 '조율attunement'이라고 했다. 나는 물질의 일부이고 물질과 조우하며 살아간다. 그렇기에 나는 이미 고향에 살고 있는데도 늘 고향을 그리워한다. 고향 나그네이다. 따라서 성취가 아니라 자족이 중요하다. 종범 스님에게 만족이란 추구가 아닌, 추구를 멈추고 있는 그대로를 받아들이는 것이다. 나의 본성은 법성이다. 법성을 깨닫는 것은 집착에서 벗어나 해탈하는 것이다.

그는 우리가 인연을 잘 만들고 업을 잘 쌓으면 된다고 말한다. '자업자득'이라는 말처럼 업이란 좋은 경험을 쌓는 일이다. 깨달음은 지혜이고 깨달음을 얻으면 삶과 죽음의 차이가 없어진다. 진정한 나는 없다. 나무가 나무 아닌 것으로 만들어지듯이 나는 '나 아닌 것'으로 만들어졌기 때문이다. 내 안의 또 다른 나는 물질이다. 그러므로 죽음이란 내 몸이 몸 밖의 몸으로 돌아가는 것, 작은 몸이 큰 몸과 하나 되는 고향 가는 길이다.

종범 스님에 따르면 지금 내가 있는 이 자리가 바로 극락임을 깨닫는 것이 지혜다. 마치 소를 타고 가는 사람이 소가 있다는 말에 소를 찾아 헤매다가 문득 자신이 타고 있는 것이 소임을 깨닫는 것과 같다. 생각이라는 거품을 걷어내고 실체(극락)를 보는 것을 공안이라고도 한다. 죽음을 앞둔 무학 스님에게 제자가 물었다. 죽는 순간에 죽지 않는 것이 무엇인가요? 그는 젊은이를 가리키며 말했다. "저 사람이 죽지 않은 것이다." "몸은 사라지는데 사라지지 않는 것은 무엇인가요?" 그가 답한다. "몸과 불성이 하나요, 둘 다 사라지지 않는다. 불성을 깨달으면 몸이 죽지 않는다. 그저 상만 바뀔 뿐이다."

늙은 스님이 옷을 지어주니 젊은이가 "부모님이 지어준 것 외에는 안 입는다"며 거절했다. 스님이 물었다. "그럼 태어나기 전에는 어떤 옷을 입었는가?" 젊은이는 아무리 생각해도 그 대답을 몰라 도인을 찾아가 물었다. 도인은 답한다. "여름에는 여름옷을 입고 겨울에는 겨울옷을 입지요." 답은 그저 바로 눈앞에 있는데 우리는 이리 저리 깊이 생각하며 미혹에 빠진다. 하이데거는 테크놀로지의 지나친 발달을 우려하면서 이렇게 말했다. 멀리 가는 기술의 발달은 가장 가까이에 있는 진실을 보지 못하게 한다. 감각을 되살려 가장 가까이에 있는 것을 볼 줄 아는 지혜란 무엇인가. 바로 내 마음(뇌) 안에서 일어나는 일들이 대자연의 은총과 같다는 것을 깨닫는 길이다.

집착은 허상에 쫓길 때 일어난다. 라캉은 욕망의 철학에서 마음을 비우라고 말하지 않는다. 대상을 추구하는 욕망desire은 나를 움직이는 동력이기 때문이다. 마음속의 텅 빈 공허, 불안을 충족시키려면 대상 추구는 불가피하다. 그 대상은 불안을 충족시킬 것 같은 이상형이다. 불안을 투사한 대상이기에 얻고 나면 그때뿐, 다시 공허가 생긴다. 살기 위해서는 그보다 더 높은 대상을 원하게 된다. 마음을 비우라는 것은 대상을 향한 집착을 버리라는 뜻이다. 더 빨리 얻기 위해 수단 방법을 가리지 않거나 얻지 못하면 대상을 파괴하려는 충동은 모두 집착이 낳은 질병이다.

내 안의 또 다른 나인 감각의 존재를 존중하고 저장소를 인정하면 어느 한쪽에 지나치게 치우치지 않는다. 음양의 상호 배타적 존재를 인정하는 길이다. 우리는 왜 고독한지, 착각은 왜 피할 수 없는지, 후회와 집착은 왜 나를 유혹하는지…… 이 모든 증상의 원인은 의식이 주인이면서 동시에 아니라는 데 있다. 의식은 문패를 붙이고 사는 입주자다. 그러나 실제 집주인은 감각이다. 같은 집인데 집주인과 입주자가 다르기에 삶은 그리 녹록하지 않다. 그러나 이런 이중 구조를 깨닫는 길이 정상적인 마음의 균형을 이루고 사는 길이다.

방향이 동서남북으로 설정되어 있는 것처럼 자연은 상하좌우로 소통한다. 뇌가 자연을 닮았다는 것은 상하의 소통뿐만 아니라 좌우의 소통 역시 중요하다는 의미다. 계몽주의의 역사는 효율성을 중시해 오른손을 '옳음'으로 받들고 왼손을 '그름'으로 여겨 천시했다. 의식은 '옳고' 감정은 '그름'으로 억눌렀던 것이다. 지금은 그렇지 않지만 예전에는 아이가 왼손으로 밥을 먹으면 어머니는 큰일로 생각하여 오른손으로 먹도록 고치려고 무진 애를 썼다.

오른손을 조정하는 왼쪽 뇌는 논리와 합리성을 주로 담당하고 왼손을 조정하는 오른쪽 뇌는 정서와 전체적 통합을 담당한다. 능률과 합리성을 위해 오랫동안 인류는 왼쪽 뇌를 숭배했다. 그러나 최근의 여러 학자는 오른쪽 뇌의 중요성을 강조한다. 오른쪽 뇌는 사물의 전체 윤곽을 볼 수 있고 공감을 일으키는 거울뉴런을 품고 있다. 최근에 지나친 능률 숭배와 목표 추구가 마음의 갖은 병을 낳자 대니얼 시걸이나 이언 맥길크리스트를 비롯한 심리학자들은 공감의 중요성과 함께 오른쪽 뇌의 중요성을 주장하기에 이르렀다.[12]

공감은 진화의 산물이면서 문화 창조의 원동력이다. 타인과의 소통, 문학의 감상 등 공감은 사회성 발달에 있어 가장 중요한 기능이다. 기억의 흔적과 의식이라는 뇌의 이중 구조로 진화한 인간은 지혜를 가진 만물의 영장이 되었지만 다른 한편으로 탐욕, 집착, 부패, 잔인함, 그리고 자연의 약탈로 얼룩진 부정적 측면도 함께 드러냈다. 부정적 측면을 줄이고 긍정적 윤리를 연습하는 가장 고급의 뇌 기능은 공감empathy이라는 은총이다. 다음 장에서 이에 대해 알아본다.

5 장

나는 어떻게
공감하는가

영화 「다이하드」 1편을 볼 때 나는 손으로 눈을 가린다. 브루스 윌리스가 높은 빌딩을 점령한 악당과 싸우는 내용인데 유리창이 깨져서 파편이 바닥에 쌓인 장면이 자주 클로즈업되며, 그때마다 내 발바닥에 짜릿한 느낌이 오기 때문이다. 의사가 주삿바늘을 꽂는 장면이 클로즈업될 때도 눈을 가린다. 마치 내 팔에 주삿바늘이 들어가는 듯 느끼기 때문이다. 모든 관객이 나처럼 눈을 가린다면 감독이 그런 장면을 즐겨 담지는 않을 것 같다. 누군가는 내가 유난히 예민하고 겁이 많은 탓이라고 말할 것이다. 그렇다면 하나 질문하고 싶다. 왜 당신은 내가 하품을 하는데 따라하나요? 왜 신 포도를 먹는 내 찡그린 표정을 보고 당신이 몸서리를 치나요? 딸애는 텔레비전에서 어떤 음식을 만드는 장면이 나오면 입맛을 다시며 꼭 저걸 해먹을 거야라고 벼른다.

텔레비전의 코미디 프로는 적절한 장면에 배경 웃음을 즐겨 사용한다. 관객의 웃음을 들으면 너도 이쯤에서 웃어줘야 한다는 것이다. 마치 슬픈 배경 음악이 눈시울을 적실 때처럼 웃으라는 장면에서 나는 대부분 따라 웃는다. 우리 속담에 종로에서 뺨 맞고 을지로에 와서 화풀이한다는 말이 있다. 일단 흥분하거나 분노하면 그 기분이 연속되어 엉뚱한 사람에게 폭발하곤 한다. 기분의 감염이다. 하품, 웃음, 눈물, 분노, 식욕, 성욕 등 바라보거나 듣기만 하는데 왜 실제 행동할 때와 같은 몸의 반응이 올까. 기분은 왜 쉽게 감염될까? 원숭이도 내가 바나나를 집으면 내가 먹을 것인지 자기에게 줄 것인지 내 몸짓으로 알아챘다고 한다. 이 모든 일은 뇌의 한 가지 특징에 의해 일어난다. 공감empathy이라는 기능이다.

그러나 공감은 단순히 남이 하는 것을 따라하는 것만이 아니다. 흔히 '동의한다'는 뜻과 같은 의미로 쓰이지만 공감은 이보다 훨씬 더 복잡한 의미를 지닌 심리학 용어다. 그것은 내 뇌가 생물학적으로 진화했다는 사실을 증명한다. 고독, 착각, 후회 등의 감정이 일어나는 원리와 같기에, 감정과 의식의 이중 구조에 의해 생겨나는 감흥이다. 공감은 내가 자의식을 가진 동물임을 설명하는 최상의 인문학적 용어이기도 하다.

아리스토텔레스는 인문학자이면서 생물학자였다. 그는 인간이 사회적 동물이라고 말한다. 그리고『시학』에서 예술을 창조하는 동력이 어린 시절부터 마음속에 심어진 모방 본능이라고 밝혔다. 극의 플롯은 행동의 모방이고 우리는 모방된 것을 즐기는 본능이 있다. 이 두 가지 진실을 하나로 모으면 어떤 결론이 나올까? 인간은 사회적 동물로서 모방 본능을 갖는다. 아니, 모방 본능은 나를 사회적 동물로 만든다. 하품을 하거나 입맛을 다시거나 발바닥이 찌릿한 것은 남을 흉내 내는 즐거운 본능mimicry이다. 어떤 나비는 포식자를 피하기 위해서 죽은 낙엽과 똑같은 색깔 및 무늬를 가지고 능청스럽게 낙엽 가운데 누워 있다고 한다. 다윈은 이 현상을 나비가 포식자의 눈을 피하기 위해서 위장한다고 설명했다. 그러나 이에 대한 반론도 적지 않다. 모든 동물에게는 다른 것을 흉내 내고 싶은 본능이 있다. 더 아름다운 어떤 것이 되고 싶은 본능이다. 왜 목숨 걸고 성형 수술을 하며 문신을 하고 귀와 코에 구멍을 뚫는가. 생존 본능을 넘어서 모방에 대한 본능이 있다. 내가 나이고 싶지 않은 본능, 맨살을 감추기 위해 인류는 면직물과 비단을 얼마나 많이 만들어내고 소비했을까. 블라디미르 나보코프는 주장한다. 생존만을 위한 것이라면 나비가 그토록 정교한 색채와 무늬의 속임수를 창조해내지 않는다고.[1]

벤야민은 「이야기꾼」(1936)이라는 글에서 최초의 이야기꾼으로 헤로도토스를 꼽았다. 그가 쓴 『역사』의 제3권 14장에는 이런 이야기가 나온다. 이집트 왕 사메니투스는 전쟁에서 페르샤의 왕 캄비세스에게 패한다. 캄비세스는 포로로 잡힌 적군의 왕을 거리에 세워놓고 그의 가족과 하인이 처형되거나 추락하는 모습을 보여주어 왕이 수모를 겪도록 한다. 왕녀였던 딸이 하녀가 되어 물동이를 들고 나타난다. 그러나 사메니투스는 미동도 하지 않고 자신의 위엄을 지켰다. 이번에는 아들이 처형장으로 끌려간다. 왕은 여전히 표정 하나 변함없고 꿈쩍도 않았다. 그는 치욕을 겪지만 미동도 하지 않았다. 그런 그가 마지막에 눈물을 흘리며 울음을 터트린 것은 포로 행렬 속에서 늙고 마르고 초라한 하인의 모습을 본 순간이었다. 왜 그랬을까. 헤로도토스는 이야기의 알맹이만 전달하고 해석을 덧붙이지 않았다. 그래서 듣는 이가 자기 상황에 따라 갖가지 해석을 내린다. 이것이 지혜다. 이야기는 수천 년 동안 밀폐된 피라미드의 방에 놓인 한 알의 씨앗처럼 시간이 흘러도 여전히 맹아적 힘을 보존하며 전수된다.[2] 왜 늙고 초라한 하인의 모습을 보고 왕의 마음이 흔들렸을까.

벤야민은 오늘날 우리가 겪고 있는 정보사회의 문제점을 예견하고 있었다. 미디어의 발달로 우리는 수많은 정보에 노출된다. 그런데 이 정보는 이미 해설이 붙거나 증명된 후 전달되는 까닭에 듣는 이에게 판단의 지혜를 주지 않는다. 해설 없는 알맹이만 듣고 싶다. 듣는 이가 해석할 공간을 달라. 가짜 뉴스가 판을 치고 증명을 요구하지만 우리는 그럴수록 내가 해석할 공간을 잃는다. 벤야민은 아우라가 있던 시절을 떠올리면서 해석의 공간을 주는 이야기꾼을 그리워했다. 다시 사메니투스 왕의 이야기로 돌아가보자. 왜 왕은 초라한 하인의 모습을 보고 비통하게 울음을 터트렸을까. 여러 해석이 가능하겠지만 공감에 대해 이야기하는 지금 나의 해석은 이렇다. 왕은 늙고 초라한 하인의 모습에서 바로 자기 자신의 모습을 보았던 것이다.

오늘날 심리학과 뇌과학에서 공감은 주요 화두다. 예부터 늘 있어왔지만 20세기 초반에 어원이 시작된 이래 1990년대 초 거울뉴런의 발견으로 공감은 마음을 설명하는 용어가 되었다. 배런코언이 말하듯이 공감은 무기, 종교, 법, 체벌보다 갈등을 해소하는 데 더 효과적이라고 알려져 있다.[3] 사메니투스 왕이 늙은 하인의 모습에서 초라한 자신을 보면서 그의 입장을 이해하듯이 공감은 자의식을 가진 인간의 특성이다. 아, 내가 왕이었을 때 그에게 잘해줄 것을…… 고독하고 착각하고 후회하고 집착하는 인간은 공감하는 인간이다. 회상, 인지, 상상력, 공감이 어떻게 비슷한 부위에서 일어나는 뇌의 기능인지 알아보자.

하품을
따라하는 이유

19세기 말에서 20세기 초에 활동했던 심리학자 프로이트, 윌리엄 제임스, 그리고 에드워드 티치너는 미국의 클라크대학에서 열리는 학회에 함께 참석한 적이 있다. 프로이트가 최초로 미국에서 강연을 했던 때다. 이 세 사람은 당대에 내로라하는 심리학자들로 생물학, 생리학, 뇌과학 등 자연과학으로 인간의 마음을 밝히려 했다. 왜 위에 적힌 순서대로 우리에게 알려졌을까. 일반 대중은 비록 그의 이론을 오해할망정 프로이트를 안다. 그러나 제임스는 조금 생소하고 티치너라는 이름은 아주 낯설어한다. 이름을 잘 지어야 하나? 프로이트는 애초에 뇌과학자로 출발했지만 그 바탕 위에서 인문학을 끌어들였고 정신분석이라는 흥미로운 영역을 개척했다. 제임스는 후기에 철학으로 돌아서서 미국 실용주의 철학과 유럽 현상학의 시조가된다. 티치너는 끝까지 과학적이고 실험적인 심리학을 주장했던 사람이다. 과학을 인문학적 시각으로 얼마만큼 융합했는가에 따라 우리에게 더 잘 알려진 이유는 뇌과학이 곧 인문학이기 때문이다. 뇌는 마음이고, 마음은 기억하고 창조하면서 삶을 이끌어간다.

그런데 '공감'이라는 용어가 나오면 어김없이 티치너라는 외우기 힘든 이름이 등장한다. 그는 1909년 독일어 Einfühlung를 'empathy'라고 이름 붙였다. 그리고 타인의 입장이 된다는 원래 의미에 너 자신을 네가 지켜보는 것에 투사한다는 의미를 덧붙였다. 오늘날 핫 이슈인 '거울뉴런'을 떠올리게 한다. 거울뉴런은 '기능적 자기공명영상fMRI'과 '양성자방출단층촬영PET Studies' 등 뇌 속을 들여다보는 테크놀로지가 발달하게 되는 1990년대의 산물이다. 그리고 정치적 개혁운동이 주를 이룬 포스트모던 문화 연구가 슬쩍 마음을 바꿔 과학과 문학을 융합하는 새로운 패러다임을 선보인 것도 이즈음이다.

1996년 이탈리아의 뇌과학자인 자코모 리촐라티와 비토리오 갈레세는 원숭이가 바나나를 집을 때와 인간이 그것을 집는 것을 지켜볼 때 뇌에서 같은 반응이 일어나는 것을 알게 된다. 그리고 불이 반짝 들어오는 뇌 부위가 인간의 뇌 부위와 같고 그곳이 언어를 담당하는 브로카 영역Broca area이라는 것도 발견한다. 그들은 이것을 거울뉴런이라 이름 붙였다. 대상 속에서 자신을 본다는 것이다. 대상의 의도를 파악하려면 우선 대상의 행위를 흉내 내야 한다. 하품을 하면 따라하고 맛있는 음식을 먹는 것을 보면 마치 내가 먹는 듯이 침이 고인다. 포유동물의 생리적인 현상은 바라볼 때나 실제 행동할 때나 비슷한 반응을 일으킨다. 타인의 행동을 마치 내가 하는 듯이 느껴야 그의 의도를 파악할 수 있기 때문이다. 동물에게는 소통이 몸짓으로 나타난다. 그러나 인간은 몸짓을 넘어 언어를 사용한다. 타인의 의도를 파악하고 그에 대응하는 자의식이 있기 때문이다.

언어는 고독한 자의식의 인간이 타인과 관계 맺으며 사회적 동물이 되는 필수 조건이다. 동물은 몸짓에서 멈추지만 인간은 진화하여 타인의 의도를 파악하고 반응하는 수단을 창조한다. 라캉은 '랄랑그lalangue'라는 용어로 말 속의 몸을 강조하고 메를로퐁티는 '키아즘Chiasm'이라는 용어로 몸이 타인과 교감하는 원초적 근원이라고 밝혔다. 포유류에게는 몸짓의 언어가 있을 뿐, 인간의 언어와 같은 교류 시스템이 없다는 것은 무엇을 의미할까. 동물과 인간의 공감 범위와 의미가 달라진다는 것이다. 진화에 따른 자의식의 출현은 어떤 공감을 낳을까. 최근 영화 가운데는 공감의 순간을 기막히게 포착하는 장면들이 있다

「스파클Sparkle」이라는 영국의 로맨스 코미디가 있다. 돌이킬 수 있는 실수와 고칠 수 있는 후회를 담은 영화로 2007년에 제작되었다. 젊은 청년 샘은 가수 지망생 어머니 질과 함께 도시로 이사 온다. 작은 클럽에서 노래하던 질에게 반한 중년 사내 빈스에게는 부자 형인 버니가 있었다. 버니의 도움으로 샘은 일자리를 얻고 그의 아파트에 세 들어 살게 된다. 파티에서 웨이터로 일하던 샘은 회사 여사장 실라와 잠자리를 하고 그녀의 회사에 취직된다. 그리고 그녀가 베푼 광고주 파티에서 케이트를 알게 된다. 둘은 서로 사랑에 빠진다. 그러나 샘은 케이트가 실라의 딸이라는 사실을 알게 되고 당혹감 속에서 실라와 결별하며 해고까지 당한다. 케이트는 어머니 실라를 싫어해 삼촌과 살았던 것이다. 케이트는 어머니와 샘 사이를 의심하지만 샘은 차마 고백하지 못한다.

빈스는 가수가 되고 싶어하는 질을 위해 라이브 공연을 위한 전단

지를 만든다. 한편 케이트는 샘과 엄마의 성관계를 의심하다가 그 사실을 알고 헤어진다. 직업도 연인도 잃은 샘은 케이트에게 용서를 구하지만 헛수고다. 케이트는 실라와 버니 사이에서 낳은 딸이었다. 버니의 장례식에서 빈스는 케이트의 고백을 듣고 샘을 나무라며 다시 용서를 구하라고 말한다.

예전에 버니와 빈스는 부친에게서 똑같은 집을 물려받았었다. 형은 그것을 개조해서 팔고 그 돈을 계속 투자해 큰 부자가 되었던 반면 동생은 멍청하게 아무것도 하지 않았다. 그러나 버니는 불행했고 일찍 죽는다. 빈스는 케이트와 샘을 다시 맺어주고 자신이 흠모하는 질의 사랑을 얻는다. 형은 부자였고 화려했으나 행복하지 못했고 동생은 가난하고 숫기도 없었으나 행복을 얻는다. 더스틴 호프먼의 「졸업」과 흡사한 부분이 있지만 재능과 나이에 상관없이 하고 싶은 것을 한다는 중년의 질과 빈스의 가능성이 이 영화의 주제다.

그런데 여기서 참았던 질문 하나가 튀어나온다. 케이트는 샘과 실라의 관계를 어떻게 알게 되는가. 무엇이 반짝하고 튀기에 제목이 '스파클'인가. 뇌에 불이 번쩍 들어오며 그녀가 알아채는 계기는 고백이 아니라 무의식적인 행동이었다. 아스피린을 달라는 케이트의 다급한 말에 샘은 자동적으로 실라의 부엌 찬장 문을 연다. 그 순간 엄마의 집을 자기 집처럼 훤히 아는 샘을 본 케이트는 그들 사이에 성관계가 있었음을 알아챈다. 아차, 그 순간 샘도 들킨 것을 알아챈다. 몸의 습관에서 오는 자동적인 반응은 의식보다 정확했다. 이것이 이야기의 반전을 끌어내는 공감의 순간이다. 공감은 말보다 한발 앞서 몸이 있다는 증거다. 말은 이 강력한 몸의 반응을 결코 억누르거나 제거하지 못한다. 2014년에 이뤄진 공감의 정의는 다음과 같이 3단계다. 첫째, 타인이 느끼는 것을 느낀다. 둘째, 타인이 느끼는 것을 안다. 셋째, 타인의 고통을 줄이려는 의도를 갖는다. 이제 이런 단계를 좀더 자세히 살펴보자.

뇌과학과 현상학을 융합하는 갈레세는 늘 거울뉴런을 현상학의 입장에서 고려한다. 현상학이 제임스의 심리학에서 나왔기 때문이다. 그는 「공감의 뿌리The Root of Empathy」(2003)에서 인간과 원숭이의 거울뉴런은 같은 부위이고 따라서 언어 이전에 몸짓의 소통이 있었다고 말한다. 거울뉴런은 언어를 담당한다고 알려진 브로카 영역으로, 진화가 일어난 곳이다. 예를 들어 18개월 된 유아는 엄마의 어떤 행동이 미처 끝나기도 전에 엄마의 의도를 파악한다. 어떤 행동을 지켜볼 때와 직접 그 행동을 할 때, 그 행동의 의도를 상상할 때 강도와 부위가 조금 달라져도 모두 뇌의 특정 부분이 활성화된다. 축구 시합에 열광하는 것도 내가 선수의 의도를 파악하기 때문이다. 축구공을 몰고 갈 때 그 이미지가 즉시 자동으로 뉴런에 시뮬레이션으로 나타나며 어느 편이든 공을 넣으려 접근하면 나는 자지러진다. 말 이전에 몸이 소통의 근원이었다. 주체는 태어나는 순간부터 상호 주관적이고 관계 속에서 성장한다. 그렇기에 사회적 소통이 약한 자폐증 환자는 이 영역의 활성화가 현저히 약한 것으로 드러난다(Leslie Brothers 13).

거울뉴런이 있는 곳은 뇌의 가운데 부분으로 변연계the limbic system라 부른다. 포유류와 인간이 공유한 영역이다. 공포를 조절하는 편도체Amygdala와 기억을 저장하는 해마가 이것의 주요 부분이다. 오직 인간만이 고차원의 정보 처리를 위해 신경망들이 수렴되는 전두엽과 두정엽 등의 연합 영역인 변연계를 갖는다. 특히 변연계에서 우측 편도체는 공포를 조절하는데, 이 균형 감각이 후에 발달하는 좌뇌의 언어 발달과 전두엽 피질에 중요하다. 우뇌에 저장되는 암묵적 기억들이 없으면 사물의 전체 윤곽을 볼 수 없다. 감정을 중계하는 편도체는 의식과 무의식을 연결한다.

러시아에 여행 가면 기념품 상점에서 독특한 인형을 보게 된다. 무늬를 넣어 색칠한 목각 인형이 있는데, 목을 돌려 열면 그 속에 작은 인형이 들어 있고 그것의 목을 돌리면 그보다 더 작은 인형이 또 들어 있다. 꺼내면 또 나오는 많은 비밀이 숨겨진 신비한 어떤 구조, 바로 우리 뇌를 연상시킨다. 제일 안쪽에 들어 있는 인형이 원초적인 핵이다. 그다음 인형이 변연계다. 편도체와 해마, 시상이 들어 있는 뇌의 중간 부분이다. 그리고 겉의 인형이 가장 늦게 진화된 부분으로 회상과 지적 사유를 가능케 하는 전두엽을 비롯한 신피질이다. 의식이란 무엇인가. 제일 안쪽 인형과 겉 인형 사이에 다리를 놓는 가운데 인형이다. 부지런히 안팎의 정보를 전달하고 저장 인출하는 뉴런들의 연합 작전을 맡은 곳이다. 프란스 더발은 러시아 인형에서 가장 깊은 속을 감정의 감염으로 대상과 동일시하는 것, 중간 인형은 타인에 대해 관심을 갖는 자아, 그리고 가장 겉 인형은 관점을 취하는 것perspective-taking이라고 표현했다.[4]

뇌는
사과를 닮았네

이번에는 데브 팻나이크가 언급했듯이 우리가 좋아하는 과일로 예를 들어보자.[5] 사과는 껍질과 달콤한 과육 및 씨로 이뤄져 있다. 먼저 사과 씨 부분이다. 뇌의 진화 과정에서 맨 먼저 출현한 부위는 '파충류의 뇌'다. 뱀이나 지렁이의 뇌는 숨을 들이쉬고 맥이 뛰는 기능을 조절하여 생명을 유지하며 통증, 시각, 공포의 감정을 담당해 적을 만나면 싸울 것인지 도망칠 것인지 결정한다. 식욕과 성욕 이상의 배려나 도덕은 없다. 이구아나는 다른 이구아나를 깔고 앉고, 새끼 악어는 어미 악어에게 잡아먹히지 않으려고 죽을힘을 다해 내달린다. 가족이나 동료의식 등 배려가 없이 그저 이기적으로 개체의 생명을 보존한다. 물론 공감도 느끼지 못한다. 사과 씨에 해당되는 가장 가운데 부분이 인간의 경우는 소뇌. 심장과 폐를 담당해 생명을 유지하고 식욕, 감각, 성욕 등 가장 기본적인 생존 기능을 담당한다. 원초적 감각, 정서, 식욕과 성욕 등 우선적이고 강력한 기능을 지닌 부위다. 만물의 대장인 인간은 언제나 파충류의 뇌를 존중하고 배려하며 눈치 보고 타협해야 생명을 연장할 수 있다는 아이러니를 가지고 있다.

이번에는 과육인데, 가운데 부분으로 가장 맛있다. 그러나 가운데는 씨와 껍질을 연결하는 부분이므로 먼저 껍질부터 알아보자. 껍질은 수만 년에 걸쳐 가장 늦게 진화한 인간의 뇌다. 신피질로, 지적인 기능을 담당한다. 해마가 부지런히 이곳저곳에 저장해놓은 경험의 저장고들이 즐비하고 그 가운데 알맹이는 유산으로 후세에 물려주기까지 한다. 배움을 얻고 인지와 판단, 예측, 분석을 내리는 등 고차원의 상상력을 갖게 되는 것은 이 부분 때문이다. 쥐는 이 부분이 아주 얇지만 인간은 뇌의 80퍼센트를 차지할 만큼 두껍다. 이른바 의식의 진화를 뒷받침하고 의식을 보호하는 두꺼운 사과 껍질로 인류가 언어, 문화, 그리고 역사를 창조한 동력이다. 입맛에 당기지 않아도 영양가가 많다고 하여 억지로 먹는 게 사과 껍질 아니던가. 알고보면 내가 의무감으로 공부를 하는 이유는 다 있다.

이제 사과 씨와 껍질 사이의 달콤한 과육에 대해 알아보자. 우리가 가장 먹고 싶어하는 이 달콤한 유혹을 '포유류의 뇌'라 부른다. 정부 주요 기관들이 있는 세종시와 비슷하다. 경험을 저장하는 해마, 의식에 해당되는 시상 그리고 공포의 감정을 조절하는 편도체로 이뤄진 소위 변연계다.[6] 공감과 감동, 타인의 의도를 파악하고 배려하는 기능을 담당한다. 원숭이에게는 거울뉴런이 있어 공감이 가능하다. 개를 애완용으로 기를 수 있는 것도 몸짓의 언어가 있고 주인의 마음을 읽기 때문이다. 주인이 피곤하거나 기분이 안 좋으면 조용히 기다리고, 꼬리를 흔들어 주인을 반기는 그 충성심은 인간의 것보다 더 깊다. 그러나 사과 껍질 부분이 얇아 그 이상의 상상력이나 인지와 판단, 분석을 내리지 못한다. 그저 복종하고 귀여운 짓을 하며 제나름대로 열심히 머리를 굴린다. 복잡한 주인의 마음을 위로해주고 스트레스를 낮추기에 딱 알맞은 이유다. 의식의 진화는 이 부분과 겉껍질 사이의 연합에 의해 이뤄진다. 공감은 물론이고 기쁨, 슬픔, 애착, 연민, 공포 등의 감정을 느끼는 것도 이 부분이 있기 때문이다.

이런 논리에 따르면 인간의 삶은 그리 행복한 게 아니다. 과육보다 사과 껍질이 그렇게나 두꺼우니 무슨 사과 맛이 제대로 날까. 원래 과일의 주인은 달콤한 과육이다. 그런데 문명이라는 이름으로 껍질이 주인 행세를 하려고 한다. 그러니 문제가 아주 복잡해진다. 아니, 이보다 더 큰 문제는 제일 가운데 씨앗이 자기가 진짜 집주인이라고 주장하는 것이다. 가장 먼저 태어났으나 과육과 껍질에 가려 빛을 발하지 못한다고 불평한다. 그리고 계속 무시당하면 실제로 문제를 일으킨다. 가운데 과육은 어떤가. 소위 의식이라는 이름으로 진화의 꽃이라고 주장한다. 세 부위가 제각기 순서대로 나란히 존재하지 않고 겹으로 둘러싸고 있으며, 가운데가 위아래를 연결하는 중심이다보니 문제가 복잡하다. 셋이 형이니 아우니 싸우면 마음의 균형이 깨진다. 우리가 상처받기 쉬운 것은 마음이 이렇게 섬세하고 부서지기 쉬운 체계를 이루고 있기 때문이다. 문명이라는 껍질은 아우인 의식을 형인 감각보다 더 잘 대접한다. 효율성과 합리성이라는 계몽의 이름으로서 말이다. 그래서 제임스는 「감정이란 무엇인가」에서 행복해서 웃는 것이 아니라 "웃기에 행복하다"고 형을 앞세워보지만 아우는 오뚝이처럼 거의 자동으로 발딱 다시 일어선다. "당연히 행복해서 웃는 거지, 안 그래?"

아우와 형은 이런 뒤바뀐 입장에 있기에 서로를 인정하고 협력해야 한다. 상호 협력에는 뇌의 상부와 하부의 균형뿐 아니라 좌우 균형도 포함된다. 웃기에 행복하다는 말이 어색하게 들리듯이 왼손은 오른손에 비해 매사에 서툴다. 오른right손은 옳다는 뜻으로 해석된다. 그러나 왼손을 관리하는 오른쪽 뇌가 더 먼저 태어난 형이다. 그래서 감정과 전체 윤곽을 담당한다. 오른손을 관리하는 왼쪽 뇌는 늦게 태어난 아우다. 그러나 능률과 합리적 사고 등 문명의 발달과 관련되어 매사에 앞장선다. 불안, 불면증, 어지럼증, 우울증 등 거의 모든 현대 정신 질환의 원인은 상하좌우의 균형이 깨질 때 나타난다. 사과 씨가 없으면 생명이 태어나지 않고 신피질이 없으면 문화적 인간이 될 수 없다. 과육은 상하를 연결하고 균형을 취하며 이 균형 감각에 의해 정상적인 공감이 이뤄진다. 과육(변연계)이 온전해야 껍질도 씨도 보존된다.

  미국의 텍사스 오스틴 대학에서 1966년에 끔찍한 총기 난사 사건이 벌어졌다. 해병대에서 저격수로 있다가 제대한 후 대학에서 건축학을 공부하던 스물다섯 살의 청년 찰스 휘트먼은 8월 1일 대학의 시계탑에 올라가 아래를 내려다보면서 행인을 향해 마구 총을 쏘았다. 그 결과 13명이 죽고 33명이 부상당했다. 그는 경찰에 의해 사살되었는데, 그의 집에는 전날 총에 맞아 죽은 그의 아내와 어머니의 시체가 있었다. 그리고 유서에는 다음과 같이 쓰여 있었다고 한다. 나는 원래 이성적이고 똑똑한 사람이었는데 요즘은 나를 이해할 수가 없다. 누군가를 죽일 것 같은 이상한 생각이 든다. 내가 죽은 후 부검하여 이유를 밝혀달라. 부검 결과, 오른편 측두엽에 동전만 한 종양이 편도체를 누르고 있었다. 과육에 이상이 생긴 것이다. 편도체는 두려움과 분노의 감정 및 공격성을 조절하는 뉴런이다. 어린 시절의 사랑이 훗날 정서의 기본이 되는 이유도 이 과육이 알맞게 익어 전두엽과 조화를 이루기 때문이다. 너무 익으면 자기중심적이 되고 설익으면 사이코패스가 된다.

오직 인간의 뇌만이 러시아 인형처럼 세 겹으로 이뤄져 있다는 것은 무엇을 의미할까. 하품을 따라하는 생리적 감염을 넘어서는 또 다른 차원의 공감이 존재한다는 것이다. 포유류는 정도의 차이가 있지만 대부분 감정의 감염에서 멈춘다. 몸짓을 넘어 체계적 언어를 사용하는 동물은 없다. 언어는 상대방의 마음을 파악하고 대응하는 수단이다. 거울뉴런과 같은 부위에 있는 이유다. 언어가 있기에 인간의 공감은 두 단계로 이뤄진다. 씨앗인 하부의 소뇌와 소통할 때는 감정의 감염을 일으키고 껍질인 상부의 전두엽 연합과 소통할 때는 인지와 판단을 하게 된다. 모두 한마음이 되어 광화문 광장에서 응원을 하는 순간에는 감정 감염이 작용하고 이튿날 직장에 나가 내 인지와 판단에 따라 하는 행동은 고독한 개인의 것이다.

최근의 몇몇 뇌과학자의 견해를 끌어들여 이런 부분을 다져보자. 엘런 디사나야케에 따르면 오른손을 담당하는 좌뇌는 논리적인 것을 즐긴다. 분석을 좋아하고 정밀할 뿐 아니라 엄격하며 합리적인 사고를 즐긴다. 하루는 정확히 24시간일 뿐 느끼는 시간과 상관없다. 모든 일에는 일관성과 연속성이 있어야 한다. 이에 비하여 우뇌는 직관과 감성을 중시한다. 경험하고 느끼는 감지의 시간을 담당하기에 상대적이다. 사물의 부분이 아닌 전체를 조망하고, 이미지와 유추를 담당한다. 좌뇌가 역사를 이끌어온 남성적 성향을 지닌다면 우뇌는 모성과 몸, 부드러움을 담당하는 여성적 특성을 지닌다. 그러나 좌우가 조화를 이루지 않으면 이 모든 특성이 허사다. 실제로 언어는 좌와 우가 통합하여 발화된다. 증거를 하나 들어보자. 사랑에 빠진 연인들이 가장 힘들어하는 것은 의사소통이 제대로 안 되는 것이다.

오늘은 이런 말을 할 거야 작심하고 만나지만 그 말을 못 한다. 다른 말로 오해가 생겨 다투다가 헤어졌기 때문이다. 부모의 말은 다 듣지 않아도 뭘 말하는지 안다. 선생의 말에 의심할 여지가 있다고 생각하는 학생은 드물다. 그런데도 이들의 말은 별로 듣고 싶지 않다. 진리이기 때문이다. 연인의 말은 전혀 믿을 게 못 된다. 주변에서 늘 봐 왔기 때문이다. 그런데 왜 못 들어서 안달이 날까. 감성의 요구 때문이다. 언어가 투명하게 의사를 전달하지 못하는 것은 몸의 요구가 언어 속에 숨어 있기 때문이다. 언어는 논리가 아니라 좌우 뇌의 합작이다.

거울뉴런과 공감에 대해 연구하는 심리학자 마르코 이아코보니의 견해 역시 비슷하다. 뇌의 중심부인 변연계는 상부와 소통하고 변연계 안의 시상, 해마, 해마 끝에 붙은 편도체 등이 진화된 자의식 체계다. 전두엽이나 후두엽은 자의식 체계에 의해 저장된 사회적, 인지적 뉴런들이다. 감각 가운데 후각과 촉각 뉴런은 뇌의 본능에 속하는 하부에 가깝고, 시각과 청각 뉴런은 진화의 영역에 속한다. 정말 이아코보니의 말이 맞는가? 냄새는 우리를 속이지 않는다. 기분이나 분위기를 타지 않는다. 언제나 좋은 냄새는 좋고 싫은 냄새는 싫다. 살갗의 접촉 역시 정직하다. 연인의 말 속에는 몸의 욕망이 숨어 있기 때문에 속임수가 크지만 피부에 닿은 그의 손길은 영원히 잊히지 않는다. 파충류의 뇌는 속임수가 적다. 포유류의 모성이 파충류의 모성보다 큰 이유는 알이 아니라 몸속 태반과 이어지기 때문이다.[7]

맛은 어떤가. 말보다 정직하지만 냄새보다는 거짓이다. 음식이 조금 남았을 때 그만 먹으라고 하면 입맛이 당기고 남기면 아까우니까다 먹어치우라고 하면 입맛이 떨어진다. 내 마음속에 걱정이 있으면 밥맛이 없어진다. 시각과 청각은 미각보다 속임수가 더 크다. 의식의 영향을 많이 받기 때문이다. 그래서 욕망의 눈을 '응시'라고 부른다. 눈은 분위기를 탄다. 연인을 만날 때 분위기 있는 곳을 찾는 이유다. 귀도 마찬가지다. 흔히 남의 꼬임에 잘 넘어가면 귀가 얇다고 말한다. 감각은 그 자체로 정직하다. 그러나 의식이 개입되면 속임수로 위장한다. 감각은 솔직히 쾌감을 추구하지만 의식은 늘 현실의 눈치를 본다. 그리고 파충류의 뇌인 쾌감(혹은 평안함)을 억제한다. 강한 생명의 원천인 파충류의 뇌는 의식 속에 위장하여 들어가 몸을 움츠리지만 결코 단념을 모른다. 단념은 곧 생명의 소멸이기 때문이다. 사과 씨가 없으면 과육도 껍질도 자라지 않는다.

하부는 이처럼 상부의 이름으로 살아 있다. 동물 연구를 초석으로 삼는 뇌과학자인 야크 판크세프(1943~2017)는 하부를 정서 의식이라 부르고 상부를 인지 의식이라 부른다. 그리고 이렇게 단언한다.

정서 의식은 인지 의식과 구별되고 더 오래된 부위다(51).[8]

단 한 줄이지만 이 말은 매우 중요하다. 정서 의식affect consciousness은 본능에 속하고 인지 의식cognitive consciousness은 진화된 자의식에 속한다. 본능이 먼저 태어났고 자의식은 그 뒤에 나타난다. 인간만이 두 부위가 연결되어 공감을 이루기에 하품을 따라하는 것이다. 식욕과 성욕을 넘어 사회적 공감이 있다. 거울뉴런을 가진 포유류의 뇌는 대부분 기본적인 공감을 지닌다. 그러나 인간은 사과 껍질 부분이 두껍게 진화하여 툭 튀어나온 이마와 뒤통수를 이루었으니 한 단계 높은 사회적 공감으로 나아간다. 이것이 인간만이 유년기에 소꿉놀이를 하는 이유다. 소꿉놀이는 자의식이 싹트고 사회적 공감이 태어나는 신호라고 볼 수 있다.

소꿉놀이하기
전에는

봄이면 넓고 파란 보리밭이 바람에 물결친다. 내 어릴 적에는 보릿고개라는 것이 있었다. 가을에 추수한 쌀은 떨어진 지 오래고 봄에 자라는 보리는 아직 수확하기 전인 오뉴월, 이 시기에 사람들은 빈 자루를 들고 쌀을 꾸러 아는 집에 가곤 했다. 일부러 친척집에 가서 눈칫밥으로 끼니를 때우기도 하고 밥그릇에 밥을 반쯤 남겨야 하며, 아낙네들은 곡식이 든 자루를 자랑스럽게 머리에 이고 걸음을 재촉하기도 했다. 1960년대 후반에 이르러서야 보릿고개라는 말이 사라진 것 같다. 해방되기 전이라면 허기를 이기며 살아내야 했던 시절일 것이다. 가난한 농촌에 사는 어머니는 막내딸과 떨어져 사는 것이 싫어 옆집 총각을 사위로 맞았다.

　예부터 막내딸에 대한 어머니의 사랑은 지극하다. 막내딸 애착 호르몬이라는 게 있는지도 모른다. 김동리의 단편 「찔레꽃」은 막내딸과 이별하는 어머니 이야기다. 옆집에 살던 사위는 자식을 둘 낳고 먹고살기 위해 만주로 떠나고 딸은 남편을 따라가야 했다. 딸에게 줄 것이라고는 베 속옷 한 벌뿐인 어머니는 마침 보리 풍년이 들어 떠나기 전날 보리떡을 만들었다. 보따리를 이고 떠나는 딸과 그녀를 바라보는 어머니.

> 끝없이 너른 보리밭에서 딸은 가고 어머니는 보낸다. 가는 것은 정녕 딸이요, 보내는 것은 역시 어머니에 틀림없건만, 이제 그녀들의 가슴속은 보내는 어머니가 가는 딸이요, 가는 딸은 보내는 어머니로 되어 있다.

나는 이 부분을 읽을 때마다 신비하고 짠한 느낌에 사로잡힌다. 어머니가 딸이 되고 딸이 어머니가 된다니 이거야말로 우리 모두가 꿈꾸는 에로스 아닌가. 의식의 진화를 대가로 포기해야 했던 소망, 너와 내가 한 몸이 되는 무의식, 두꺼운 사과 껍질을 대가로 포기한 파충류와 포유류의 꿈은 결코 사라지지 않고 틈틈이 되돌아온다. 고독한 자의식은 모두가 하나 되는 고향을 포기하지 못한다. 너와 내가 하나 되어 아무도 없는 무인도에 가서 살고 싶은 꿈, 이것이 정서적 의식이라 불리는 원초적 의식이다.

원초적 의식은 나라는 자의식을 배제하기에 마음이 편안하다. 남의 눈치도 경쟁도 없는 평등사회다. 현실에서는 불가능하지만 가능한 순간이 있다. 붉은 옷을 입고 광화문에 나가 하나 되어 국가 대표팀을 응원하는 환희의 순간이다. 광장을 떠나면 다시 경쟁 대상인 너와 내가 군중 속에 묻히는 순간 하나 되어 '대한민국'을 외친다. 집단 감정이 감염되는 현상으로 프로이트는 이것을 집단 심리로 보았다. 오직 한 사람, 대장에게 모든 권한을 줄 테니 대신 대원 모두는 공평할 것, 이것이 집단 무의식인데 군중 시위처럼 독재 권력을 무너뜨리는 수단이 되는 한편 독재 권력이 뿌리 내리는 근거가 되기도 한다. 파시즘의 원형이기 때문이다. 민주주의는 개인의 판단에 근거하여 권리를 행사한다. 평등이란 선거에서 누구나 똑같이 한 표를 가질 권리다. 개인의 선택과 능력과 책임이 함께하기에 민주주의는 고독하다.

공감은 민주주의의 고독에서 벗어나는 한 가지 길이다. 다시 이별의 보리밭으로 가보자. 김동리는 어머니와 막내딸이 구별 없이 하나 되는 포유류의 뇌를 찬양하는 것인가? 정서 의식을 넘어 인지 의식을 어디에서 찾을 것인가. 이 글을 읽고 난 독자는 엄연히 가로놓인 현실 앞에서 이별의 아픔을 느끼는 어머니와 딸의 감정에 동참한다. 마치 내 아픔처럼 그들에게 공감하면서 이별을 받아들인다. 독서에서 얻는 고급 의식이다. 글을 쓰는 예술 행위와 그것을 감상하는 인지 행위는 개인의 감정에 바탕을 두고 있으나 같은 감정을 나누는 공감을 통해 사회적 기능으로 확대된다.

어머니와 막내딸이 서로 한 몸인 것을 심리학에서는 애착이라 부른다. 젖을 먹는 아기는 엄마와 눈을 맞추고 만족스런 표정을 짓는다. 배가 고프면 젖을 주고 기저귀가 젖으면 갈아주니 아기는 "엄마는 나 때문에 행복한 거야"라는 눈빛으로 바라본다. 그러나 사실은 아기가 엄마의 사랑 때문에 행복하다. 그렇더라도 유아는 내가 곧 엄마이고 엄마가 나이기 때문에 나 때문에 엄마가 행복하다고 믿는다. 이런 거울단계는 성인이 되어서도 사랑과 증오에서는 그대로 나타난다. 누군가를 미워할 때 그 이유는 대부분 그가 나를 미워한다고 믿기 때문일 경우가 많다. 사랑할 때도 그녀가 나 때문에 행복하다고 믿는 유아적 연인이 있다. 이런 사람은 음식점에 가서 똑같은 음식을 주문한다. 내가 원하는 것을 당연히 그도 원한다고 믿기 때문이다. 이런 성향은 포유류적 뇌를 가진 동물의 감정 감염이라는 공감의 특성으로 과육처럼 달콤하다. 하지만 나는 사과 껍질이 엄청 두꺼운 인간이다. 그래서 동물과 달리 유별나게 길고 절대적 사랑과 보살핌을 요구하는 유아기를 보낸다.

인간의 유아기가
긴 이유

인간의 육아 방식은 여느 포유동물과는 다르다. 오죽하면 프로이트는 이것을 무의식이라 하여 평생 동안 연구했을까. 유아기 성, 오이디푸스 콤플렉스, 근친상간 모티프 등 모두 서너 살까지 일어나는 일들이 평생을 지배한다. 철이 든다 함은 자의식이 생겨 타인을 인지한다는 것인데 나는 여전히 떠나온 유아기, 법과 사회가 금지한 몸의 경험을 위장된 모습으로 되풀이한다. 모자관계를 중시한 프로이트처럼 뇌과학자들도 출산 호르몬Oxytocin이라는 애착 호르몬에 대해 이야기한다. 아기는 엄마의 성호르몬을 배척한다. 나만 돌보라는 것이다. 그리고 출산은 애착 호르몬을 분비하여 본능적으로 아기를 돌보게 만든다. 유아기란 인간이 파충류와 포유류의 뇌로서 사는 기간이다.

　동물은 태어나면 곧장 네발로 걷는다. 그리고 어미젖을 먹는 기간도 짧다. 한 번에 여러 마리를 낳고 그 가운데 몇 마리가 살아남기를 바란다. 그들은 곧 흩어져 포유류로서 먹고살 길을 배운다. 반면 인간은 태어나면 처음에는 꼼짝없이 누워 지낸다. 얼마의 기간이 지나야 동물처럼 기어다닌다. 라캉이 말하듯이 처음 얼마 동안은 동물이 인간보다 앞선다. 그 후에 아기는 걸음마를 배운다. 이때 부모들은 옆에서 부추기고 손뼉치며 얼마나 좋아하는가. 비로소 동물과 갈라서는 시점에 이르렀기 때문이다. 유아는 이유식을 거친 후 밥을 먹고 제 발로 걸어 나갈 때까지 긴 기간을 요하며 그동안 어른의 절대적 보살핌을 요구한다. 그렇기에 대부분의 아기는 한 번에 한 명씩 태어난다. 유아기는 포유류적 뇌에서 인간의 뇌로 발전하기까지 걸리는 시간이고 정서 의식 위에 인지 의식이 발달하기까지 걸리는 시간이다.

　심리학자나 정신과 의사들이 사이코패스라든가 정신분열증 환자의 병인을 유아기에 부모의 사랑을 충분히 받지 못하고 자란 데서 찾는 것은 이처럼 인간의 유아기는 동물과 다르기 때문이다. 예를 들어 메릴린 먼로는 평생 우울증과 정신불안정으로 수면제를 복용했고 몇 번의 결혼생활도 불행하게 끝났다. 그녀가 어릴 적 버려진 경험이 있고 성적으로 학대를 당했으며 그 이후에도 사랑받지 못한 청소년기를 보낸 사실은 잘 알려져 있다. 유아기에 부모의 사랑이 절대적인 것은 이때의 경험이 잘 익어서 달콤한 과육이 만들어져야 하기 때문이다. 이 부분이 달콤하게 잘 익어야 이후에 두꺼운 겉껍질을 무리 없이 받아들인다. 과육의 질이 좋아야 상하 연결을 잘한다. 하부의 동물적 정서는 상부의 의식이라는 껍질과 타협하여 그 속에서 다른 모습으로 살아남아야 한다. 감동과 정감과 이해라는 덕목은 과육이 없으면 만들어질 수 없다. 속담에 "세 살 버릇 여든까지 간다"는 말이 있듯이 이 시기의 경험은 몸에 새겨진다. 프로이트가 무의식을 중시한 것은 의식의 진화 때문이었다. 그는 다윈의 진화론과 괴테의 자연과학을 인문학과 접목하여 마음을 자연과학으로 접근한 심리학자였다.

정신분석에서 공감의 역할을 강조한 하인츠 코후트는 어머니의 적절한 보살핌이 훗날 공감의 바탕이 된다고 주장했다. 메를로퐁티가 말하듯이 유아기 몸의 접촉은 어른이 되어 세상과 공감하는 소통의 근원이다. 모성의 결핍은 한 개인의 불행에서 끝나는 것이 아니라 많은 사람에게 공포를 주고 문명의 파괴를 불러오기도 한다. 코후트는 이런 악의적 공감의 예로 나치즘과 같은 집단 감염을 든다. 인지 공감으로 나아가지 못하고 정서 공감만 작용하면 감정 감염이라는 질병이 된다. 어머니와 유아의 관계는 이와 다르다. 공원에서 아이는 엄마의 손을 놓고 비둘기에게 갔다가 다시 엄마의 손으로 돌아오고 싶어한다. 엄마는 아이의 독립에 자랑스러워한다. 물론 언제든 돌아오면 다시 정겹게 손을 잡아준다.[9] 손을 잡는 것은 몸의 접촉이고 손을 놓는 것은 사회 속으로 나아가는 것이다. 정서 의식과 인지 의식이 합쳐지는 것이 인간의 공감이다. 어머니의 사랑은 분석자의 역할과 같다. 둘 다 공감에 바탕을 두고 있다. 우정도 남녀의 사랑도 스승과 제자의 역할도 그런 것이 아닐까.

공감은 단순히 하품이나 웃음을 따라하는 것만이 아니다. 그것은 타인과 의견을 같이하는 동의의 개념도 아니다. 뇌의 정상적인 구조와 관련되기에 진화한 인간이 자신을 정확히 이해하고 타인과 어울려 더 나은 사회를 만들기 위한 조건이다. 뇌과학자나 인문학자들은 공감empathy이라는 용어가 나오면 언제나 그것과 동정심sympathy을 구별하곤 한다.

소꿉놀이
이후

공감은 무의식 차원에서 네가 느끼는 것을 나도 느끼고 의식 차원에서 내 판단이 개입되는 두 단계의 합이다. 그러므로 개인의 경험에 따라, 시간과 공간에 따라 공감의 정도가 달라진다. 반면 동정은 교육의 힘에 의해 타인의 고통에 가엾음과 연민pity을 느끼는 것이다. 주로 의식 차원에서 이뤄지고 시공간의 영향을 받지 않는다. 공감은 소설의 주인공과 자발적으로 동일시하고 난 후 시간이 흐르면 거리를 두고 판단을 내린다. 그러나 동정은 도덕적 감정으로서 범위가 좁다. 가장 큰 차이는, 공감은 원초적으로 자아와 타인의 합일에서 시작한다는 점이다. 내가 타인의 입장이 되는 것이므로 자아를 대상에 투사한다. 그런 뒤 타인과 거리를 두고 그를 인정하며 이해한다. 같으면서 다른 것이다. '나'라는 개인이 사회적 동물이 되는 이중 장치다. 그러나 동정은 대상보다 더 높은 위치에서 불쌍함을 느끼는 것이다.

그러므로 자아를 타인에 투사하지 않는다. 예를 들어 헤로도토스의 『역사』에서 사메니투스 왕이 늙고 초라한 하인을 발견하고는 울음을 터트리는 것은 공감에 속한다. 그가 하인에게서 본 것은 바로 현재 자신의 모습이었기 때문이다.

BBC가 만든 「리빙Leaving」이라는 영화가 있다. 웨딩 회사의 감독인 여자는 십대 아들과 딸을 둔 한 가정의 아내다. 새로 입사한 젊은 부하 직원은 그녀의 능숙한 일처리에 반해 그녀를 사랑하게 되고 그녀는 가정과 일을 위해 그를 거절하지만, 집 안에서 그저 자동인형처럼 일만 하고 이해와 정이 없는 가족에 비해, 자신을 아껴주고 자신에게 헌신하는 청년의 열정에 조금씩 자제력이 무너진다. 남편의 무심함과 이기심, 그리고 사십대 주부의 육체적 욕망과 갈등 속에서 그녀는 사랑을 찾아 청년과의 동거를 결심한다. 그러자 그녀의 딸은 동거하려는 청년을 찾아가 제발 어머니를 놓아달라고 간청한다. 이 사실을 알고 흔들리는 어머니의 마음과 달리 청년은 그녀를 여전히 단념하지 못한다. 그녀 역시 마음을 접으려 애쓰지만 음식 찌꺼기가 담긴 접시를 들고 멍하니 서 있다가 바닥에 떨어트릴 정도로 마음을 빼앗긴다. 그리고 청년의 아파트로 달려가 이중으로 된 현관문을 두드린다. 그러나 청년은 문 안쪽에 쓰러져 눈물을 흘리면서도 끝까지 문을 열지 않는다. 여자보다 더 적극적이던 청년이 어떻게 그리 단단하게 그녀를 거절하게 되었을까.

그날 저녁의 식사 장면을 훔쳐보았던 것이다. 어둑한 밤에 그녀의 집 뒤로 가서 뒤 창문을 통해 보게 된 저녁 식사 장면. 한 가족이 모여 식사를 한다. 그녀와 남편, 그리고 아들딸이 마주보고 웃으며 이야기를 나눈다. 그들의 모습을 보고 청년은 울며 돌아선다. 그리고 찾아온 그들의 어머니를 거절할 수 있었다. 아들의 모습에서 자신을 보았던 게 아닐까. 그토록 집착했지만 창문으로 본 장면이 그를 집착에서 해방시킨다. 그의 열정을 막은 것은 논리나 설득 혹은 동정심이 아니었다. 그녀의 딸이 찾아와 헤어지라고 설득할 때도 듣지 않았다. 그러나 지금 아들의 모습에서 자신을 본 것이다. 어머니의 사랑이 필요한 자아를 본 것이다. 순간적인 공감이었다. 이처럼 공감은 이기적인 자아에서 출발한다. 다만 그것이 타인에 대한 이해와 수용으로 나아가기에 법이나 체벌 혹은 종교보다 더 큰 힘을 발휘할 수 있는 것이다.

아기가 뒤뚱거리며 한 걸음씩 내딛을 때 부모가 환호하는 이유는 오직 인간만이 두 발로 걷기 때문이다. 그것이 문명의 시작이었다. 두 발로 걸어야만 두 손을 자유롭게 사용할 수 있다. 인간의 두 손은 동물의 앞발로부터 진화했지만, 하이데거가 말하듯이 둘의 차이는 엄청나다. 두 손은 기술 문명을 고안하고 실험하며 예술작품을 창조한다. 그렇다면 우리가 두 손으로 맨처음 하는 일은 무엇일까. 내 어린 시절에는 장난감이 거의 없었다. 주로 흙 위에서 놀았는데 여러 추억 가운데 가장 기억에 남는 것은 소꿉놀이다.

아마 서너 살 정도였을까. 우선 각자의 역할이 분담되는데 내가 엄마 역할을 하고 옆집 아이가 아빠 역할을 한다. 상대가 여자아이라도 상관없다. 어차피 타인의 역할을 하는 것이니까. 그리고 지푸라기 다발을 헝겊으로 감싼 것이 아기다. 내가 등에 업거나 가슴에 안고 잠을 재워 풀밭에 눕게 한다. 풀밭이 안방이고 부엌이다. 흙으로 밥을 짓고 풀을 뜯어 찬을 만든다. 이것을 아주 작은 사금파리 안에 담고 밥상을 봐주면 아빠 역할을 하는 아이가 먹는 시늉을 한다. 또 다른 기억은 의사 놀이다. 헝겊에 싼 아이가 열이 높다면서 연신 이마를 만져보고 등에 업은 채 병원으로 달려간다. 그러면 아빠 역할을 했던 아이가 이번엔 의사가 된다. 가느다란 줄을 지푸라기 아기에게 대고 귀로 듣는다. 그러곤 약을 지어주면서 염려 말라고 엄마를 안심시킨다. 이 두 가지 추억이 나의 뇌리에 남아 있다. 모두 내가 보고 듣고 경험한 어른들의 세계를 흉내 냈던 것이다.

앨런 M. 레슬리의 말처럼 척하는 놀이Pretend play는 내가 엄마인 척, 네가 의사인 척하는 이중적 인지를 통해 유아가 사회성을 배우기 시작하는 계기가 된다(1987, 413). 그런데 한 가지 이상했던 것은 그 놀이를 어른에게 들키지 않게 몰래 했다는 것이다. 엄마 아빠를 흉내 내는 일도 즐겁지만 비밀을 갖는 것도 즐거움이었다. 감정 감염과 다른 인지적 판단이라는 이차적 공감으로 가는 순간은 우리가 비밀을 갖는 순간이었다. 감춘다는 것은 무엇인가. 자신을 남에게 보인다는 것을 느끼는 순간이다. 내가 나를 바라보는 자의식이 태어나는 순간이었다. 비밀을 갖는다는 것은 자의식의 시작이고 포유류를 넘어 인간의 공감으로 향하는 이정표였다.

요즘 아이들은 어떤 놀이를 할까. 흙밥이나 풀 반찬 대신 여러 가지 장난감을 가지고 놀 것이다. 이웃 친구와 어울려 소꿉놀이라는 어른들 흉내도 낼까? 장난감과의 공감은 어떻게 이뤄질까. 유아원에서 아이들은 어떤 비밀을 갖게 될까. 그저 머리가 좋아지는 훈련만 하진 않았으면 좋겠다. 남에게 지지 않는 훈련보다는 남과 더불어

사는 놀이를 했으면 싶다. 머리가 좋아지는 것과 공감으로 발전하는 것은 별개다. 공감은 감정을 서로 나누는 가운데 자아를 인지하는 것이고 머리가 좋아지는 훈련은 합리성과 효율성을 강조하는 좌뇌의 훈련일 뿐이다. 좌뇌가 우뇌와의 균형을 잃으면 공감은 오히려 낮아진다. 헝겊을 입힌 지푸라기 아기를 등에 업고 운다고 달래기도 하고 아프다고 걱정도 한다. 흙으로 밥을 짓고 풀로 반찬을 만들어 밥상을 차린다. 둘 다 타인에 대한 사랑과 보살핌을 연습했던 게 아니었을까. 어른들에게는 일상의 힘든 일이지만 그것을 흉내 내는 우리에게는 즐거운 놀이였다. 공감과 자의식은 '그런 척'하는 것이다. 엄마인 척하며 아기를 달래고 아빠인 척하며 흙밥을 먹는 시늉을 한다. 의사인 척하면서 아기를 진단한다. 동물들도 소꿉장난을 할까? 그들에게도 그런 척하는 본능이 있을까?

그런 척하는
뇌

그런 척하기as if Mode를 동식물의 본능으로 보는 철학자도 있다. 내가 어렸을 때 흑백 영화 시절, 초등학교 운동장에 넓고 흰 천을 걸어놓고 영사기를 돌리면 그 천 위로 흑백의 인물들이 어른거리고 스피커에서 대사가 흘러 나왔다. 그걸 보고 밤길을 걸어 집에 오면 며칠 동안 그 영화가 머릿속을 떠나지 않았다. 김진진 극단이라는 악극단이 있었는데 그들이 묵고 있는 집 안을 밥때도 잊고 나무 울타리 사이로 들여다보면서 가슴 설레어하곤 했다. 언제 그 주연 배우가 밖으로 나오려나……. 요즘은 영화가 너무 흔해서 아무리 잘 만든 영화라도 감동이 하루 이틀을 채 넘기지 않는다. 그럼에도 여전히 무대와 배우는 청소년들의 선망 대상이다. 왜 그럴까. 사람들은 왜 무대를 사랑하나? 자신도 간절히 무대 위에 서고 싶지만 못 설 때는 배우를 흠모하고 짝사랑한다. 배우는 그 역할을 그저 잘 흉내 냈을 뿐인데.

셰익스피어는 인간을 배우로, 세상을 무대로 보았다. 『맥베스』 5막 5장에 나오는 유명한 대사를 보자.

꺼져라, 꺼져라, 덧없는 촛불이여!
인생이란 걸어가는 그림자, 어느 서툰 연기자.
한동안 무대 위에서 뽐내고 수선을 떨지만
어느 사이 침묵이구나.
그건 백치가 하는 이야기처럼
아무것도 의미하지 않는
소리와 분노일 뿐

아무리 야단스러운 권력과 야망일지라도 그 끝은 아무것도 아닌 텅 빈 허수아비임은 새삼스러울 게 없으나 셰익스피어는 그것을 무대 위의 연기자로 비유했다. 어떻게 하면 더 그럴듯하게 다른 사람 흉내를 낼까. 배우는 "더 진짜 같은 타인"이 되기를 갈망한다. 불이 꺼지면 한순간에 모든 게 침묵으로 변하는 무대 위에서.

우리 모두는 타고난 배우 아닐까. 몰래 흉내를 내는 속임수는 즐거운 본능 아닐까. 20세기 초 러시아의 두 철학자 P. D. 우스펜스키와 니컬러스 이브레이노프는 프로이트의 무의식을 비판하고 심리의 근원을 무대와 배우로 설명했다. 내가 타인이 되려는 것, 남을 흉내 내려는 미미크리mimicry는 생물체의 본능이라는 것이다. 어떤 벌레는 갈색 나뭇가지 위에 천연덕스럽게 앉아 있다. 어찌나 정교하게 그 가느다란 가지를 닮았는지, 벌레인지 가지인지 구별이 안 된다. 푸른 나무 잎새 위에 앉은 벌레는 나무 잎새와 너무 닮았다. 바위를 너무 닮아 구별이 안 되는 새, 물이끼를 닮은 벌, 어디 그뿐이랴. 평범한 하루를 즐기고 싶은 공주를 아주 잘 흉내 내는 오드리 헵번, 그녀가 「로마의 휴일」에서 진짜 공주처럼 보일수록 사람들은 그녀를 더 사랑한다. 공주인지 헵번인지 구별하지 않는다.

만일 벌레가 단순히 포식자를 속이기 위해 위장한다면 왜 그리 화려한 색깔과 섬세한 무늬를 낼까. 혹시 그냥 즐겁기 때문이 아닐까. 소꿉놀이가 즐겁듯이. 자아 보존 본능 이전에 자신이 아닌 더 아름다운 어떤 것이 되고 싶은 본능이 있다.

더 넓은 관점에서 보면 이것은 자연이 가진 장식하려는 본성이다. 무대에 대한 요구다. 특정한 시간과 장소에서 자신과 다르게 보이려는 경향이다. 자연은 자신을 장식한다. 다른 것이 되려 한다. 이것이 자연이 살아가는 기본 법칙이다. 항상 자신을 잘 입히고 복장을 바꾸고 항상 거울 앞에서 몸을 뒤로 돌려가면서 이리저리 바라본다.[10]

우스펜스키의 이 말은 마치 데이트를 앞둔 연인이 거울을 보면서 앞태 뒤태를 살피는 것을 연상시킨다. 무대에 오르는 배우처럼 자연은 시간에 따라 옷을 갈아입는다. 봄에는 연녹색의 잎과 노란색, 붉은색의 꽃들을 머리에 장식한다. 여름에는 짙푸른 녹색으로 색칠한다. 가을에는 그야말로 마지막 단장이다. 시집가는 색시처럼 붉은색도 갖가지요, 노란색도 여러 갈래로 온통 울긋불긋 야단이다. 덩달아 사람들도 야단이다. 겨울에는 앙상한 가지의 본래 모습이 싫어 틈틈이 희고 보드라운 눈꽃으로 단장한다. 앙상한 잿빛이 원래 색인데 그토록 현란하게 갈아입고 철마다 다르게 나올 줄이야. 자연의 무대만큼 시간에 따라 달라지는 섬세한 아름다움은 세상 어디에도 없다.

인간도 이와 비슷하다. 단순히 추위와 더위로부터 몸을 보호하기 위해 가림 천이 필요했다면 직물 산업과 패션 산업은 망했을 것이다. 치마 길이가 길어졌다 짧아지고 바지통이 넓어졌다 좁아지기를 수십 번, 그래서 헨리 데이비드 소로는 "그럼 네 다리는 무엇이냐"라고 물은 적이 있다. 부모를 만날 때는 아무렇게나 입더니 연인을 만날 때는 온갖 치장을 하는 이유도 내가 무대에 오르기 때문이다. 관객은 그 사람 하나가 아니다. 만인이다. 그 사람은 만인 가운데 으뜸이기 때문이다. 가장 닮고 싶은 사람이고 가장 흠모하는 사람이기 때문이다. 이브레이노프는 공감의 근원을 이와 같은 '무대 의식theatricality'에서 찾는다. 무대에서 배우는 타인의 입장이 되어 타인을 흉내 낸다. 연주가도 마찬가지다. 베토벤의 악보를 연주할 때 그는 베토벤과 가장 가까이 닮으려 한다.

현대인은 소로에게 답할 것이다. 내 다리는 감추고 치장해야 할 어떤 것이다. 나는 늘 내 모습을 위장한다. 아프리카 원시 부족들은 몸에 아름다운 색깔을 칠한다. 목숨 걸고 문신을 새기는 이들도 많다. 코에 구멍을 뚫고 금속 고리를 한 인도의 아름다운 여인, 입술을 뚫고 동물의 뼈를 넣고 다니는 아프리카 원시 부족. 그 문화에서는 그래야 더 아름답게 보인다. 왜 살과 뼈를 아름답게 치장하여 부풀리는가. 자연도 마찬가지다. 겨울을 부풀린 것이 봄이고 최고로 부풀린 것이 여름이다. 한여름에는 엄청나게 높고 큰 산이었는데 겨울에 가 보면 바짝 쪼그라들고 낮아져 있다. 나무도 마찬가지다. 그렇다면 자연도 배우이고 나비도 배우이며 사람도 배우다. 무대 의식은 만물의 특성이다.

그러나 만물이 똑같은 배우인 것은 아니다. 그들의 치장은 본능에서 멈춘다. 그러나 나는 누군가가 보기 때문에 치장한다. 자연은 바라보기만 하는 반면 나는 바라봄eye 속에 보여짐gaze이라는 욕망을 가지고 있다. 보이기에 나를 부풀린다. 봄여름에 상관없이 누가 보느냐에 따라 부풀림이 달라진다. 보임은 몸의 소망이기에 몸의 요구가 강할수록 더 부풀린다. 연인 앞에서 최대로 자신을 부풀린다. 자의식이란 시선 속에 몸의 소망인 응시가 깃든 위장된 속임수다. 베토벤의 악보를 보고 연주하는 바이올리니스트는 최대한 베토벤을 흉내 내고 닮으려 하지만 자기 식으로 닮는다. 자신만의 개성을 가지고 연주한다.

공감 역시 이중적이다. 정서 의식인 감정 감염은 무리 속에서 너와 나를 구별하지 않는다. 모두 한목소리로 응원한다. 그러나 인지

의식은 '나'라는 개체를 인지한다. 그렇기에 흉내는 이중적이다. 우선 나는 타인과 같은 감정이 된 후 그로부터 떨어져서 그의 입장을 이해한다. 그러므로 나는 네가 되지만 다시 나로 돌아온다. 공원에서 아이가 엄마 손을 놓고 비둘기에게 갔다가 다시 엄마에게 돌아오는 것이다. 이것이 긍정적인 공감이다. 너에게 나를 투사하더라도 나는 나다. 사메니투스 왕은 늙은 하인을 보고 울음을 터트렸으나 그가 하인이 된 것은 아니었다. 다음 순간 그는 왕으로 돌아온다.

공감이 이중적인 것은 자의식 때문이다. 그렇기에 이중 구조 가운데 어느 한쪽이 결핍되면 정상적인 인간이 되지 못한다. 자연은 정신병이란 것을 앓지 않는다. 인간만이 강박증, 분열증, 사이코패스, 자폐증 등 정신 질환을 앓는다. 공감의 이중 구조 때문이다. 자연은 그런 척하지 않는다. 그냥 즐겁게 흉내를 낸다. 이런 이중 구조를 거울 뉴런이 발견되기 전에는 달리 부르기도 했다. 1963년, 로버트 카츠는 이 둘을 생물학적 측면과 문화적 측면이라고 불렀다. 그리고 이 과정을 동일시identification와 병합incorporation, 그리고 반향reverberation과 거리두기detachment로 구분했다. 앞의 두 단계는 정서 의식이고 뒤의 두 단계는 인지 의식이다. 앞의 두 단계는 메를로퐁티의 몸, 프로이트의 '집단 심리'에 해당된다. 이때 두 번째 단계로 진입하지 못하면 감정 감염이 일어난다. 이처럼 신은 인간을 외로운 개인으로 창조하는 대신 공감이라는 소통의 능력을 주었다. 나는 개체이면서 동시에 사회적 동물이다. 그런데 이것은 선택이 아닌 필수 조건이다. 이중 구조이지만 하나의 끈에 연결되어 있기에 어느 한쪽이 기울거나 부족하면 균형이 깨지고 현실에 적응하지 못하는 정신 질환이 나타난다.

우리는 흔히 '척하는 인간'이 진실하지 못하다고 생각한다. 그러나 진화한 뇌는 그런 척하는 뇌다. 상하좌우가 소통하는 하나의 끈이 배타적인 두 요소로 이뤄져 있기 때문이다. '일원적 이중 구조'는 봄바람처럼 매섭고 부드럽다. 공감이라는 뇌의 구조는 너인 척하지만 나이기 때문에 같으면서 다르다. 이런 이중 구조 속에서 살기에 누구나 삶의 어느 순간 한번은 우울증과 불면증을 앓는다. 사회 속에서 겪는 배반과 고립에 의한 부정적인 생각이 오래 지속되면 우울증이 생긴다. 치매도 사회적 소통이 막힐 때 일어나기 쉽고 테러 역시 사회적 고립에서 비롯되곤 한다. 고립은 증오를 낳고 억제하지 못하는 공격성으로 옮아가 무차별 테러를 낳는다. 약물 중독, 일중독, 섹스 중독, 돈과 명예 중독 등 갖은 정신 질환 역시 고립이 발행하는 무정한 청구서다. 고독은 공감이라는 사회성과 동시에 태어났기에 둘 다 필요하다. 그렇기에 이 끈이 끊어지면 정상이 아니다.

신은 고독과 함께 사회적 소통이라는 공감의 능력을 선물했다. 공감하지 않는 고독은 없고 고독 없는 공감은 없다. 둘이 하나의 끈으로 연결되어 있기에 삶은 즐겁다. 그런 척하는 배우의 삶이 왜 즐겁지 않은가. 너만 배우냐? 나도 배우인 것을. 나에게도 역할이 있고 지켜보는 관객이 있다. 내게 맡겨진 역할을 멋지게 해낼 것이다. 배우는 어떤 역할도 거절하지 않는다. 초라한 인물을 가장 초라함에 가깝게 해보라. 그다음에는 우아한 인물의 역할이 맡겨질 것이다. 우리 말에 '근사하다'는 것은 실제와 가장 닮았으나 실제는 아니라는 뜻이다. 나는 걸음마를 시작하면서 곧 소꿉놀이를 하지 않았던가.

고독을 감싸는
신의 은총

해마다 크리스마스 시즌이 오면 뉴욕에는 눈이 많이 내린다. 아침에 일어나니 부엌이 어둑해서 날이 밝지 않았구나 생각했다. 그런데 시계의 시침이 가리키는 건 오전 8시. 자세히 보니 부엌 창틀 위에 하얀 눈이 밤새 소복이 쌓여 빛을 가리고 있다. 한 길가 골목에서는 크리스마스트리가 나타난다. 영화 「크리스마스, 어게인」(2014)은 뉴욕의 크리스마스 시즌을 떠올리게 한다. 벽에 전나무 둥치들을 세워놓고 파는 그 청년은 그 옆의 허름한 트레일러 안에서 먹고 잔다. 크리스마스 전날까지 트리를 팔다가 이튿날 거두는 장사이기 때문이다. 트레일러 한쪽 벽 위에는 청년이 그 전에 사귀었던 친구들의 사진이 붙어 있다. 그 속에는 여친과 찍은 것도 있다. 지난겨울의 추억이 아직도 마음에 남아 있다. 밤에는 큰길로 자동차들이 쉴 새 없이 지나간다. 소음 때문에 소파에서 잠을 잘 이루지 못하기에 수면제를 먹고 자다가 난로 과열로 불이 날 뻔했다. 골목에는 가끔 술 취한 노숙인이 맨땅 위에 앉아 자기 나라의 겨울을 그리워하며 알아들을 수 없는 말을 했다.

청년은 어느 날 밤, 술에 취해 벤치에 엎드려 자는 젊은 여자를 깨워 자신의 트레일러 안 소파에서 재워주었다. 며칠 후 그녀는 감사의 표시로 직접 만든 블루베리 파이를 청년에게 갖다주었다. 처음으로 따스한 인정을 맛본 그는 수면제를 다 쏟아버리고 벽 위에 붙여놓은 지난 사진들도 떼어낸다. 그리고 며칠 후 젊은 남자가 와서 트리를 흥정하던 중 트레일러에 들어와 그녀의 파이 그릇을 응시한다. 이내 묻는다.

"누가 파이를 갖다주었나요?"

"여기서 하룻밤 자고 가더니 파이를 만들어다줬어요."

그는 눈빛이 달라지더니 가버렸다. 이튿날 트리를 파는데 갑자기 뒤에서 펀치가 날아왔고 그는 길가에 쓰러졌다. 펀치를 날린 사내는 사라지고 없었다. 크리스마스이브에 그녀가 나타나 그릇을 달라며 퉁명스럽게 말한다. 농담이 아니라는 것을 알고 그는 그릇을 내준다. 다시 온 그녀가 불평하듯 묻는다.

"왜 그에게 그렇게 말했어요?"

"무슨 말을……"

"왜 내가 여기서 자고 갔다고 말했냐고요."

"아, 그거였구나."

그제야 그는 깨닫는다. 펀치를 날리고 달아난 사내는 그녀와 동거하는 남친이었다. 여친이 정성스럽게 파이를 만들어 어디론가 가지고 갔는데 빈 그릇이 트레일러 안에서 발견되었다. 그래서 그는 분을 참지 못했다. 그리고 지금, 크리스마스이브에 남친은 아파트 안에서 문을 잠그고 그녀를 들이지 않는다. "여기서 하룻밤 자고 가더니 파이를 만들어주었어요." 무엇이 잘못되었을까.

말하는 사람은 전혀 그런 관계가 아니었으므로 개의치 않고 무심히 말했지만 남친은 달리 알아듣는다. 하룻밤 자고stay 갔다는 말이 성관계를 가졌다는 말로 들린 것이다. 여자가 술에 잔뜩 취해 벤치에 쓰러져 잠들었다는 것은 둘 사이에 불화가 있고 신뢰가 깊지 않았다는 것을 암시한다. 그리고 의심에 찬 남친의 눈에 그녀의 행동은 그렇게 보였을 것이다. 언어는 이렇듯 의미를 제대로 전하지 못한다. 고독한 인간에게 신이 내린 유일한 은총이 언어인데 그게 이 모양이다. 불완전하다. 그러니 우리 삶이 고달프다. 왜 그럴까. 공감의 근원인 거울뉴런은 언어가 창조된 브로카 영역과 일치한다. 하품만 따라하지 말고 언어를 가지고 타인과 소통하라는 것이다.

다시 「크리스마스, 어게인」으로 돌아가보자. 트리를 운반할 능력이 없는 사람은 주문을 한다. 배달이란 트리를 날라다주고 집 안에 설치해주는 일이다. 임신으로 배가 불룩한 아내와 목발을 짚은 남편의 집에 트리를 배달하고 난 후 청년은 울었다. 그들의 다정한 입맞춤에 공감한 것이다. 그들의 힘든 삶을 이해하고 동시에 자신의 고독한 처지 때문에 울음이 복받쳤던 것 같다.

크리스마스이브에도 그는 배달할 집이 서너 군데 된다. 마침 파이프 문제 때문에 갈 곳 없는 여자는 그와 함께 트럭을 타고 주문받은 트리를 배달한다. 첫 집에서 둘은 어린아이들의 천진한 대화 속에서 마음이 푸근해진다. 두 번째 집은 젊은이들의 파티가 한창이고 세 번째 집은 노인들이 사는 양로원이었다. 노인들은 트리를 보며 즐거워하고, 일하는 여자는 그에게 '티 플라워'를 선물로 준다. 일을 마친 두 사람은 트레일러로 돌아온다. 여전히 그녀의 아파트 문이 잠긴 상태이기 때문이다. 따스한 물이 담긴 컵에 봉우리를 담근다. 그녀는 자연스럽게 그의 어깨에 기대 잠깐 잠이 들고…… 그리고 트레일러 안의 불이 꺼진다. 아무래도 좋은 일이 일어날 것 같다. 그럴까? 그런데 '크리스마스, 어게인'이라니까…….

그녀는 청년이 밖으로 나가 발전기에 석유를 넣는 사이 집으로 돌아갔다. 그리고 이튿날 아침 눈을 뜨자마자 급하게 트리 골목을 찾지만 청년은 이미 철수하고 그 자리는 텅 비어 있다. 허망한 그녀의 표정이 클로즈업된다. 나는 생각한다. 다시 찾겠지, 내년 이맘때쯤. 아니 수소문하면 곧 청년의 주소를 알 수 있을 거야. 물컵 속에서 조금씩 벌어지며 피어나는 꽃잎들을 보면서 나는 희망을 갖는다. 둘이 다시 만나게 되기를…….

왜 신은 고독한 인간에게 언어를 선물하고는 의미가 제대로 전달되지 않게 했을까. 그 의문을 이제 풀어본다. 은총은 투명한 언어에 있는 것이 아니라 불완전한 언어에 있었다. 청년과 그녀가 크리스마스이브에 트리를 배달하며 경험한 것은 인간 사이의 따스한 이해와 공감이었다. 그리고 둘이 잠깐 마음을 나눌 수 있었던 것은 남친이 청년의 말을 오해했기 때문이다. 그는 비겁하게 뒤에서 청년을 린치하고 도망갔고 크리스마스이브에 문을 잠가버린 사내다. 그러므로 남친과 청년 사이에서 오해가 생긴 것은 새로운 관계가 탄생하는 은총이었다.

신은 언어를 주고 그 언어가 불완전하게 함으로써 세상의 인연이 이어지며 대화가 계속되고 사랑이 이어지게 만들었다. 라캉은 사랑이 지속되는 것은 둘 사이에 대화가 지속되는 것이고 대화가 지속되는 것은 언어 속, 몸의 욕망이 여분으로 붙어 있기 때문이라고 말했다.[11] '앙코르encore'는 영어로 '어게인'이다. 공감 역시 마찬가지다. 공감과 언어는 자의식이라는 진화의 결과로 불완전하다. 이중적 일원 체계이기 때문이다. 거울뉴런 혹은 언어는 뇌에 축적된 과거의 경험으로 상대방의 의도를 읽어내고 대응한다. 감정의 감염뿐 아니라 인지와 판단이 따르기에 언어는 사적인 경험의 산물이다. 인류 공통의 생존 뉴런들이 유전된다 하더라도 환경에 의해 개인마다 경험은 다르다. 다른 기억의 흔적들 위에서 인지와 판단이 나오고 그 바탕 위에서 대화를 주고받는다. 언어는 공적 소통의 도구이지만 개인의 입장에 따라 다르게 전달된다.

흉내 내는 본능은 포유류의 뇌에 해당되는 달콤한 과육이다. 그런데 그저 하품이나 따라하고 제스처로 타인의 의도를 파악하는 포유류에서 멈추지 않고 인간의 뇌는 두꺼운 껍질에 과거의 경험을 저장하며 인출하는 회상의 은총을 입었다. 원숭이와 고릴라는 감정과 느낌이 있다 해도 과거를 회상하지는 않는다. 영국박물관이라는 역사와 문명의 기록은 오직 인간만이 가진 유산이다. 사과 껍질이 엄청나게 두껍기에 변연계는 늘 껍질의 의견을 물어야 한다.

공감은 앞선 경험의 흔적들을 바탕으로 일어난다. 공감이 구현된 언어 역시 과거 경험의 흔적들에 의해 영향을 받는다. 개인에 따라 흔적이 다르기에 언어는 여분을 품고 있고 의미를 정확히 전달하지 못한다. 크리스마스 어게인이다. 피터 골디는 「반공감Anti-Empathy」이라는 글에서 이런 현상을 이중 마음 방식double-minded way이라 표현했다(317). 대상과 완전히 일치하지만 함몰되지 않고 그렇다고 내 입장으로만 대상을 파악하는 것도 아닌 것, 이것이 이중 마음이다. 대상과 한 몸이 되었다가 떨어져 나와 거리를 유지하는 '그런 척하기'다.

대상의 관점을 취하지만 내 입장을 떠나지 않는 이중적 자세가 자의식을 가진 인간의 공감이다. 이것이 언어의 오해를 줄이는 길이다. 그런데 이게 쉬울까? 무지하게 어렵다. 예를 들어보자. "하룻밤 자고 가더니 파이를 만들어줬어요." 남친이 어떻게 청년의 '자고 가더니'라는 말을 이해하겠는가. 늘 그녀를 의심하는데……. 그리고 청년이 어떻게 남친의 입장이 되어 그 말의 의미가 제대로 전달되었는지 알 수 있는가. 대화를 나눌 때 나는 내 입장에서 말하고 너는 너의 입장에서 듣는다. 그리고 무조건 믿는다. 사실 뇌는 믿는 척하는 반면 나는 믿는다. 그래야 대화가 가능하다. 그런 까닭에 신은 이런 틈새를 보완하라며 또 다른 선물을 주었다. 이야기를 꾸미고 즐기는 본능이다. 이 부분은 다음 장에서 살펴보기로 한다.

진정한 공감은 감정을 동일시할 뿐 아니라 옳고 그름을 분별하는 인지적 판단을 동시에 요구하고, 이런 이중 마음으로 인해 공감은 연습하지 않으면 어느 한쪽으로 쏠리게 되어 있다. 데카르트적 이성이 암시하듯이 생각이나 교육은 합리성과 효율성을 중시하여 감정을 억누르기 쉽다. 반대로 빗나간 종교나 정치권력은 넘치는 감정을 이용하기 쉽다. 집단 감염에 휩쓸리면 자의식을 잃고 권력은 이것을 이용하여 목적을 이루려 한다. 파시즘이다. 전통과 문화적 차이에 의해 어느 한쪽이 더 강조되기도 한다. 예를 들면 서구는 합리성을 강조하고 동양은 감성이 더 강조되는 경향이 있다. 아이에게 규율을 강조하는 서구에서는 사랑이 강조되어야 하고 아이를 지나치게 사랑하는 한국에서는 규율이 강조되어야 한다. 쏠림이 극단적이 되는 것은 나라에도 개인에게도 질환으로 발현되는데, 감정이 넘치고 인지적 판단이 약하면 자폐증으로, 반대로 감정이 고갈되고 인지만 남으면 사이코패스가 된다.

사이코패스와
아스퍼거 증후군

뉴욕의 크리스마스는 낭만적이다. 그러나 뉴욕의 뒷골목은 으스스하다. 서머싯(모건 프리먼)은 일주일 후에 은퇴하기로 결심한 베테랑 형사다. 한편 밀즈(브래드 피트)는 막 범죄의 소굴로 뛰어든 젊은 이상주의자다. 둘은 한 팀이 되어 뉴욕의 어두운 뒷골목에서 일어나는 살인 사건을 맡는다. 밀즈의 아내 트레이시는 악으로 가득 찬 이 도시가 싫어 아기를 낳아야 할지 고민한다. 아내를 사랑하고 자기 일에 긍정적인 밀즈는 아기를 원할 테지만 서머싯은 트레이시에게 조언한다. 아기를 지우려면 밀즈에게 임신 사실을 알리지 않는 것이 좋다고. 그는 뉴욕이 아기를 기를 곳이 못 된다고 느꼈기에 자기 아내에게 아기를 지우도록 했고 그것이 원인이 되어 이혼한 뒤 혼자 살아왔기 때문이다.

　살인 사건은 극도로 잔인하고 이상한 방식으로 이어진다. 희생자들이 하나의 일관된 형식을 갖추고 있었다. 처음 두 건의 희생자는 지나친 정욕과 탐욕이 원인이었다. 서머싯은 베테랑답게 살인자가 도서관에서 빌려본 책들을 통해 그의 관심사를 추적한다. 다음 차례는 지나친 비만자이고 그다음은 지독히 게으른 자였다. 성경에 나오는 일곱 가지 죄악이 떠오른다. 정욕, 탐욕, 식탐, 나태, 분노, 이런 식으로 하나씩 차례로 죽어갔다. 그다음은 오만함이었다. 자신의 아름다움에 도취한 여자 모델이 죽는다. 일곱 가지 죄악 가운데 마지막 하나가 남았다. 그런데 한때 밀즈를 죽일 수 있었는데 살려주었던 살인자 존 도가 피를 묻힌 채 스스로 두 형사 앞에 모습을 드러낸다. 그리고 두 건의 살인을 보여주겠다면서 둘을 벌판으로 이끈다. 그가 보여주려던 상자 안에는 잘린 트레이시의 목이 들어 있었다. 밀즈는 흥분하여 그를 죽이려 하고 서머싯은 만류한다. 그것이 바로 범인이 노리는 것이라고. 살인자는 마지막으로 자신을 희생자로 택한 것이다. 그는 젊은 밀즈의 자신감과 아내에 대한 사랑을 부러워했고 그 부러움의 대가를 스스로 받으려는 것이다. 도가 그녀의 임신 사실까지 폭로하자 결국 밀즈는 도를 죽인다. 마지막 남은 죄악은 부러움 envy이었다. 밀즈는 아내를 잃었고 도를 죽임으로써 도의 신념을 완성시킨다.

1995년 데이비드 핀처가 감독한 영화 「세븐」에서 승자는 누구인가? 살인자 도인가, 형사 밀즈인가. 마지막에 은퇴하려던 서머싯은 이렇게 말한다. 헤밍웨이는 세상이 살기 좋은 곳이고 우리는 그것을 위해 싸울 가치가 있다고 말했다. 그러나 나는 세상이 너무나 사악하기에 싸울 가치가 있다고 말하고 싶다. 이 말의 의미는 무엇일까. 헤밍웨이가 살던 시대에는 그런 식의 테러가 드물었다. 신념으로 무장하고 극도로 잔인한 살인을 하면서 그 신념을 정당화하기 위해 자신도 죽는 그런 테러가 없던 시대였다. 타인의 고통을 느끼지 못하는 신념, 그것을 실천하는 존 도는 사이코패스의 전형이다.

2004년의 영화 「노인을 위한 나라는 없다」에서도 사이코패스가 등장한다. 이번에는 동전을 가지고 우연에 의해 무차별로 총을 쏘아대는 살인자다. 그의 얼굴 표정은 사이코패스의 전형을 잘 보여준다. 그의 표정에서 관객은 타인에 대한 이해나 애착 혹은 감정이 전혀 없는 텅 빈 무심함 그 자체를 본다. 그는 자기 신념에서 빗나가면 무조건 죽인다. 사이코패스는 어머니와의 애착이라는 감정을 어린 시절에 느낀 적이 없다. 유아기에 학대당하거나 사랑받지 못하고 버려지면 공감의 바탕이 되는 감정 감염이 일어나지 않는다. 타인에 대한 감정 감염이 없기에 타인의 입장과 그의 고통을 이해할 수 없다. 이런 유년기 기억은 몸에 새겨진다. 감정 감염이 없기에 타인과 어울리지 못하고 고립되다가 자신을 방어하는 어떤 이념이나 종교에 매달린다. 그럴 때 그 신념은 절대적이고 강력한 믿음이 되어 그를 조정한다.

정상인은 신념을 조정하는 감정이 있으나 사이코패스는 신념을 뒷받침하는 감정이 결핍되어 있기 때문에 빗나간 신념이 그를 조정하는 주인이 된다. 표정이나 감정을 흉내 내는 단계가 있어야 공감이 일어나는데 그에게는 이 단계가 없다. 달콤한 과육 없이 두꺼운 껍질만 있는데 그 껍질이 신념으로 무장되어 있다. 존 데이는 사이코패스는 트루먼 카포티의 냉혈인간처럼 인지적이고 의지적 장애가 아니라 정서적 장애 때문이라고 말한다(1995, 758). 감정 감염이 일어나지 않고 타인의 고통이 이해되지 않기에 사이코패스는 지극히 잔인한 방법으로 무고한 사람들을 죽인다. 토막 살인, 자폭 테러, 무차별 살인 등이다. 그리고 이런 유의 살인에는 이념이나 신념이라는 자기방어가 작동한다.

프로이트가 말했듯이 사랑과 증오는 에로스의 양면이다. 너와 내가 한 몸이 되기 위해서는 너를 파괴해야 하기 때문이다. 유아기에 적절한 애정을 받고 자라면 증오와 공격성을 사랑과 이해로 전환하는 습관을 형성하게 된다. 가족에게서 받은 따스한 보살핌이 행복한 느낌을 주고 남들에게서 보상받는다는 것을 경험하기 때문이다. 나쁜 짓을 하면 벌을 받고 좋은 일을 하면 상을 받는 보상 심리에 의해 습관이 형성된다. 그러나 애착을 경험하지 못하면 마음속에 공감 대신 증오가 알알이 들어찬다. 증오가 신념과 결부되어 테러를 낳는 것이다. 사이코패스는 어린 시절에 소꿉놀이를 하지 않았을 것이다.

사이코패스와 달리 자폐증은 현실에 적응하기 어렵고 타인과 대화를 제대로 하지 못하기에 사회성이 발달되지 않는다. 언어가 어눌하여 사회생활을 두려워한다. 당연히 거울뉴런이 덜 활성화된다. 그러나 증오나 공격성으로 신념의 노예가 되지는 않는다. 그에게 결핍된 것은 정서 장애가 아니라 인지 장애이기 때문이다. 사이코패스와 반대의 경우다. 배런코언은 『공감 제로』(2011)에서 긍정적인 자폐증으로 아스퍼거 증후군을 소개한다.[12] 정서적 공감은 온전하지만 인지적 공감이 낮은 자폐증 환자의 경우 사회생활이 어렵고 대화가 잘되지 않으나 이것이 오히려 어떤 분야에서 긍정적인 결과를 끌어내기도 한다. 일상의 명징하고 평범한 생활은 예술가가 지녀야 할 모호성을 억압한 결과이기에 그런 삶이 어려운 자폐증 환자는 예술에 재능을 보일 수 있다. 사회생활이 서툰 대신 암기력이 거의 천재적 수준에 가까운 경우도 있다. 때로는 체계적인 능력이 극도로 뛰어나 수학이나 물리학에서 두각을 나타내기도 한다. 숨겨진 패턴을 찾거나 세밀한 정확성에서 정상인을 능가한다. 그 이유는 무엇일까.

자의식을 지닌 인간은 대상을 흉내 내는 것에서 머물지 않고 거리를 두고 자아에게 돌아온다. 그리고 판단을 내린다. 상대방의 의도를 파악하고 대응하는 과정이다. 그러나 아스퍼거 환자는 흉내 내기에서는 아무런 문제가 없으나 자아로 돌아와 판단을 내리는 자의식 부분이 약하다. 마치 회상에서 과거의 기억이 현재에 의해 변형되지 않고 원본 그대로 정확히 나타나는 것과 같다. 허구가 덜 개입되기에 한 번 본 그림을 그대로 재현하거나 한 번 본 것을 정확히 기억한다. 1988년 배리 레빈슨이 감독한 영화 「레인 맨」은 자폐증 가운데 긍정적인 경우를 현실감 있게 묘사했다. 레인 맨이 라스베이거스에서 돈을 계속 딸 수 있었던 것은 어떤 속임수를 써서가 아니라 인지 장애에 의해 모든 숫자를 생생히 암기할 수 있었기 때문이다. 어느 한 부분을 내어주는 대신 다른 부분이 두드러지는 것이다. 그의 기억에는 정상적인 인간이 갖는 망각이나 허구가 개입되지 않는다. 시간에 따라 기억이나 인지가 변하지 않는다. 한 번 몸에 익힌 습관은 그에게 바뀔 수 없는 절대 진리가 된다. 레인 맨은 자신이 요양소에서 먹던 음식과 규칙을 똑같이 반복한다.

아스퍼거 증후군은 사회생활을 잘 못 하기에 줄을 당겼다 풀었다 하는 연애 감정을 잘 이해하지 못한다. 사랑의 감정을 표현하는 사회적 소통 방식에도 무지하다. 사랑은 생리적 현상을 고상한 언어로 승화시킨 감정의 표현이다. 그는 고상한 언어의 게임을 해본 적이 없다. 그렇기에 엘리베이터 안에서 여자가 그에게 진한 키스를 하자 그는 '젖었다wet'고 답한다. 생리적 현상을 조야한 언어로 답한 것이다. 자의식에 의한 사회성이 발달되지 않았기에 그가 보는 일상은 우리에게 새롭다. 엄청난 용량의 정확한 기억을 갖고 있기에 신기하다. 천재다. 일사불란해 보이는 일상을 모호하게 흩어놓은 것이 예술이라면 분명히 그것은 예술가의 특성이 될 수 있다. 대부분의 예술가는 일종의 자폐증 환자처럼 고립을 즐긴다. 에드거 앨런 포의 경우, 사회성이 약한 그의 괴팍한 삶이 특이한 예술작품을 창조해내는 동력인 것은 아닐까. 자신이 공감할 수 없는 세상을 그려서 타인의 공감을 얻어내는 경우다.

공감은 언어가 발달한 영역인 거울뉴런과 감정을 조절하는 편도체가 동시에 활성화하여 일어난다. 따라서 정서 공감과 인지 공감 가운데 어느 한쪽이 약하거나 아예 작동을 못 하거나 균형을 이루지 못할 때 소통에 문제가 생긴다. 정서 공감이 약한 사이코패스와 인지 공감이 약한 자폐증의 경우 전자가 사회에 더 위험하고 타인에게 피해를 줄 수 있다. 증오와 공격성을 누그러뜨리는 애정과 애착이 결핍되고 논리와 합리화만 살아 있기 때문이다. 문득 떠오른다. 인공지능은 어떨까, 애착을 알까?

로봇은
공감을 할까?

자의식적 인간은 고독한 동물이고 오직 공감이라는 뇌의 이중 장치를 통해 타인과 고독을 나누는 사회적 동물이다. 그러므로 공감은 고독의 뗄 수 없는 짝이고 정서와 인지 가운데 어느 한쪽이라도 결핍되면 온전할 수 없다. 그런데 이런 이중 마음, 혹은 이중 장치를 인공적으로 만들 수 있을까. 기억과 인지와 공감은 개인의 과거 경험의 흔적들에 뿌리내린다. 그러므로 모두 사적인 것들이다. 비록 공통되는 DNA를 지니고 태어난다 하더라도 부모가 누구인가, 그리고 이후 어떤 환경에서 성장하는가, 부모의 애정과 단련은 적절했는가에 따라 기억과 인지와 공감은 다른 반응을 나타낼 것이다. 윌리엄 제임스가 주장했듯이 기억과 생각은 사적이고 시간에 따라 변화하며 대상과 관계를 맺는다. 그렇다면 인간의 정서와 인지를 모두 갖춘 인공지능이 가능할까? 아마 가까운 미래에는, 아니 어쩌면 영원히 가능하지 않을 것 같다. 로봇의 기능이 효율성과 정확성에 있다면 이중 구조는 효율성을 늦추고 허구성을 높이기 때문이다.

긴 세월에 걸쳐 서서히 진화한 세 겹의 뇌는 정교하다. 수십억 개의 뉴런이 순식간에 상호작용을 하여 기억과 인지와 공감이 나타난다. 생명을 유지하는 파충류의 뇌와 달콤한 과육인 포유류의 뇌, 그리고 신피질로 이뤄진 인간의 뇌가 러시아 인형처럼 겹으로 둘러싸인 뇌를 인공으로 만들어낼 수 있을까. 두려움과 공포, 기쁨과 평화라는 감정을 심어야 하고 사적인 경험이 누적된 신피질을 덧씌워야 하며 그 사이에 둘을 조정하는 변연계가 있어야 한다. 그리고 무엇보다 애착과 절제 등 긍정적인 개인의 경험이 저장되어야 한다. 이것을 기계가 할 수 있을까. 더구나 시간에 따라 기억과 사유와 공감이 달라지는데 그런 미묘한 허구성을 어떻게 기계가 모방하겠는가.

맨 처음 뇌를 모방한 기계는 컴퓨터였다. 정보를 받아들이는 해마는 그것을 기억의 흔적에 저장한다. 해마는 시시각각 달라지는 환경을 따라가야 하기에 저장은 다른 데 맡긴다. 무한히 저장하기 위해서다. 그러므로 흔적은 시간을 따르지 않고 해마는 시간을 따른다는 이중 구조를 그대로 모방한 것이 컴퓨터다. 수많은 정보를 저장하고 다시 꺼내 쓸 수 있는 장치다. 그런데 기계의 이중 장치는 인간과 다르다. 인간에게 저장된 정보는 시간에 따라 변하고 개인의 경험에 따라 변한다. 망각과 허구가 개입된다. 그러나 컴퓨터에는 이런 변화가 없다. 만일 컴퓨터가 시간에 따라 다른 저장물을 인출한다면 그것은 기계로서 가치가 없다. 그렇기에 인간의 두뇌활동에 도움이 되는 보조 자료로서 활용될 뿐이다.

기계는 착한 인간이 옳게 사용하면 도움이 되지만 악한 인간이 나쁜 목적으로 사용하면 재앙이 된다. 물론 그것을 막는 보완 장치들이 계속 개발되기는 하지만. 선거 개입이나 사이버테러 외에도 인터넷에 거짓 뉴스가 얼마나 많은가. 실업 역시 컴퓨터에 의해 많은 영향을 받는다. 자동화가 평범한 인간들의 일자리를 빼앗는다. 머리 좋은 소수에게 자본이 옮겨가고 빈부 격차가 더 크게 발생한다. 민주주의도 영향을 받는다. 인터넷을 사용한 여론몰이나 수치 조작이다. 기술의 발달이 우리를 행복하게 하는가. 경쟁의 속도가 가속화되면서 불신과 불면증 등 정신 질환이 증가하고 자연을 주제로 한 TV 프로그램이 높은 시청률을 기록한다.

인터넷이 정보를 빠르게 전달하여 세계를 하나의 지구촌으로 만들려 할 때 우리는 기술 혁신과 정보사회의 진입에 흥분하며 환호했다. 그러나 오늘날 여러 분야에서 정보사회의 역기능이 발견된다. 보이스피싱, 정보 훔치기, 빼돌리기, 다른 나라 선거에 개입하기, 마비시키기 등 사이버테러의 역기능은 만만치 않다. 정보화 시대가 역설적으로 불확실성을 증가시켰다. 혹시 사이버 인간이 나오면 미래는 더 예측할 수 없는 쪽으로 갈지도 모른다. 비록 인간의 뇌를 모방하여 인간보다 더 정확하게 일할 수 있는 인공지능을 만든다 하더라도 그것은 능률과 효율성을 위한 것이고 불확실성은 더 늘어날지도 모른다. 분명한 것은 소위 4차산업이 진지한 인문학적 성찰과 함께 이뤄지지 않으면 기술 문명의 발전은 재앙을 키우게 되리라는 점이다. 공감과 잘 짜인 서사 예술은 그 인문학적 성찰 가운데 하나다.

인공지능의 가장 큰 문제점은 정서 혹은 감정을 기계가 어떻게 가질 수 있느냐에 있다. 안토니오 다마지오를 비롯한 현대 뇌과학자들은 감정과 정서가 인지와 판단에 결정적인 역할을 한다고 주장해왔다. 2016년 숀 갤러거는 감정이 없는 로봇에게 공감의 가능성은 희박하다고 주장했다. 공감은 감정이나 정서적 상태를 포함해야 하는데 의식 있는 로봇을 설계할 수 없는 한 이 조건은 충족되지 않을 것이라는 예측이다. 2016년 세계 인문학 포럼에서 그는 공감 이론들을 살펴본 후 이렇게 말했다.

게다가 공감이 경험이라는 현상학적 차원을 포함하는 한, 로봇은 여전히 현상학이 아닌 차원, 즉 기능적일 뿐, 개인적인 차원에서는 작동하지 않을 것이다. 만일 그런 차원에서 시스템들 사이에 유사성의 기록 같은 것이 일어난다면 갈레세가 공감이라고 규정한 감각이나 경험의 느낌은 없다. 기껏해야 이런 로봇 모델들에서 우리는 감각이 제외된 어떤 상태, 공감이라고는 할 수 없는 그런 상태에 직면할 뿐이다.[13]

사적인 감정과 경험을 가질 수 없는 인공지능은 무엇을 의미할까. 여러 자료를 입력하고 그 자료에 의해 움직이는 효율적인 기계에 머물 것이다. 이것은 진정한 앎과 거리가 멀다. 정서와 인지가 균형을 취할 수 있는 자의식 공감이 없다면 인공지능은 보조 수단에서 머물러야 할 것이다.

기술 문명과 합리성, 효율성을 중시해왔지만 인류가 그럭저럭 견디며 살아온 것은 기술 문명에 도취하는 만큼 철학을 비롯한 인문학, 그리고 내러티브 예술이 주는 즐거움을 사랑했기 때문이다. 소포클레스의 비극을 비롯해 지금까지 전해 내려오는 잘 짜인 서사는 뇌의 두 가지 측면을 충족시키는 데 기여해왔다. 서사란 등장인물이 나오는 드라마, 소설, 영화 등의 내러티브narrative 예술을 가리킨다. 잘 쓰인 극을 감상하면서 나는 우선 등장인물과 동일시한다. 그와 하나가 되는 정서적 공감을 느낀다. 그러나 틈틈이 그와 거리를 두고 비판적 시각을 견지한다. 그리고 마지막에 이르러 극 전체에 대한 판단을 내린다. 인공지능이 잘 짜인 극을 고안하고 감상하며 즐거워한다는 것을 상상할 수 있을까. 시간에 따라 다른 해석을 내릴 수 있을까. 만일 시간에 따라 달리 기억하고 다른 해석을 내리며 공감을 가지고 사회생활을 한다면, 과연 우리가 기대하는 기능성과 효율성을 높일 수 있을까.

뇌과학자 에덜먼은 뇌는 '제2의 자연'이라고 말했다. 단순히 동서남북이 소통하는 자연의 섭리만이 아니다. 자연은 시간에 따라 변화하고 다른 것과의 상호 관계 속에서 살아간다. 무엇보다 자연은 흙에 뿌리내린다. 흙은 만물의 기원이다. 탄생과 죽음이 흙에서 만난다. 우리 뇌는 어떤가. 생명을 관장하는 파충류의 뇌가 뿌리이며, 양분을 빨아올리는 등걸이 포유류의 뇌다. 그리고 경험의 저장소들이 가지이며 열매다. 그런데 기술과 문명은 가지와 열매만을 중시하여 이 부분이 훨씬 더 빨리 활성화되었다. 늦게 태어난 동생이 더 근원적인 형을 제치고 힘이 강해진 것이다. 판크세프와 루시 비벤이 지적하듯이 뉴런의 활성화에서 인지는 정서보다 분량이 더 많고 속도도 더 빠르다(2012, 491). 따라서 의식은 생각의 속임수를 감추는 방식으로 '형 행세'를 한다. 변호사가 고객을 제치고 주인 행세를 하는 것이다.

데카르트 이래 서구 근대사회는 이성을 존중하고 감정을 억압해 왔다. 영혼은 숭고하고 몸은 천하다고 가르치며 인지와 사유가 존재의 모든 것이라고 착각하게 만들었다. 알면서 하지 않고 모르면서 하는 존재임을 감추어왔다. 한국 사회는 어떤가. 유치원에서 엄마는 아이가 소꿉놀이를 하기보다 수학이나 영어를 배우길 원한다. 초등학교에서 고등학교까지 고전문학을 원작 그 자체로 읽고 토론하는 교실이 과연 몇이나 될까?

6장

나는 왜
알면서 하지 않는가

그는 그녀가 늘 곁에 있을 때는 아무런 감정을 느끼지 못했는데 다른 남자의 약혼녀가 되자 열정에 빠진다. 샤를로테가 다른 남자의 약혼녀라는 것을 알면서 젊은 베르테르는 사랑을 단념하지 못하고 스스로 목숨을 끊는다. 당시에는 대체 왜 그 많은 멀쩡하고 이성적인 독자들이 그 책에 열광했을까. 로미오와 줄리엣의 유명한 발코니 명대사에도 서로가 원수 집안의 자식들이라는 자의식이 깔려 있었다. 사랑의 본질이 이룰 수 없는 것에 대한 갈망이라면, '나는 왜 이룰 수 없는 사람에게만 사랑을 느끼는가'에 대한 답은 명확하다. 평범한 무언가에 베일을 씌우면 숭고한 어떤 것이 된다. 베일은 쉽게 손에 닿지 않는 금지를 의미한다. 베일 사이로 무언가 아련히 뵈는데 베일에 의해 금지된 어떤 것, 그것이 나를 유혹한다. 왜 금지된 것에 내 마음은 타오르나. 나는 결코 금지된 것을 알면서 단념하지 않는다.

안 된다는 것을 뻔히 아는 것도 나이며, 단념하지 못하는 것도 다름 아닌 나다. 이 두 개의 나는 서로 배타적이다. 사랑 이야기가 너무 흔하고 진부하다면 다른 이야기로 넘어가보자. 내 친구는 이런 이야기를 들려준 적이 있다. 딸애가 어릴 때, "너는 키가 크고 예쁘게 자라서 시집 잘 가 행복하게 살아라"라고 그녀는 말했다고 한다. 그런데 하루는 담임 선생이 이렇게 전해왔다. "엄마가 그렇게 안 봐주는데도 공부를 한다고." 훗날, 그녀가 정작 관심을 가지고 공부하라고 말하면 그 애는 하지 않았다. 공부하지 말라고 했을 때 하더니 하라고 하니까 오히려 하지 않는다. 아, 공부란 누가 하라고 하면 더 하기 싫어지는구나. 하긴 공부해야 한다는 것을 몰라서 안 하는 사람은 없을 것이다. 알면서 안 한다.

알면서 하지 않는 것은 나의 뇌가 파충류의 뇌와 진화된 뇌라는 이중 구조로 되어 있고 이 둘이 서로 배타적이기 때문이다. 두 뇌의 큰 차이는 알다시피 막무가내인 파충류적 감각과 인간 이성의 차이다. 사랑은 원래 종족 보전의 법칙인 몸의 요구다. 파충류의 뇌가 가진 생명 본능으로서 눈먼 감정이다. 너와 내가 한 몸이 되고 싶은 에로스다. 그런데 나는 몸도 있지만 몸보다 더 높은 현실의 요구가 있다. 인간의 뇌가 엄청나게 저장해놓은 경험의 뉴런들이 명령하는 지켜야 할 제도와 규율 등이다. 베르테르는 샤를로테가 아이들에게 먹을 것을 나누어주는 모습에 반한다. 어머니 상을 본 것이다. 그녀는 법이 금지한 연인이었다.

이 사회에서 나와 한 몸이 될 사람은 아무도 없다. 죽어 흙이 되어서 하나가 될 수 있을지언정 살아서는 각자 꿈이 있으며 소망이 있고 권리가 있다. 각자 다른 기억과 인지로 판단한다. 제각기 자기만의 방식으로 꿈꾸고 행복을 추구한다. 그러므로 파충류의 감각은 인간의 뇌에 의해 금지가 내려진다. 한 몸은 안 돼. 자의식은 파충류의 감각을 '혼돈'이라 생각한다. 그러나 사랑의 열정은 한 몸 되기다. 하는 수 없이 질서를 수호하는 의식은 파충류가 원하는 것과 현실이 원하는 것을 적절히 타협시킨다. 뇌의 상부와 하부가 타협한다. 하부를 무시하는 것은 생명의 원천을 무시하는 것이기 때문에 절대 금물이다. 이 타협의 결과가 베일이다. 베일은 법이고 이성이고 사회적 관습이다. 그리고 그 안에 슬쩍 들여다보이는 몸이 파충류다. 이런! 달콤한 과육 속에 딱딱한 씨가 들어 있듯이 먼저 태어난 형이 늦게 발달한 아우 속에 위장하여 들어 있구나! 씨앗을 그대로 보여주면 관심 없지요? 달콤한 과육은 어떤지요? 이제 살을 다 먹었으니 내 씨를 퍼뜨리세요. 이런 종족 보전 원리에 의해 나는 언제나 금지된 대상과 사랑에 빠지고 그것을 알면서도 단념하지 않는다.

인간의 뇌가 몸에 씌워놓은 베일은 걷지 말라는 것이다. 베일을 걷으면 파충류가 드러난다. 그러므로 연인은 숭고한 위치에 올려놓고 내가 살아가는 에너지를 얻으면 된다. 그 사람처럼 되도록 노력하고 닮으면 된다. 그 사람인 척하는 것이다. 에너지는 파충류의 뇌에서 나온다. 그 에너지를 빌려서 인간의 뇌로 살아가는 것이다.

공부는 어떤가. 공부는 인간의 뇌가 원하는 것이다. 경쟁사회 속에서 살아가려면 자격을 얻어야 하고 능력을 인정받아야 한다. 물론 파충류는 저 아래에서 어서 놀러 오라며 손짓한다. 그런데 너무 오래 놀면 감각의 세계가 인간의 뇌를 삼켜버린다. 파충류는 가장 오래된 형이며, 생명의 원천이기 때문이다. 그래서 의식은 둘 사이를 타협하게 한다. 타협은 그리 녹록지 않다. 형이 더 강한데 아우의 베일 속에 들어가야 하기 때문이다. 그러나 그것이 자의식의 임무이기에 이렇게 타이른다. 진짜 잘 놀기 위해서는 공부하라. 어떻게? 공부 사이에 잠깐 노는 것, 그 놀이가 얼마나 즐거운가. 아, 나는 사이사이 놀기 위해 공부한다. 이것이 누가 공부하라고 하면 싫어지는 이유다. 원래 내가 하고 싶은 것은 노는 것이다. 다만 너무 오래 놀면 파충류가 되니까 공부하는 것이다. 닷새 동안 일하고 이틀 쉬는 즐거움, 물론 일하는 틈틈이 잠깐씩 커피 마시고 잡담하며 산책도 한다.

알면서 하지 못하는 것 가운데 하나가 부모님께 효도하는 것이다. 시간에 쫓겨 살면서, 왜 바쁜지도 모르면서, 때가 늦으면 부모님이 더 이상 이 세상에 계시지 않는다는 것을 알면서 우리는 더 자주 찾아뵙고 시간을 함께 보내지 못한다. 그러고는 부모님이 세상을 뜨면 그제야 뼈저리게 후회한다. 무덤가에서 우는 자식을 우리는 얼마나 많이 봐왔는가. 마치 우리가 언젠가는 죽는다는 진리를 알면서도 평생 살 것처럼 여기는 것과 같다. 나는 너무나 자명한 두려운 사실, 해결이 어려운 사실은 모르는 척, 눈을 감고 산다. 수사나 오네가는 이런 현상을 "나는 그것을 모르면서 안다 know without knowing it"고 표현했다(2010). 어렵다. 모르면서 안다니? 알지 아니함으로 안다? 그것도 어렵다. 모르는 것으로 안다. 우리는 살아가면서 너무나 두려운 사실은 모르는 척 피한다. 아는 기능과 동시에 모르는 기능을 소유한 것이다. 자연선택은 내게 불리한 것은 망각하라고 지시한다. 두려움은 몸의 것이며, 눈을 감는 것은 의식이다. 걱정해봐야 아무 소용

없다는 것을 아니 모르는 척하면서 산다. 생존하기 위해 뇌는 '척하는 속임수'로 진화해왔다.

마크 트웨인의 소설 『허클베리 핀의 모험』의 주인공은 물론 허클베리다. 그는 알면서 하지 않는다. 그런데 톰이라는 인물도 상당히 중요하다. 그는 언제나 책에 쓰인 그대로 따라 모험을 한다. 그에게 책에 나오는 이야기는 절대적인 법이다. 그래서 현실에 맞든 아니든 무조건 그대로 한다. 예를 들어 소설 끝부분에 위기 속에서 흑인 노예인 짐을 구하는 장면이 길게 서술되는데 다수의 비평가는 플롯상에서 그 부분이 왜 필요한지 의문을 표시했다. 그러나 이 부분은 부수적이 아니라 꼭 필요하다. 예를 들어 짐은 더 이상 왓슨 아줌마의 노예가 아니라 이미 해방되었다. 톰은 이 사실을 알면서도 모험담에 나오는 방식을 그대로 따라하기 위해 모르는 척, 짐의 구출 작전을 벌인다. 현실에 맞지 않는데 책에 쓰인 대로 따라하다보니 그의 행동은 인위적이고 억지스럽다. 트웨인은 톰의 방식을 통해 당대의 교육이나 법이 현실에 맞지 않을 때 얼마나 우스꽝스러운지 풍자하고 있다. 그의 행동은 허클베리와 대조된다.

허클베리는 부모의 사랑이나 교육을 받지 못한 열네 살쯤 된 소년이다. 술주정뱅이 아버지 밑에서 학대를 견디다 못해 도망친 방랑아다. 그는 숲이나 황야나 강물이 주는 자유를 만끽한다. 그러나 뗏목 위의 삶은 외롭다. 그래서 마을을 찾지만 마을 사람들은 또 우매하고 폭력적이었다. 그렇게 강물과 육지를 오가는 패턴이 소설의 구성이다. 어느 날 배가 무척 고파 먹을 것을 찾던 중 참외밭이 눈에 띄었다. 주인은 보이지 않았다. 그는 남의 물건을 훔치면 안 된다고 배웠다. 그래서 당장 먹을 수 있는 과일과 덜 익은 과일을 구별하고 먹을 수 있는 것은 지금 "빌려가지만" 나중에 갚는다며 스스로에게 타이른다. 현실에 맞지 않는 법은 이렇게 합리화에 의해 지켜질 리가 없다. 톰은 현실에 맞지 않는 법을 억지로 지키는 반면 허클베리는 합리화를 하면서 지키지 않는다. 양심보다는 본능을 따른다. 톰의 행동은 억지스럽고 허클베리의 행동은 자연스럽다. 트웨인은 이 두 인물을 대조하면서 법이나 제도의 허실을 보여준다. 허클베리는 외로운 방랑생활에서 진실한 벗이 된 짐을 백인보다 더 착하다고 느낀다. 그리고 이 느낌을 따라 도망친 노예를 고발해야 한다는 법을 어긴다. 그가 고발장을 찢을 때 그는 죄를 짓고 감옥에라도 갈 생각이었다.

법을 알면서도 지키지 않는 것은 현실에 맞지 않기 때문일 뿐 아니라 이기적인 뇌에도 맞지 않기 때문이다. 파충류의 감각은 법과 질서를 싫어한다. 미워한다. 질서와 법은 전두엽의 명령을 받아 포유류의 뇌인 가운데 부분, 변연계가 만들어낸 걸작이기 때문이다. 기억을 저장하고 인출하는 해마, 해마 안쪽에 붙은 시상, 해마 끝에 붙은 편도체라는 입법 기관이 뇌의 한가운데에 자리하고 있다. 파충류의 뇌가 주인 노릇을 하면 사회는 혼란에 빠진다. 의식은 이를 달래고 타일러 법 안으로 들어오게 만든다. 이것이 법이 지닌 위반의 쾌감이다. 위반이 없으면 법도 없다. 아무리 입시 제도를 바꿔도 문제가 해결되지 않는 이유는, 파충류의 이기심에 맞지 않으면 그 법은 잘 지켜지지 않기 때문이다. 선진국의 제도를 그대로 따라한다고 곧바로 선진국이 되지 않는다. 순진한 이상주의적 제도나 법은 현실에서 오히려 부패를 낳을 수도 있다. 세상에 완전한 법은 없기 때문이다. 위반이 덜한 법, 그물망이 촘촘한 법으로 만족해야 한다. 오랫동안 시행한 어떤 제도를 완전히 바꿔서 문제를 해결하려는 것은 불가능한 꿈이다. 이보다 하나의 제도를 꾸준히 실행하면서 틈새를 조금씩 보완해나가는 것이 더 효과적이다. 나는 알고 있는 이성적 뉴런들과 모르면서도 이익에 맞으면 행동하는 두 개의 배타적 뉴런들로 진화되었기 때문이다.

진화의
속임수

소는 풀을 먹고 고양이는 생선을 좋아한다. 동물원의 원숭이는 구경꾼의 몸짓을 통해 그가 바나나를 줄 것인지 아닌지 의도를 간파하기도 한다. 동물은 습관에 맞춰 살기에 갑작스런 행동의 변화나 오차가 적다. 인간은 언어로 소통하는 대신에 오차가 크다. 이상한 것은 언어를 사용하면서 우리는 상대방이 내 말을 완전히 이해한다고 믿는다는 점이다. 마치 회상하는 과거는 허구가 아니라 사실이었다고 믿는 것과 같다. 뇌는 생각보다 더 허구적이지만 우리는 속는다고 느끼지 못한다. 감각보다 늦게 진화한 의식의 속임수는 너무나 정교하여 속이지 않는다고 느끼게 하면서 속이기 때문이다. 크리스토퍼 배드콕은 『심리적 다윈주의』(1994)라는 책에서 이런 의식을 '비밀스런 의식a cryptic consciousness'이라 부른다. 안에 비밀스런 어떤 감각을 숨기고 있는데 의식으로는 감지하지 못한다. 다만 행동이나 다른 부수적인 결과로 나타날 뿐이다. 무엇이 들어 있나? 사회가 금지한 파충류의 감각이다. 동물도 위장을 하지만 인간만큼은 아니다. 인간은 자의식에 따라 공감하고, 언어를 사용하기에 위장의 폭이 크다. 나는 고독하고 착각하고 집착하고 후회하고 공감하며 그리고 비밀스럽다.

의식의 거짓말 혹은 위장은 우리가 생각하는 일상의 거짓이 아니다. 어딘가에 '진실'이 있고 그와 반대되는 개념의 '거짓'이 있다는 뜻이 아니다. 거짓 그 자체가 이미 진실이다. 마치 고독과 공감이 뗄 수 없는 자의식의 본질이듯이 위장과 속임수 또한 자의식의 본질이다. 진실로서의 속임수이며 참모습으로서의 위장이다. 상하의 타협이 베일을 통해 이뤄지듯이 진화 또한 베일의 속임수 없이 이뤄지지 않는다. 안에 파충류의 감각을 숨기고 제도와 법과 지식의 베일을 드리운 것이 자의식이며 진화다. 그런데 여기서 중요한 점은 내가 그런 속임수를 의식하지 못하고 산다는 것이다. 그런 속임수를 알아차리면 매 순간 죽음을 의식하며 사는 것과 같다. 배드콕은 이렇게 표현한다. 의식은 진보와 계몽주의를 주도해왔다. 이를 위해 의식은 스스로가 초월적인 위치에 있는 듯이 나를 속인다(68).

자의식적 속임수는 다른 대부분의 자의식적 행동의 경우처럼 속이는 것을 개선해보려는 행동을 하지 않는다. 그와 반대로, 의식 그 자체가 속임수를 없애는 것처럼 보이는 방식으로 너를 속이고 있다(71).

속임수는 자의식이 존재하는 조건이다. 그리고 뇌의 아랫부분으로 내려갈수록 속임수는 줄어든다. 태초에 감각과 몸의 습관에 의지해 살았기 때문이다. 눈보다 혀가 더 정직하고 혀보다 살갗의 만남이 더 정직하다. 세월이 가면 무엇이 남을까. 박인환 시인은 이렇게 노래한다.

지금 그 사람 이름은 잊었지만
그의 눈동자 입술은
내 가슴에 있네.

바람이 불고
비가 올 때도
나는
저 유리창 밖 가로등
그늘의 밤을 잊지 못하지.

이름은 상부, 상징계의 최고 권력자다. 그러나 그것은 법처럼 문패에 지나지 않는다. 눈동자와 입술은 문패도 번지수도 없는 주막이지만 더 오래 남는다. 부서지고 묻혀 흙이 되고 다시 태어날 때까지. 그러기에 자연선택은 속이는 것을 의식하지 못하는 사기꾼, 즉 의식 안에 숨어들어온 감각에 보상을 해왔다(71). 파충류의 감각이 위장하여 의식 속에 숨어 있는데 의식은 모른 척해야 한다. 의식하지 못할 때 더 잘 속으니 자연선택은 이것에 보상을 하면서 진화가 이뤄진 것이다. 물론 이 위장은 참모습의 반대말이 아니다. 참모습 자체가 위장으로 나타나고 그것이 문명을 발달하게 만든 요인이기에 우리가 그 사실을 알아야 삶의 신비를 조금 이해할 수 있다. 프로이트가 평생 무의식이 있다는 것을 주장한 것도 같은 맥락이다. 억압Repression이란 무의식이 의식 속에 위장하여 들어온 상태를 말한다. 그러므로 내가 과거를 정확히 복원하지 못하고 현재의 욕망으로 기억하는 것과 그것을 핑계로 거짓을 말하는 것은 구별되어야 한다. 전자는 의식이 모르는 거짓이고 후자는 의식적인 거짓이다.

감각이 금지라는 베일을 쓰고 나타나는 게 사랑이라는 감정이다. 원래 에로스는 너와 내가 한 몸이 되는 파괴이자 혼돈이다. 그런데 자의식은 혼돈을 딛고 태어나는 개체의 감정, 기억, 그리고 판단이다. 에로스와 자의식은 배타적이다. 그런 에로스를 막으려면 살살 달래서 그물을 씌우는 방법밖에 없다. 그런데 이 동물적 본능은 어찌나 강력한지 연인을 살게 하는 에너지의 근원이면서 동시에 때가 되면 베일을 걷고 끝내 자기 모습을 드러내고야 만다. 바로 욕망의 대상을 얻는 순간이다. 어릴 적 남녀차별이 심하던 시절, 나는 어른들이 여자는 절대 결혼하기 전까지 순결을 해치면 안 된다고 강조하시던 기억이 난다. 숭고한 베일을 걷어버리면 연인에 대한 신비함과 거리감이 사라지고 몸의 존재로서 알알이 부딪치면서 쉽게 다툼이 일어난다. 결혼식이란 만인 앞에서 신랑이 신부의 베일을 걷고 혼례라는 사회적 끈으로 민낯을 가리는 절차일 것이다.

숭고한 베일의 연인과 한 몸이 되는 순간 몸의 실체가 드러나고 쾌락이 끝나면 욕망이 사라진다. 연인뿐 아니라 모든 욕망의 대상, 삶의 목표가 그렇다. 그래서 현명한 사람들은 대상 그 자체를 목적으로 삼지 않고 그것을 얻으러 가는 과정 그 자체의 충실함과 즐거움을 목표로 삼는다. 길게, 멀리, 돌아서 가라는 것이다. 그런데 문제는 이것을 알아도 잘 지키지 못한다는 점이다. 감각이 의식보다 더 강한 힘을 가진 집주인이고 의식은 간신히 이 힘을 빌려 사는 세입자이기 때문이다.

세입자는 살기 위해 집주인 행세를 한다. 감각을 살살 끌어들여 잘 속일수록 보상을 받기 때문에 이제 의식은 성실한 속임수가 된다. 의식이란 위장한 파충류의 뇌다. 의식은 남에게 해를 안 끼친다고 믿지만 사실은 이기적 생존에 유리한 감각의 자연선택을 따른다. 그러므로 법이 이기적인 생존 본능에 맞지 않으면 지키지 않는다. 입술이 말을 안 해도 손가락 끝이 말을 하는 것이다. 앞서 강조했듯이 알면서 하지 않는 것은 자의식과 감각의 배타적 관계 때문이다.

그렇다면 나는 어찌해야 하나? 집주인을 너무 잘 대접하면 세입자가 싫어하고 세입자 편에 서면 집주인이 화를 낸다. 균형을 맞추는 일 또한 쉽지 않다. 배타적인 두 힘이 틈틈이 자기 권리를 주장하기 때문이다. 나는 의식이 초월적 행세를 해야 살기 편하고 학교에서도 그렇게 가르친다. 그러나 나는 알면서 하지 않는다. 감각이 그리 녹록지 않기 때문이다. 그렇다면 반대로 모르면서 하는 경우는 없을까? 그 효과는?

나는
모르면서 한다

2013년 노벨문학상을 수상한 앨리스 먼로(1931~)는 단편의 재능을 인정받은 작가다. 캐나다 온타리오주의 작은 시골 마을을 주제로 단편에 뛰어난 재능을 보인 그녀는 간혹 페미니스트로 분류되기도 하지만 그것은 순전히 그녀가 여성이기 때문이다. 여성이 경험하는 내면세계를 전혀 야단스럽지 않게 조명하는 먼로에게 따스한 감정과 느낌은 의식이나 주장보다 중요하다. 단편의 백미라고 알려진 「소년과 소녀들」의 예를 통해 그녀만의 독특한 감수성을 느껴보자.

이 단편은 열한 살 소녀의 시점으로 그려지는 이야기다. 아버지는 시골에서 여우를 길러 파는 농부다. 어머니와 남동생 레어드, 그리고 일손인 헨리가 함께 산다. 소설 가운데 『로빈슨 크루소』를 제일 좋아하는 레어드는 여우 농장 일에 크게 관심이 없다. 남자니까 당연히 하게 될 일 정도로 여긴다. 이와 달리 비록 외로운 시골의 삶에서 먼 세계를 그리워하지만 소녀는 아버지의 일을 좋아하고 그 일을 자랑스러워한다. 호기심과 상상력이 풍부한 그녀는 어머니의 반복되는 집안일을 거들기 싫어한다. 도대체 이 집에 여자애가 있기는 한가라며 어머니가 불평할 정도다. 소녀는 그런 잔소리가 싫어 밖으로 나간다. 어머니는 딸이 자신을 닮길 원하지만 그럴수록 소녀는 아버지의 일을 돕는다.

전에는 '여자애'라는 말이 '어린애'라는 단어처럼, 그저 순수하고 마음에 아무런 부담도 되지 않았다. 그러나 나에게 이제 그 단어는 더 이상 그런 것 같지 않았다. 나는 무조건 '여자애'라는 단어가 내가 되면 안 되는 어떤 것이라고 생각하게 되었다. 그런데도 여자애라는 말은 [주변 사람들로부터] 꾸중당하고 [그들을] 실망시키는 가운데, 내가 되어야만 하는 어떤 것으로 항상 강조되는 정의definition였다.

소녀는 이런 집안 분위기에서 벗어나려는 듯 문을 쾅 닫고 나가곤 했다. 아버지는 여우를 먹이기 위해 늙어서 더 이상 쓸모없는 말을 마을에서 사들인다. 튼튼하고 강한 말보다는 말 잘 듣는 순한 말이 도살할 때 쉬웠다. 그녀가 열한 살이 되던 해 겨울, 두 마리 말이 들어왔다. 맥은 순하고 고분고분 말을 잘 들었지만 암말인 플로라는 강하고 고집이 세어 다루기 어려웠다. 소녀는 '여자애'라는 말이 싫어서 무섭지만 당당하게 동생을 데리고 아버지 몰래 숨어서 아버지와 헨리가 맥을 죽이는 장면을 지켜본다. 끔찍했다. 이주일 후 이번에는 플로라 차례였다. 동물을 먹이기 위해 할 수 없이 말을 죽이는 것을 많이 봤으나 이번에는 아버지와 헨리가 하는 일이 자랑스럽게 느껴지지 않았다. 강력히 저항하며 달아나는 강한 암말을 보니 아버지가 하는 일이 부끄럽게 여겨졌다. 말은 죽지 않으려고 헛간에서 이리 뛰고 저리 뛰다가 문을 박차고 내달리기 시작했다.

말이 울타리를 향해 달리자 아버지는 대문을 닫으라고 소리쳤다. 그러나 소녀는 자신도 모르게 문을 활짝 열어놓았다. 처음으로 아버지 말을 거역했다. 그래봐야 결국은 다시 잡혀올 텐데 일만 어렵게 만든 것이다. 그러나 소녀는 후회하지 않았다. 플로라가 그녀를 향해 힘차게 달려올 때 할 수 있었던 일은 오직 문을 활짝 여는 것 뿐이었다.

나는 이 부분을 학생들에게 읽힐 때마다 혼자서 흥분한다. 얼마나 멋진가. 그러나 학생들은 별로 공감하지 못하는 눈치다. 영어로 쓰였으니 번역에 신경이 쓰여서 그런가? 꼭 그런 것 같지만은 않다. 이것이 먼로의 미묘한 기법이다. 이제 단편의 마지막 문단에 오면 나는 먼로의 솜씨에 감탄하고 만다. 도망친 플로라를 남자들이 마을에서 다시 잡아들인 후 저녁 식탁에서 나누는 대화를 엿들어보자.

레어드는 식탁 넘어 나를 바라보더니 자랑스럽게 또렷이 말했다. "플로라가 도망간 것은 누나 잘못이에요."

"뭐라고?" 아버지가 물으셨다.

"문을 닫을 수 있었는데 안 닫았거든요. 누나가 문을 열어놓아서 말이 도망쳤어요."

"동생 말이 맞니?" 아버지는 물으신다.

식탁에 둘러앉은 식구들이 일제히 나를 바라보았다. 나는 간신히 음식을 삼키면서 고개를 끄덕였다. 부끄러움으로 눈물이 두 눈에서 넘쳐흘렀다.

아버지는 혐오스럽다는 듯이 혀를 찼다. "쓸데없이 그런 짓을 왜 해?"

나는 대답하지 않았다. 포크를 내려놓았고 그것이 식탁에서 치워질 때까지 고개를 들지 못했다.

그러나 아버지가 혐오스러운 듯 혀를 차는 일은 일어나지 않았다. 한동안 모두 말이 없었다. 그러자 레어드가 아무렇지도 않은 듯이 "누나가 울고 있어요"라고 말했다.

"괜찮다." 아버지는 말했다. 단념한 듯 너그러운 유머까지 담아 영원히 나를 용서하고 죄를 면해주는 말이었다. "그저 여자애일 뿐이야." 그는 말했다.

나는 마음속으로조차 항의하지 않았다. 그 말이 진실일지도 몰라.

어린 열한 살 소녀는 문을 열어놓은 자신의 잘못을 인정하고 받아들인다. 그래서 아버지의 관대한 용서와 그저 여자애이기 때문이라는 말이 너그럽게 느껴진다. 그러나 여기서 한 가지 참았던 질문이 튀어나온다. 이것이 왜 노벨상을 수상한 작가의 대표적인 단편일까?

소녀는 사회가 개인의 특성이 아니라 남자애냐 여자애냐에 따라 편견을 가지고 대하는 것이 싫었다. 그래서 아버지 일을 거들고 자랑스럽게 여겼다. 그러나 건강한 암말을 죽이는 것을 보고는 수치스러움을 느낀다. 본능적으로 플로라의 자유를 위해 대문을 활짝 열 때 그녀는 그 암말과 자신을 동일시하고 있었다. 그리고 이것은 자유를 갈망하는 동물에 대한 이해와 사랑이자 소녀만의 감수성이었다. 이 장면이 독자의 박수를 받는 이유다. 핵심은 그녀가 자신의 행동을 죄로 인정하고 "여자애일 뿐"이라는 아버지의 말을 받아들이는 데 있다. 그녀는 자신이 한 행동이 옳은 것임을 모른다. 오직 독자만이 느낀다. 남동생보다 누나가 더 인간적이고 바람직하다는 것을.

먼로는 소녀가 죄로 알고 있는 사건을 정의로 만든다. 어린 소녀는 모르면서 사회의 편견을 짚어주는 옳은 일을 한 것이다. "여자애일 뿐이야"라는 말은 편견을 가진 사람에게는 얕보는 것일지언정 독자에게는 여자애가 남자애보다 옳다는 뜻으로 재해석을 하게 만든다. 우리는 흔히 현실의 문제점을 의식의 입장에서 주장하고 지적한다. 이것을 감각의 행동으로 드러내는 일은 신의 한 수다. 입이 말하지 못하는 것을 손끝이 하고 있는 것이다. 모르면서 하는 것, 오직 잘 짜인 예술만이 그것을 할 수 있다. 허클베리는 알면서 하지 않고 소녀는 모르면서 한다. 둘은 비록 당대의 도덕을 벗어나지만 대단히 윤리적 행위를 실천하고 있는 것이다.

　염분, 칼륨, 칼슘으로 이뤄진 뇌세포는 감정과 의식 사이에서 이렇게 묘한 경쟁을 벌인다. 뇌의 상부가 잘못을 모를 때 의식을 제치고 하부가 이를 지적한다. 그리고 논리적인 좌뇌가 모르는 것을 감정적인 우뇌가 드러낸다. 조지프 르두에 따르면 동물적인 뇌는 의식의 진화 이전에 공포, 두려움, 고통, 그리고 기쁨의 감정을 감지했었다.[1] 아마도 소녀가 무의식중에 문을 활짝 열어놓은 것은 살기 위해 도망치는 순간에 동물이 느끼는 공포의 감정을 소녀도 똑같이 느꼈기 때문일 것이다. 프로이트가 의식을 "거대한 빙산의 일각"으로 표현했듯이 르두 역시 의식보다 감정이 훨씬 더 강하다는 것을 다음과 같이 표현한다.

　　의식이 감정을 조절하는 힘은 약한 반면 감정은 의식을 흘러넘
　　친다. 이런 이유는 뇌세포들이 연결되는 진화의 과정에서 감정

시스템에서 인지 시스템으로의 연결선들이 인지 시스템에서 감
정 시스템으로의 연결선들보다 더 강하기 때문이다(19).

뇌의 하부에서 상부로 올라가는 연결선들이 상부에서 하부로 내
려가는 연결선들보다 강한 것은 깊숙이 자리잡은 파충류의 뇌가 원
초적 생명의 근원이고 점차 위로 진화되어왔기 때문이다. 다윈의 말
처럼 모든 생명체의 본능은 종족 보전에 있다. 프로이트가 암시하듯
이 현실 원칙이란 쾌락 원칙에 비해 얼마나 나약한가.

정신 질환은 두려움, 걱정, 증오, 강박증, 부러움 등 감정 조절이
안 될 때 나타난다. 감정에 대응하는 감정 기관들은 의식 밖에서 일
어나며 거대한 무의식을 형성한다. 감정은 사적일 뿐만 아니라 사회
적 구성물이고 자신이 처한 상황에 대한 사유다(23). 그러므로 인지
과정에서 중요한 역할을 한다. 예를 들어 언어가 아무리 논리적 체계
로 만들어졌다 해도 감정의 침입을 막지 못한다. 몸의 욕망이 강할
수록 말의 의미가 휘청거린다. 사실, 의식이 진화된 이유는 시간을
따라가며 외적 자극을 수용하고 저장하여 더 많은 정보로 더 효율
적으로 현실에 대응하기 위해서였다. 여전히 강건히 자리잡은 감각
은 얼마든지 의식에 알리지 않고 먼저 몸에 새기고 반응한다. 윌리엄
제임스가 표현하듯이 감정은 '몸에 새겨진 감정embodied emotion'이다.
그러므로 나는 슬프기에 우는 것이 아니라 "울기에 슬프다".

심리학자들이 아무리 울기에 슬프다고 알려줘도 나는 여전히 슬
퍼서 운다고 생각한다. 늦게 진화한 의식이 속임수의 훈련을 해왔기
때문이다. 효율성을 위해 그렇게 교육받고 합리성을 위해 그렇게 믿

고 살아왔다. 이를 보완하기 위해 문명은 하나의 대안을 제시했다. 내러티브라는 서사 예술이다. 의식의 베일에 가린 감각의 힘을 경험하게 하라. 감정을 억압하면 오히려 그 힘이 더 커진다는 역설을 깨닫게 하자. 감각이 의식과 균형을 맞추게 하자. 우리가 조이스를 즐기고 예술을 받드는 이유다.

내러티브는
뇌의 구조와 같다

최초의 인류였던 크로마뇽인은 스페인의 알타미라 동굴에 벽화를 그렸다. 수렵 시대였을 터이니 주로 달리는 동물의 모습들이다. 그 후 스페인을 물리치고 프랑스의 라스코 동굴 벽화가 더 오래전의 것이라는 사실이 증명되었다. 역시 동물 그림이었다. 그들에게 동물은 가장 소중한 대상이었고 사냥은 가장 중요한 일과였다. 먹잇감일 뿐 아니라 남성의 힘을 시험하는 대상이었다. 다시 말하면 동물은 인간이 사로잡아야 하는 욕망의 대상이었다. 이 사실은 왜 그렇게 중요할까. 최초의 동굴 벽화는 인간이 동물이면서 동시에 동물과 결별하는 순간을 의미했다. 이 순간을 예술의 기원이라 부를 수 있을까? 아니면 인간의 기원이라는 말이 더 적절할까?

미셸 로르블랑셰는 「예술의 기원」이라는 글에서 이 제목이 당치 않다고 말한다. 인간은 본래 예술가로 태어나고 예술의 역사는 휴머니티의 역사인데 예술의 기원이라니?(2007, 108) 그렇다면 인간의 기원이라는 말이 더 적절할 듯싶다. 프랑스 철학자 조르주 바타유 역시 라스코 동굴 벽화는 동물에서 인간으로 전환하는 계기라고 언급했다. 동굴에 그림을 그린 것은 인지 능력의 시작이다. 마치 어린아이가 걸음마를 배울 때와 같다. 그래서 우리는 이 사실을 열심히 외웠다. 스페인의 알타미라 동굴 벽화와 라스코 동굴 벽화…… 단지 시험에 나오기 때문만이 아니고, 예술이 인간의 진화에 따른 환경과의 우호적 관계에 필수적이었기 때문만도 아니다. 이유를 모르면서 그냥 외웠다. 최초의 사건이니까.

이제는 알 것 같다. 동굴 벽화가 왜 아기의 첫걸음마만큼 의미를 갖는가를. 침팬지는 거울을 보고 자신을 의식하지 않는다. 오직 자의식이 생겨야 개인으로서 나라는 존재를 의식한다. 알면서 하지 않고 모르면서 하는 이중 의식이다. 인간만이 과거를 회상하고 허구를 꾸며낸다. 만일 사유가 주관적이고 회상이 허구적이라면 이들과 상상력imagination은 무엇이 다른가. 라스코 동굴 벽에 그린 동물은 내가 본 것, 내 기억 속에 중요하게 각인된 것, 그래서 후에 생생하게 인출해낸 동물의 모습이다. 빠르게 달려가는 동물의 근육이다. 다시 말하면 몸에 새겨지는 일차적 기억 외에 해마가 본 것을 저장한 후 인출해내는 이차적 기억, 즉 회상 능력이 생겼다는 증거다. 이것이 상상력이고 동물과 인간이 갈라서는 시점이다. 서사적 기억이 없으면 재현representation 능력도 없다.

앨빈 골드먼은 과거를 회상하는 것에 장애를 겪는 환자는 미래에 대한 상상력에서도 장애를 겪는다고 말했다(38). 회상하는 능력이란 미래를 예측하는 기능이고 공감하는 기능이다. 상상력이다. 그래서 골드먼은 회상이라는 서사적 기억, 미래에 대한 예상, 공감, 그리고 상상력은 모두 뇌의 같은 부위에서 일어난다고 말한다. 해마를 비롯한 변연계가 감각과 상호 접촉을 시도한다. 그리고 경험을 저장한 사과 껍질이 조금씩 두꺼워지기 시작한다. 이처럼 그림이 자의식의 산물이라면 언어 역시 마찬가지다.

회화 다음에 언어 예술이 출현하는 이유는 삶의 방식이 수렵에서 농경사회로 바뀌면서 정착이 시작되기 때문이다. 마을과 공동체가 발달하면 소통의 수단이 절실해지고 말이 탄생한다. 그리고 언어 예술인 시, 극, 이야기가 창조된다. 소설은 자본주의의 대량생산 기술이 발전하는 것과 같은 맥락에서 이뤄지고 영화 역시 과학기술의 발전에 의해 나타났다. 왜 우리는 이야기를 듣고 싶고 만들고 싶을까. 어릴 적 할머니께 옛날이야기를 해달라고 졸라대면, 이야기 좋아하면 가난해진다고 타이르시던 것이 기억난다. 들어도 들어도 자꾸 듣고 싶어 일을 안 하니 가난해지는 게 당연하다. 할머니가 등을 긁어주면서 이야기를 해주시면 천국이 따로 없었다. 그래서 할머니는 언제나 아쉽게 등을 톡톡 두드리면서 "엊그제 잔칫집에 갔다 왔지. 오래오래 잘 살다 엊그제 세상을 떴단다" 하셨다. 이야기는 회상하는 인간의 본질이고 의식과 기억의 흔적 혹은 의식과 감각이라는 이중구조로 이뤄진 자의식의 행로를 거스르지 않는다. 나는 성장하기 위해서 이야기가 필요했던 것이 아닐까. 이야기는 진화를 촉진했고 진화는 이야기를 발전시켰다.

이야기는 해마의 기능을 단련하는 것이니 당연히 자연선택에 유리하다. 그뿐 아니라 타인의 삶을 통해 현실을 경험하기에 실제 내 삶에서 실수를 줄일 수 있다. 타인을 이해하는 공감의 증진에도 도움이 된다. 심리학자들은 사이코패스나 자폐증 환자들에게 이야기 듣기와 이야기 짓기를 권한다. 데이비드 로지가 말하듯이 스토리텔링과 내러티브는 뇌의 본질이자 의식의 본질이다. 그렇기에 "문학은 인간 의식의 기록이다"(2002, 10). 디사나야케 역시 삶은 내러티브로 구성되고 소설 쓰기로 알려진 미적 행위는 늘 우리가 하는 일을 강화한 것뿐이라고 말한다(1988, 115). 나는 소설 쓰기란 유별난 어떤 것이라 생각해왔는데 그녀는 그렇게 어려운 게 아니라 내가 나 되는 길이라고 말한다. 그렇다면 세상에서 어려운 게 '내가 나 되는 길' 인가보다.

앞 장에서 나는 공감이 왜 내러티브, 혹은 스토리텔링인가를 밝혔다. 마사 누스바움이 말하듯이 공감이 내러티브 그 자체인 것은 자의식이 시간과 공간 의식을 갖는 것과 다르지 않다. 진화의 본부인 변연계에서 해마는 열심히 시간을 따라가면서 경험을 저장하고 인출한다. 그리고 해마에는 장소 뉴런들이 있어 기억에 도움을 준다. 우리가 과거를 기억할 때 늘 특별한 장소와 연결지어 기억하는 이유다. 그 골목길, 그 찻집, 그 바닷가, 그 산, 그 방…… 우리는 늘 슬픈 기억이든 좋은 기억이든 특정한 장소와 연결지어 떠올린다. 여행을 다니며 세상을 보고 낯선 경험을 통해 인식의 폭을 넓히려는 이유도, 누군가와 만날 때 분위기 있는 특별한 장소를 찾는 이유도, 해마 안에 있는 장소 뉴런과 무관하지 않을 것이다. 시간과 공간 의식은 주로 해마의 역할이므로 자의식이 없는 동물에게서는 기대하기 어렵다. 그림은 공간 예술이지만 내러티브는 시간과 공간의 예술이다. 폴

롯은 시간의 흐름을 따라 구성되며 독서 역시 시간의 흐름을 따라 읽고 사건들을 경험하며 판단에 이른다. 그런데 이런 시간의 흐름은 특정한 장소의 이동과 연관된다. 소포클레스의 비극『오이디푸스 왕』에서 주인공은 테베에서 코린토스로, 다시 코린토스에서 테베로 장소를 이동하며 자신의 비극적 운명을 엮어간다.

내러티브가 진화와 밀접하게 연결되었다는 것은 그것이 심리적 안정을 위한 치유와도 연관된다는 것을 의미한다. 진화는 뇌의 상부와 하부, 감정과 의식의 균형을 조건으로 발달해왔다. 자연히 심리도 이와 같은 진화의 섭리를 지켜야 하는데 우리는 여러 환경과 외적 자극에 의해 이 균형을 잃곤 한다. 네일 슈리치는 심리적 안정을 위한 치유의 기능으로 내러티브의 중요성을 언급했다. 파충류의 감각을 달래서 숭고한 영혼으로 고양시키는 타협이란 자연스러운 현상이다. 이런 생리적 균형을 '호메오스타시스Homeostasis'라 부르는데 이것이 깨지면 공황장애, 불면증, 우울증 등의 정신 질환이 나타난다. 앞 장에서 언급했듯이 자폐증이나 사이코패스는 선천적으로 이 균형이 깨진 경우다.

파충류의 감각을 달래는 방법은 그것을 인정하고 받아들여 경험하는 것이다. 자의식은 바로 이 감각을 바탕으로 진화한 것이고 이야기를 꾸미는 의식이다. 뇌는 알면서 하지 않거나 모르면서 수행한다. 슈리치는 자아를 셋으로 구분하여 생물학적 자아, 관계적 자아, 사유하는 자아로 규정하는데 이는 파충류의 뇌, 포유류의 뇌, 인간의 뇌를 다르게 부른 것이다. 이 가운데 '관계적 자아'라는 말이 흥미롭다. 사과의 달콤한 과육에 해당되는 가운데 뇌는 사과 씨와 사과 껍질을 연결하는 변연계 혹은 자의식에 해당되는데 창조적으로 둘을 한집에 살게 한다(2008, 9). 둘을 관계 맺게 하면서 의식은 변형과 창조를 보상받는다. 창조적 의식이란 현실의 어려움을 수용함과 동시에 개선하고 변화시키는 관계적 자아다.

20세기 후반 포스트모더니즘에서 내러티브는 여성 해방이나 인종 차별, 동성애 차별, 식민주의 반성 등의 정치적 운동에 공헌했다. 억압받아온 계층의 권리를 복원하는 정치적 개혁을 위한 내러티브들이 관심을 받았고 예술의 창조와 감상에서 기법으로 활용됐다. 이런 분위기는 21세기에 접어들면서 뇌과학에 대한 관심과 함께 바뀐다. 정치적 해방을 의식하지 말고, 대신 인간의 마음을 연구하자. 정신 질환을 치유하고 정상적이며 건전한 시민으로서 함께 살아가는 길을 모색하자. 이런 기류가 나타난 것은 뇌과학을 비롯한 기술 발달과 연관되지만 그보다 정치적 운동이 갈등을 심화시킨 것도 한 가지 이유였을 것이다. 다윈의 진화론에 따른 심리학의 부활과 건전한 삶을 위한 심리 치유 외에 어떤 유용성에서도 벗어나는 독서가 강조되기 시작했다. 예를 들어 새로운 패러다임을 선도하는 저널『뉴 리터러리 히스토리』의 편집자인 리타 펠스키는 열정과 애착을 가진 내러티브 읽기의 중요성을 강조해왔다(2008, 87-89). 일상에 묻혀온 이질적인 어떤 것, 다시 말하면 감각을 경험하고 느끼라는 것이다. 의식의 억압에 가려 모르고 지나는 어떤 이질성, 몸은 경험하지만 의식은 모르는 어떤 것을 경험하는 게 최근의 독서 경향이다. 이런 분위기는 다른 저널에서도 비슷하게 나타난다. 최근 내러티브의 중요성은 이처럼 균형 잡힌 뇌에 도움을 주는 것과 연관된다.

인간은 짐승이면서 동시에 신성하다. 이 말은 문학에서는 새로울 것 하나 없는 익숙한 말이다. 오죽하면 "이 짐승만도 못한 인간 같으니라고!"라는 표현이 있을까. 이런 표현은 나의 뇌가 짐승과 숭고한 인간이라는 두 개의 배타적 힘으로 구성되어 있음을 잘 말해준다. 사람에 따라서 감정에 좀더 충실한 이가 있고 좀더 이성적인 이가 있을지언정 우리는 모두 이 둘 사이 어디쯤에 있다. 만일 내가 감정적 인간이라면 자의식을 강화하고 반대로 자의식이 너무 강하면 감정을 연습하라. 우리는 짐승이 아니면 숭고하고, 숭고하지 않으면 짐승이다. 나는 여느 동식물과 다르지만 원래 같은 종에서 진화했다. 그렇다면 환경오염과 지구 생태계에 대한 배려와 나를 생물학적으로 보는 것은 같은 이치다. 그러므로 진화심리학이나 생태 보호의 입장에서 쓰인 내러티브는 우리가 "뱀을 두려워하고 어린이를 사랑하는 생물의 일부"라고 주장한다.

문제는 슈리치의 언급처럼 뇌의 복잡한 회로에도 불구하고 나는 자유롭게 선택하며 생각한다고 느낀다는 점이다(4). 그래서 지금까지 자의식의 위장술을 드러내고 내재적이며 본질적인 속임수를 폭로했다. 그런데 잠깐, 앨리스 먼로의 단편을 읽으면서 소녀가 문을 활짝 열 때 박수를 치고 마지막 단락을 끝내면서 감탄하는 자는 누구인가. 감각이 먼저 태어났음을 주장하는 것은 정당하다. 그러나 그것을 흡수하여 실제로 느끼도록 하고 의미를 만들어내며 판단하고 감탄하는 것은 누구인가. 의식이다.

의식은
타협이다

의식이 없다는 것은 끔찍한 일이다. 그것은 사과에서 달콤한 과육이 없다는 말과 같다. 그렇다면 심리학자나 뇌과학자들은 의식을 어떻게 규정하고 있을까. 프로이트는 당시 유행했던 글쓰기 패드라는 고안물로 인간의 기억(삽화적 기억 혹은 회상)을 유추했다. '글쓰기 패드'는 세 개의 판지가 붙어 있는 고안품이다. 제일 겉장은 보호막이다. 그다음 장은 초를 먹인 셀로판지다. 이 위에 글씨를 쓰고 판자를 떼면, 글씨는 지워지고 그 밑 석판 위에 흔적만 남는다. 그러면 다시 그 셀로판지 위에 글씨를 쓸 수 있다.

이 장치를 뇌의 구조에 비유해보자. 보호막은 뇌를 둘러싼 뼈와 두피다. 안쪽에 안전하게 보호받는 셀로판지는 해마다. 해마는 외부의 자극을 무한히 받아들인다. 그 밑의 석판이 '기억의 흔적들'이라는 저장 뉴런들이다. 경험을 받아들이는 부분과 이것을 저장하는 장소가 다르기에 글쓰기는 무한히 지속된다. 글쓰기 패드처럼 뇌는 경험을 저장하고 인출하는 해마와 그것들을 저장하는 흔적들이 분리되기에 동물과 달리 수많은 정보를 수용하며 저장하고 후세에 넘긴다. 이런 의미에서 해마를 진화의 핵심으로 보는 것은 당연하다. 회상하는 기억은 오직 인간만이 지닌 허구의 능력이고 역사와 문명을 창조한 상상력이기 때문이다.

뇌과학이나 영상 기술 장비들이 고안되기 전이었기 때문에 글쓰기 패드에 관한 글은 프로이트가 자신의 심리학을 단순히 신화에만 종속시키지 않고 뇌과학에 근거하여 발전시켰다는 것을 증명한다. 그로부터 70년이 지난 후, 조지프 르두 역시 『윤리적인 뇌』(1996)에서 해마를 진화의 핵심으로 보았다. 그는 해마가 단순히 외부 경험을 저장하고 인출할 뿐 아니라 복잡한 연결 고리로서 인지의 핵심이라고 말한다. 인지와 판단은 기억에 근거한다는 것을 생각하면 그의 견해는 당연하게 들린다. 해마는 보는 것, 듣는 것, 그리고 냄새 맡는 것 등 모든 외적 자극과 사건들을 저장하고 인출하여 새로운 자극을 배열하며 판단한다.

> 해마는 정교한 디자인으로 꾸며진 것으로 생각된다. 그것은 혼란으로 이끄는 원시적 조직이라기보다 복잡한 컴퓨터적인 힘으로 유도하는 그런 디자인이다. 정말이지 해마는 뇌의 가장 중요한 인지 시스템들 가운데 하나, 말발굽 모양의 일시적 기억 시스템으로, 핵심 연결 고리로 생각되어왔다(200).

예를 들어 공황장애는 흔한 증상이다. 내가 잘 아는 언니는 참으로 차갑고 이성적이었다. 남편과 성격이 잘 맞지 않을 때 그가 집을 비우면 자유를 느낀다고 말했다. 그런데 어느 날 급히 오라는 연락을 받고 그 집에 갔는데 내 손을 꼭 잡고 가지 못하게 했다. 남편을 기다리는데 안 온다는 것이다. 그러고는 "이 인간이……" 하면서 거칠게 욕을 해서 나를 놀라게 했다. 그날 술을 좋아하는 남편은 음식점에 주저앉아 한잔 거나하게 걸치고 들어왔다. 그 지성적인 언니를 거친 짐승으로 만든 것은 우울증에 따른 공황장애 때문이었다. 때로 짐승은 잃어버린 부부애를 되찾아주기도 한다.

그러나 공포와 두려움은 의지만으로 쉽게 떨칠 수 없다. 두려움은 가장 중요한 감정이자 동시에 인지다. 포식자나 안전을 위협하는 경험을 떠올리게 하여 안전을 도모하려는 감정이기 때문이다. 해마의 끝 부분에 붙은 편도체는 두려움의 기억을 저장하고 이것을 위기의 순간에 해마에 전달하여 그 기억이 수면 위로 떠오르게 한다. 스트레스를 받으면 아드레날린 호르몬을 분비하게 되고 기억을 강화한다(LeDoux, 128). 그러므로 뇌의 상부 피질이 두려움을 조정하기는 어렵다. 반대로 두려움이 피질을 압도하기는 쉽다(265). 즉 문명을 상징하는 신피질보다 두려움이라는 감정이 더 강한 이유는 편도체가 바로 해마 끝에 붙어 있기 때문이다. 이것이 두려움을 단 한 번의 의지로 쉽게 차단할 수 없는 이유다.

해마는 시간의 흐름을 따른다. 생각이 물처럼 흐르는 것도 해마가 시간을 따르기 때문이다. 의식이 있다는 것은 현재 이 순간 기억이 작동한다는 뜻이다. 다음 순간에 해마는 기억을 저장소에 넘기고 그 다음 경험으로 넘어간다. 그래서 해마는 작동하는 기억working memory이라고도 불린다. 지금, 이 순간 느끼는 것, 경험하는 것이 의식이다. 의식의 경험은 순간적이다. 곧 다음 경험으로 넘어가기 때문이다(279). 기억을 저장하는 일이 있기에 의식이 존재하고 인지활동이 가능하다. 인지란 의식이 시간 순서를 따르며 받아들인 경험을 흔적으로 저장하고 그것을 바탕으로 대상을 알아보며 판단하는 것을 의미한다.

의식은 이처럼 감각과 타협하면서 기억과 인지와 판단을 한다. 조지프 르두는 의식과 무의식의 차이를 시간과 관련지어 이렇게 설명한 바 있다.

> 사유의 두 측면인 의식과 무의식은 때로 연속성과 평행 기능으로 묘사되기도 한다. 의식은 하나에 하나씩, 시간 순서대로 일을 처리하고, 무의식은 여러 다른 시스템으로 구성되어 나란히 동시에 일을 수행하는 경향이 있다(280).

의식은 경험을 시간 순서로 배열하고 무의식은 저장된 것들을 시간과 상관없이 겹치거나 병렬 형태를 취한다. 그러므로 의식이 없으면 기억은 배열되지 못하고 혼돈 그 자체가 된다. 몸의 습관에 주로 의지하는 동물들과 달리 인간은 혼절하거나 기절하면 의식을 잃고 혼돈에 빠진다. 기쁨과 슬픔의 감정 역시 느끼려면 의식의 매개를 거쳐야 한다. 의식이 없으면 상부에 저장한 경험들도 일사불란하게 인출하지 못하기에 인지와 판단이 불가능하다. 하부인가 상부인가라는 연결 부위가 다를 뿐, 느낌과 사유는 모두 혼돈에서 질서를 창조하는 의식의 매개 역할에 의해 가능하다. 사유와 느낌 가운데 어느쪽이 더 강할까. 우리는 운전하면서 가볍게 대화를 나눌 수 있다. 어떤 학생은 음악을 들으면서 공부한다. 물론 운전하면서 깊은 대화는 위험할 수 있으나 공부할 때 음악은 정신 집중에 도움을 줄 수 있다. 음악은 마음을 차분하게 가라앉히기 때문이다. 이처럼 사유는 다른 일과 병행이 가능하다. 감정은 어떨까. 분노와 절망, 증오와 두려움이 치밀어오를 때 우리는 절대로 운전을 해서는 안 된다. 공부도 물론 되지 않는다. 이처럼 감정은 전체 뇌의 활동을 요구한다. 하부에서 상부로 올라가는 힘이 더 센 것은 그것이 사과의 씨이자 인류의 조상이기 때문이다.

그렇다면 해마 혼자서 이 모든 일을 처리할까. 물론 기억은 인지의 핵심이기에 해마는 중요하다. 그러나 해마 끝에 붙은 편도체가 중요하듯이 해마가 감싸고 있는 '시상' 역시 중요하다. 다마지오나 에덜먼 같은 뇌과학자들은 이 부위를 강조한다. 에덜먼은 뇌의 상부인 신피질을 기억의 흔적들로 규정하고 해마와 의식의 역할을 조금 다르게 설정한다. 의식은 기억과 뗄 수 없기에 해마는 중요하다. 해마는 기억의 흔적들인 신피질과 늘 연결되어 기억을 저장하고 인출한다(2004, 51). 회상은 과거를 현재 입장에서 기억하는 것이고 인지와 판단은 기억된 현재, 즉 과거의 경험과 앞으로 계속 나아가는 감지on going perception 사이의 역동적 상호 접촉이다. 여기서 해마는 경험을 저장하고 인출하는 역할을 한다면, 시상은 저장된 자료를 바탕으로 현재를 판단하는 선택 기관이라고 정의할 수 있다. 그러므로 신피질이라는 경험의 저장소 역시 앞으로 나아가는 의식의 감지에 의해 계속 수정된다.

감각과 의식은 어느 한쪽도 쉽게 물러나지 않는 쌍두마차다. 둘이 서로 배타적이면서 하나라도 없으면 존재할 수 없는 필연적이고도 뗄 수 없는 관계다. 감각은 먼저 자리잡은 뇌의 핵이고 의식은 이 핵을 둘러싸고 진화해왔다. 의식이란 물론 자의식이다. 나를 인식한다는 것은 '내 안의 또 다른 나'를 인식한다는 것이다. 혼자서는 곧잘 노래를 하다가도 여러 사람 앞에서 떨리는 이유는 내가 노래하는 나를 보고 있기 때문이다. 같은 이치로 '사랑한다'는 말은 연인과 한 몸이 되는 감각의 소망 못지않게 사랑받는 나를 보기 위해 노력하는 자의식을 뜻한다.

'내 안의 또 다른 나' 때문에 나는 알면서 하지 못하고, 모르면서 한다. 감각과 의식의 이중 구조 때문에 뇌는 인공지능이 하지 못하는 상상력, 즉 이야기를 꾸미는 천부의 능력을 지닌다. 그러나 세상에 공짜는 없다. 스트레스와 불안으로 잠을 못 이루고 공황장애나 우울증에 빠지는 로봇은 없을 것이다. 그렇기에 성공적인 삶은 이중 구조를 존중하여 극단에 치우치지 않고 얼마나 지혜로운 타협을 하느냐에 달려 있다.

윤리적 속임수:
인공지능 시대일수록 잘 짜인 내러티브가 필요하다

인터넷에 소개된 프로이트의 사상을 읽으면서 마음이 편치 않을 때가 있다. 마음을 '에고, 이드, 슈퍼에고'라는 세 범주로 나누고 슈퍼에고의 명령으로 에고가 이드를 조정한다는 내용이다. 만일 내 마음이 그렇듯 산뜻하게 삼분법으로 해결된다면 삶은 왜 이리 힘들고 역사는 왜 잘못을 반복하며 폭력은 왜 없어지지 않을까. 프로이트는 결코 그리 단순하지 않았다.

에고(의식)는 작은 선택 기관에 지나지 않는다. 이드(무의식)는 뇌의 거의 전체를 차지한다. 그러면 슈퍼에고는 어디에 있는가. 뇌의 상부 피질에 형성된 부분으로, 이드가 법과 사회의 눈치를 보며 위장하고 있다. 위장이란 언제든 본래의 이드가 모습을 드러낸다는 것을 의미한다. 이것이 슈퍼에고다. 1923년에 발표한 글 「에고와 이드」에서 프로이트가 그려놓은 뇌 그림과 부위는 오늘날 뇌과학자들이 말하는 것과 신기하리만치 일치한다.

의식은 가운데 작은 부위이고 슈퍼에고는 상부의 신피질에 해당되며 이드(무의식)는 뇌의 대부분을 차지한다. 프로이트에 따르면 이드가 현실의 눈치를 보고 위장하여 들어온 것이 슈퍼에고이므로 이를 지나치게 밀어붙이면 언제든지 본모습, 즉 파충류를 드러낸다. 슈퍼에고가 그토록 강한 독일 군인들이 어떻게 히틀러의 유대인 학살에 동참했을까. 학대와 자학(사도마조히즘)은 쾌락(이드)의 본질로서 법이라는 슈퍼에고 속에 위장해 들어와 있다. 그러므로 법(명령)을 강력히 밀어붙이면 사도마조히즘적인 공격성을 즐기면서 이드로 변질된다. 이성적인 독일 나치는 명령을 수행하면서 차츰 사도마조히즘적 쾌락을 즐기게 된 것이다.

안토니오 다마지오는 데카르트의 오류를 다음과 같이 지적했다. 감성은 이성보다 더 큰 뇌의 부위이며 생명의 원천인데 계몽주의는 이성만 중시하고 감성을 무시하며 제거하려 했다. 올바른 감성 혹은 감각은 인간을 위한 유기농 텃밭이다. 좋은 채소와 열매를 맺기 위해서는 이 텃밭에 건전한 이성의 씨앗을 뿌려야 한다. 마음의 균형 잡기에서 감성에서 이성으로 올라가는 상행 열차는 이성에서 감성으로 내려가는 하행 열차보다 훨씬 더 강력하다.

마음을 가장 잘 통찰한 세 사람으로 다마지오는 셰익스피어, 프로이트, 윌리엄 제임스를 꼽았다. 셰익스피어는 열정passion의 마스터다. 『햄릿』『맥베스』『오델로』그리고 『리어왕』이라는 위대한 비극에서 주인공은 모두 이성보다 감각의 힘에 압도된다. 아버지의 유령에 의존하여 현실을 풀어가는 햄릿, 마녀의 말을 믿고 권력을 찬탈한 맥베스, 이아고의 말에 현혹되어 사랑하는 아내를 죽이는 오델로 그리고 자식의 사랑을 말로 확인하려던 리어왕, 이들은 모두 환상의 힘에 이끌려 일을 저지르고 오류와 고통 속에 빠지는 감성의 인물들이다. 공허한 환상과 언어에 의지하여 살아갈 수밖에 없는 삶과 그런 삶이 가져다주는 허무함이 작품마다 스며들어 있다.

프로이트와 제임스는 의과대학의 심리학자들이었다. 진화론의 입장에서 의식이 억압한 감각을 드러내고 자유의지와 그것의 한계를 암시한 과학자들이다. 이들은 마음을 과학적으로 접근하려 한 심리학자였으나 인문학과의 융합을 피할 수 없었다. 마음은 과학적으로 분석하면 할수록 인문학적이었다. 진화는 자의식이고 자의식은 공감이며 공감은 내러티브다. 내러티브는 의식 속에 깃든 속임수를 드러낸다. 피카소가 말하듯이 문학은 거짓으로 진실을 이야기한다.

감성과 의식의 싸움에서 감성이 더 강한 주인인데, 의식이 주인 행세를 하는 것을 드러내고 감각과 균형을 취하기 위해 서구에서는 셰익스피어, 프로이트, 제임스가 필요했다. 동양인은 어떤가. 서구인들이 주장하는 감성과 감각에 귀를 기울이면서도 서구와 다른 동양의 특징을 생각해본다. 대체로 서구는 합리적이며 지독히도 꼼꼼하고 법과 원칙을 충실히 지킨다. 너무 지킬 때 문제가 발생한다. 전통을 차곡차곡 쌓아가는 것만 봐도 그렇다. 그들의 담론은 균형을 위해 의식의 독주를 막으려는 경향이 강하다. 반면에 동양은 감성이 강한 것 같다. 감정에 휩쓸려 개인 감정을 공적인 이성으로 착각하는 경우가 많다. 민주화가 진행되면서 남의 눈치를 보지 않고 자기 의견을 자유롭게 발표하는 능력은 향상되었으나 아직도 남들 앞에서 질문을 망설이는 사람이 많다. 반면에 자기주장을 만인의 것처럼 믿고 타인을 조종하려는 독단적인 사람도 있다. 그렇다면 우리에게도 감정의 조종과 법의 균형이 필요하다. 잘못된 법도 있지만 대체로 법이 없어서가 아니라 그것을 제대로 지키지 않는 것이 더 문제되기 때문이다. 마음의 균형은 사회의 균형이다. 고독과 공감은 같은 자의식에서 나타나는 증상이기에 마음의 건강지수와 사회의 건강지수는 같다.

제니는 톰을 사랑했으나 이기적인 톰은 그녀를 받아들이지 않았다. 그녀는 혼자서 긴 여행을 떠난다. 우연히 스페인어를 하는 여자와 동석하면서 그 집에 머물고 멕시코에서 살게 된다. 그녀는 그런 식으로 중국, 호주 등 여러 나라에서 여러 직업을 전전한다. 9년 만에 자아를 찾기 위해 다시 톰이 사는 마을로 온 지금, 그녀는 습지의 거머리와 개구리 연구를 하고 있다. 톰의 동료와 알게 되어 톰을 방문한 제니는 엘리스란 이름을 사용하고 있었다. 톰은 보석세공사인 라미나와 결혼했는데 아내는 장학금을 얻어 캘리포니아로 떠나려 하지만 톰은 별거해야 할지 어떨지 마음을 정하지 못한다.

제니를 보고 놀란 톰은 그녀와 산책하다가 노부인이 쓰러진 것을 발견하고는 즉시 응급 조치를 취한다. 그녀를 편안히 구해낸 것은 두 사람의 거짓 신분이었다. 엘리스는 심장병 명의이고 톰은 정형외과 의사라고 거짓말을 했으며 그 거짓말이 노부인을 믿고 따르게 했다. 여러 나라에서 여러 직업, 다른 이름으로 살아왔던 그녀에게 자신의 신분은 고정불변도 아니고 단 하나도 아니었다.

제니는 자아를 떠나지 못하는 우유부단한 톰에게 함께 떠나지 않겠느냐고 권하지만 톰은 여전히 대답을 못 한다. 또 다른 모습으로 혼자 여행길에 오르는 제니. 톰이 아내와의 관계에 어떤 결정을 내리지 못하는 가운데 영화는 끝난다. 나는 누구인가. 나는 얼마나 변신이 가능한가. 단 하나의 나를 부정하는 영화 「컴플리트 언노운」(2016)은 우리가 얼마나 다중의 주체인지를 보여준다. 특히 거짓 신분으로 타인을 돕는 것이 인상적이다. 집착을 거부하고 다수의 자아를 경험하는 제니, 이것은 집착의 반대인가 아니면 집착의 다른 징후인가. 영화는 '윤리적 거짓'이라는 새로운 단어를 선물한다. 거짓이라도 그것이 타인을 돕고 사회를 치유할 때 이런 거짓은 윤리적인가 아닌가. 물론 그 한계와 범위가 중요하겠지만.

나의 뇌는 생각보다 영리하게 진화했다. 영리하다는 것은 정확하다는 뜻이 아니다. 오히려 그 반대다. 나는 살아가는 데 편리하지 않으면 자연선택을 하지 않는다. 적절히 가려서 기억하고 전체적인 틀 안에서 인지하며 도움이 되는 쪽으로 선택하고 믿는다. 제임스에 따르면 우리는 사물을 인식할 때 상세한 것을 모두 기억하지 않는다. 주어진 커다란 틀 안에서 걸러서 받아들인다. 그는 이것을 프린지 fringes라고 표현했다. 오케스트라는 여러 악기가 동시에 제각기 소리를 낸다. 그러나 나는 하나하나 개별 악기를 듣지 않는다. 전체적인 멜로디를 따라 곡을 듣고 이해한다. 적당히 망각하고 적절히 떠올린다. 예를 들어 왜 과거의 기억은 현재 순간에 의해 변형되는가. 그리고 왜 그 기억이 정확하다고 믿는가. 과거보다 현재에 대응하는 것이 더 중요할 뿐 아니라 내 기억이 정확하다고 믿어야 현재 부딪히는 일에 대응하고 판단할 수 있기 때문이다.

과거보다
현재가 중요하다

마이클 가자니가Michaels S. Gazzaniga는 『윤리적인 뇌』(2005)에서 기억이 현재 순간에 의해 변형되는 이유는 과거 기억보다는 코앞에 닥친일의 해결이 더 중요하기 때문이라고 말한다. 이미 지나간 일들보다미래를 위한 준비가 더 중요하다는 것이다(120). 또한 모든 것을 일일이 기억하고 살 순 없기에 편의상 취사선택을 한다. 경험한 것들의요점이나 특이한 것들을 주로 기억한다. 매우 중요한 부분들을 기억해야 하기에 상세한 것보다 사건의 핵심만 기억하는 쪽으로 뇌는 진화했다. 하루 종일 많은 일이 쉴 새 없이 일어난다. 뇌는 이들 가운데요점만 기록하고 빨리 범주화하여 라벨을 붙이고는 다음 순간의 경험으로 넘어가야 한다.[1] 우리는 그렇게 긴 세월을 살아왔다.

기억의 목적은 유용한 정보를 저장하고 적절하게 인출하여 사용하기 위한 것이다. 그러므로 과거보다는 현재, 그리고 가까운 미래에쓸모가 있어야 한다. 해마는 끊임없이 시간을 따르기 위해서 이중 조직을 선택했다. 받아들인 정보를 신피질에 넘겨주고 보관하도록 한것이다. 그러므로 정보는 보관된 시간이 아니라 인출하는 현재 시간의 느낌과 신념들을 더 정확히 재현한다. 보관 시점의 정보는 이미그 이후, 해마의 인출과 저장에 의해 변화된 것이다. 그뿐 아니라 자연선택은 옛날보다 경험이 조금 더 풍부해진 현재의 인지를 더 현명하다고 믿는다. 경험이 다양할수록 지혜도 깊어진다. 자연선택은 옛날에 매달리지 않고 변화하는 미래를 따른다. 더 넓어지고 깊어진 현명한 나의 지혜와 판단을 믿기 때문이다.

자연선택은 이기적인 생명 보존의 법칙에 의해 변화되어왔지만 그렇게 변화한 뇌는 대단히 윤리적이다. 기억은 과거를 떠올리기 위한 기제라기보다 미래의 나를 위해 준비하는 수단이다. 그리고 시간에 따라 늘 변화하기에 결코 제자리에 멈추는 법이 없다.[2] 설악산 골짜기 깊은 계곡의 단풍이 매 순간 형형색색으로 변하듯 찬란한 기억의 색깔과 의미도 변한다.

의식은 계속 앞으로 나아가면서 뒤로 간다. 아니 뒤로 가면서 앞으로 나아간다. 현재를 산다는 것은 쉽지 않다. 오직 하나의 기간으로서 현재가 존재할 뿐이며 이것을 소중히 다뤄야 한다. 그냥 부딪히는 현실을 무조건 성실히 최선을 다해 사는 길 외엔 없다. 과거에 대한 후회나 미래에 대한 비전은 그저 현실을 견디는 수단일 뿐 모두 참모습이 아니다. 삶은 '영원한 현재'다. 「컴플리트 언노운」이라는 영화에서 길가에 쓰러진 노부인을 치료한 것은 찰나의 기지로 나타난 두 사람의 거짓말이었다. 전문의라는 말에 노부인은 신뢰를 보낸 것이다. 우리 몸은 그토록 믿음에 잘 반응한다. 심리는 몸 그 자체다. 객관적인 지식이 아니라 그동안 몸에 쌓인 경험의 정보가 몸에 즉시 반응하는 것이다.

하버드대학의 대니얼 색터는 기억에 관한 논의에서 빠뜨릴 수 없는 중요한 학자다. 그는 기억이 일반적으로 놓치고 왜곡하는 예들을 분류하며 이것을 일곱 가지 죄라고 코믹하게 표현한 바 있다. 가자니가는 이 부분을 자세히 인용하고 있다(126~157). 기억은 '덧없고' 시간이 흐르면 퇴색하며 사라진다. 저장소의 용량이 무한하지 않아 모두 담아둘 수 없기 때문에 중요한 것만 선택한다. 두 번째 죄는, 기억은 정신 집중을 요한다는 것이다. 기억하는 당시에 정신을 집중하지 않으면 망각의 늪으로 사라진다. 세 번째 죄는, 기억할 것을 다른 기억이 막아서 떠오르지 못하게 하는 것이다. 예를 들어 자몽이라는 단어가 떠오르지 않고 대신 망고라는 이름이 계속 생각 나 기억을 가로막는다. 네 번째, 기억은 배치를 잘 못 한다. 강간을 당할 때 우연히 본 텔레비전 화면의 남자가 후에 엉뚱하게도 강간범으로 떠오른다. 또한 상상한 것을 실제 일어났다고 착각하기도 한다. 다음으로 기억은 '암시'에 의해 변형된다. 다른 사람이 준 정보를 자기 기억 속에 합치는 경우다. 여섯 번째로 기억은 사회적이고 개인적인 편견의 영향을 받는다. 흑인이나 유색인을 열등한 인종으로 보는 편견이 잘못된 기억을 낳곤 하는 것이다.

마지막으로 가장 큰 기억의 죄는 원치 않는 기억이 반복하여 떠오르는 경우다. '강박적 기억Persistence'이라 부르는데 감정이 강하게 개입될수록 더 생생하게 저장되기 때문에 일어난다.

강박적 기억이란 네가 잊고 싶어하는 사건이나 생각들이 끊임없이 떠오르는 것이다. 주로 감정적인 사건들이 그런 기억이다. 뇌의 감정을 담당하는 뉴런들과 사건을 경험할 때 활성화되는 부위들이 동시에 강렬하게 활성화되면 기억이 더 생생하게 저장되고 이것이 반복적으로 그 사건을 떠오르게 하는 경향이 있는 것 같다(137).

감정이 강할수록 강하게 저장되고 잊으려 할수록 더 생각난다. 삶이 어려운 이유 가운데 하나다. 그런데 감정에는 사랑과 증오의 양면이 있다. 재미있는 것은 두 위대한 심리학자인 제임스와 프로이트가 각기 다른 감정에 관심을 가졌다는 사실이다. 유복한 가정에서 태어나 어릴 적 유럽 여행을 하고 유럽에서 공부했던 제임스는 사랑이 기억에 미치는 영향을 주로 연구했다. 유년기에 친근감이나 사랑의 감정을 가지고 경험한 사건들이 기억에 오래 남는다고 말한다. 그리움을 품은 좋은 기억들이다. 이에 비해 프로이트는 증오나 공포의 감정이 기억에 미치는 영향에 관심이 많았다. 유대인으로 유럽 사회에서 차별받고 그 후 나치의 공포에 시달린 그로서는 증오와 부러움, 공격성 등 부정적 감정이 마음에 미치는 영향을 탐구하지 않을 수 없었을 것이다. 많은 정신적 부적응이나 정신 질환은 증오와 충격, 배반과 공포 등의 경험이 기억에 새겨져 망각하고 싶을수록 더 생각나기에 일어난다. 고통스런 경험은 트라우마가 되어 치유를 요구하게 된다. 사랑을 추구하지만 우리는 증오와 공포에 더 시달린다. 이것이 제임스보다 프로이트를 더 유명하게 만들고 더 많은 논쟁을 낳게 한 이유일 것이다.

트라우마는 나쁜 기억이 무의식으로 억압되어 있는 것으로 기억과 꿈을 통해 상흔을 분석하고 치유해야 한다. 의식의 수면 위로 떠오르는 나쁜 기억들은 일곱 가지 기억의 죄에 따르면 과거 그대로가 아니다. 사후의 사건들이 그 일을 더 나쁘게, 더 후회스럽게 각색하여 강박적으로 나쁘게 떠올릴 수도 있다. 따라서 의식의 수면 위로 떠오르는 좋은 기억들로 나쁜 상처를 덧칠하는 연습이 필요하다. 세상에는 나쁜 사람도 많지만 좋은 사람들도 꽤 있기 때문이다. 다마지오를 비롯한 에릭 캔델, 에덜먼 등 최근의 뇌과학자들이 프로이트와 함께 언제나 제임스를 빠뜨리지 않고 언급하는 이유다. 사랑의 감정이 소중한 것은 그 자체 때문보다는 그 이후 마음에 남아 있는 친근한 감정과 좋은 추억 때문이다.

뇌는 현재의 안전과 행복을 위해 과거의 경험들을 저장한다. 그것이 기억과 인지에 허구가 개입되는 이유다. 흔히 프로이트를 과거 지향적 이론가라 일컫는데, 결코 그렇지 않다. 과거의 트라우마는 오직 환자의 현재 욕망을 알아내야만 밝힐 수 있다는 것을 그는 잘 알고 있었다. 기억이 현재 입장에서 회상된다는 것을 그토록 강조한 심리학자도 없을 것이다.

그러므로
나는 고독하다

색이 누렇게 바랜 나의 아주 오래된 소중한 기억이 하나 있다. 하버드대학이 있는 케임브리지 역에서 오래된 지하철을 타고 30분쯤 달리면 콩코드라는 작고 아름다운 마을에 다다른다. 낡은 열차의 두꺼운 창엔 세월의 때가 부옇게 끼어 있지만 창밖으로 스치는 숲과 나무의 아름다움을 지우지는 못했다. 1980년 4월 콩코드는 봄기운에 젖어 꽃과 나무들이 낮은 담 너머로 낯선 방문객을 바라보았다. 19세기 초 미국에 새로운 지적 운동을 일으켰던 에머슨과 헨리 데이비드 소로가 살며 이상적 사회를 꿈꾼 마을이다. 여기에서 다시 자동차를 타고 숲으로 들어가면 월든이 나온다. 그 옛날 소로가 오두막을 지었던 호수다. 내가 그곳을 찾았을 때 호수는 일반인에게 공개되어 야영하는 사람들이 드문드문 보였다. 그는 삶의 정수를 맛보기 위해 숲속으로 들어가 1845년부터 1847년까지 실험적인 삶을 살았고 그 경험을 압축하여 철학적으로 용해한 『월든』이라는 내러티브를 창조한다. 그가 지었던 오두막은 내 상상보다 훨씬 더 작았다. 그때의 오두막은 존재하지 않고 똑같이 모형을 만들어 갖가지 박제된 새들과 함께 소로 박물관에 보존되어 있었다.

아무도 없는 숲속에서 나무를 잘라 오두막을 짓고 이스트로 빵을 구우며 동물을 잡아 말려서 먹었던 그는 완전히 자급자족하면서 자연을 관찰하고 사랑했다. 세상에서 가장 소박하고 고독한 삶을 의도적으로 선택했던 소로는 맑고 투명한 사유를 위해 삶에서 진정으로 필요한 물질은 얼마큼인가 증명하고자 했다. 그리고 물질보다 정신적 자유가 더 소중하다는 것을 글로 남긴다. 그는 고독을 실험했고 그 결과는 독창적 고전으로 남겨졌다. 그에게 고독은 자아를 증명하는 자의식이었고 사회적 공감을 위한 것이었다. 그는 일기, 모험기 등의 글을 끊임없이 쓰고 출판을 시도했다. 독자의 관심을 별로 받지 못해 어떤 책은 자비로 펴내기도 했다. 그의 고독은 고립이 아니라 항상 사회적 동의와 판단을 향해 열려 있었다. 이것이 진정한 고독이다.

고립은 이와 다르다. 고립은 공감을 짝으로 삼지 않는다. 사회를 향해 의식이 문을 닫기 때문에 자의식이 아니라 질병이 된다. 뇌의 균형이 깨져 우울증으로 이어진다. 그러므로 나는 고독해야 한다. 인간이 동물과 달리 미래를 꿈꾸고, 사랑하고 가족을 꾸미고 문화와 예술을 창조할 수 있었던 것은 고독한 존재이기 때문이다. 고독은 상상력의 다른 이름이기도 하다. 이 고독은 사회적 인정과 평가를 요구한다. 고독이 병이 되는 것은 사회적인 공감을 얻지 못할 때이다. 그러므로 사회는 개인의 능력과 노력에 대해 정당한 대가를 보답하는 공정한 시스템이어야 한다. 나는 고독하기에 공감하고 공감하기에 고독하다. 고독은 신이 내린 창조의 은총인 반면 고립은 잿빛 질병이다.

인공지능 시대에
내러티브는 여전히 국력이다

아일랜드는 영국으로부터 독립한 나라다. 이곳을 방문하는 이들은 대부분 더블린을 찾는다. 그리고 그 도시에서 제임스 조이스의 작품에 나오는 거리와 장소를 더듬는다. 더블린을 관광도시로 만든 조이스는 편협한 민족주의를 거부하고 세계적인 작가가 되기 위해 그곳을 떠나 유럽으로 향했다. 그러나 그의 작품 속에는 언제나 조국 아일랜드의 역사와 인물과 거리가 나온다. 그는 내러티브를 통해 국력을 살린 애국자다. 그의 첫 작품 『더블린 사람들』에 마지막으로 수록된 중편은 「죽은 사람들」이다. 잘 쓰인 내러티브는 감각의 위대함 속에서 바다처럼 넓은 공감을 선물한다.

가브리엘은 해마다 크리스마스 저녁 파티에서 멋진 연설을 하는 마을의 지성인이다. 이번에도 그는 과거에 매달리지 말고 삶의 순간들을 충만히 살라는 겁나게 멋진 연설을 한다. 즐거운 시간을 보내고 초대받은 집을 막 나서려는 때, 가브리엘은 우연히 그 집 이층 난간에 기대어 생각에 깊이 잠긴 아내를 올려다보게 된다. 난간 옆방에서는 '오그림의 처녀'라는 노래가 흘러나오고 그녀의 표정은 어느 먼 곳을 헤매는 듯 애틋함과 동경, 그리고 신비함으로 가득했다. 오랫동안 일상에서 잊고 지냈던 아내에 대한 열정이 그의 가슴에 끓어오른다. 그녀와 단둘이 갖는 멋진 밤을 기대하며 가브리엘은 서둘러 호텔을 찾는다. 어딘지 다른 곳에 가 있는 듯한 아내의 마음을 느낄수록 그의 마음은 조급하다. 그러나 호텔에 도착한 후 들려준 아내의 이야기는 뜻밖이었다. 어느 추운 겨울밤 그녀를 사랑하다 폐렴에 걸려 죽은 옛 연인에 관한 이야기였다. 그녀가 난간에 기대어 듣던 노래는 그녀를 위해 추운 밤 창밖에 서서 즐겨 불러주던 옛 연인의 노래였다. 아내의 잠든 얼굴에서 그는 조금 전까지 끓어오르던 정욕이 아닌 측은한 연민과 사랑을 느낀다. 그리고 흰 눈이 소복이 내리는 창가에 서서 그의 상상력은 어느덧 모든 죽은 자의 무덤 위로 날아가 그 위에 쌓이는 눈을 보고 있었다. 그 속에는 폐렴으로 죽은 그녀의 연인도 있을 것이다. 그리고 무덤의 주인들은 바로 파티에서 그가 주장했던 현재의 충만한 삶을 믿었던 사람들이 아니었을까.

영화든 소설이든 연극이든 모든 내러티브를 감상할 때 우리는 마치 실제 내가 경험하듯이 느낀다. 나는 소설을 읽을 때 서술자의 설명, 인물의 행동과 대화를 통해 내용을 파악한다. 일어나는 사건들을 시간 순서대로 배열하고 바뀌는 장소들을 기억했다가 서로 연결한다. 주로 해마가 이런 일을 맡는다. 이 과정에서 마치 내가 경험하듯이 인물과 동일한 감정을 나눈다. 한 가지 차이는 서술자의 개입에 의해 그 인물과 완전히 일치되지 않고 떨어져 나와 판단을 한다는 점이다. 과육은 사과 씨와 껍질 사이를 연결하는 의식이다.

표정 읽기는 왜 중요할까. BBC가 만든 「뇌의 비밀」이라는 프로를 보면 이런 이야기가 나온다. 자폐증 환자였던 그는 어릴 적부터 대화가 안 되어 따돌림을 받아왔다. 그는 무대 기술에 흥미를 느끼면서 그 분야에서 성공을 거두고 유명해진다. 아스퍼거 증후군이다. 어느 날 하버드대학의 뇌과학자는 그의 동의를 얻어 경두개 자기 자극 TMS이라는 좌측 전전두엽에 자극을 가하는 실험을 했다. 그는 뜻하지 않게 회복되어 정상인이 된다. 그에게서 맨 처음 달라진 점은 바로 표정을 보고 타인의 심리와 의도를 파악하게 된 것이다. 표정 읽기는 정상인의 조건이었다. 영화에서 관객은 카메라가 클로즈업하는 인물의 표정을 보고 심리를 파악한다. 흉내 내기와 판단이 동시에 작용하기에 고급 영화일수록 표정과 행위만으로 메시지를 전달하는 경우가 많다. 영화는 언어예술 못지않게, 아니 그보다 더 직접 거울뉴런과 공감을 연습하게 돕는다.

문화의 발전 동력은 무엇일까. 매체를 달리하면서 내러티브 예술은 왜 끊임없이 지속되는가. 뇌과학자인 다마지오는 예술이 발전한 이유를 뇌의 생리적 요구와 사회적 요구로 다음과 같은 일곱 가지를 들었다. 예술은 내가 평화롭고 안정된 마음을 유지하기 위해 절대적으로 요구하는 정서와 인지의 균형을 위해 시작되었다. '호메오스타시스'라는 생리적 충동이다. 두 번째, 예술은 타인을 이해하고 소통하는 수단으로 발전한다. 언어가 발달하듯이 예술은 거울뉴런의 연습이고 보상이다. 셋째, 의식에의 속임수에 저항하여 감정과 느낌을 드러낸다. 넷째, 자신과 타인의 마음을 파악한다. 다섯째, 특별한 삶의 측면을 연습한다. 여섯째, 도덕적 판단을 기른다. 마지막으로 예술은 생물학적인 몸을 숭고한 이상과 연결한다. 이것이 승화sublima-tion다.[3]

영국은 이야기를 잘 꾸미는 나라다. 영국이 대국이 되는 초석은 엘리자베스 1세의 문예부흥과 함께 이뤄졌다. 그들이 자랑스럽게 내세우는 것은 무기도 돈도 아닌 '셰익스피어'다. 밀턴, 브론테 자매, 제인 오스틴, 토머스 하디, 찰스 디킨스 등 영국 문학은 국력의 동반자였다. 미국 역시 에머슨과 소로의 르네상스로부터 세계적 국가로 발돋움한다. 그리고 국력이 최고에 달하는 20세기 후반에 이르면 영국을 앞지른다. 예술과 문학의 힘이 국력이었다. 한 나라의 가치는 이야기 꾸미기의 가치다. 그것은 곧 뇌가 올바르게 진화한다는 것을 의미하기 때문이다. 의식과 감정의 타협 및 조화는 균형 잡힌 사유를 유도하고 국민의 정신 건강에 절대적인 영향을 미친다.

인공지능이 아무리 애를 써도 닮지 못할 인간적인 요소는 바로 이 부분이다. 생각의 속임수와 이야기를 꾸미는 능력이 없는 한 인공지능은 인간 뇌의 하위 보조 수단에 머물 것이다. 과연 인공지능이 이야기를 꾸밀 수 있을까? 진화의 핵심이자 예술과 문화의 동력인 정서 및 인지의 균형을 인공지능은 흉내 낼 수 있을까. 사회를 개선하기 위한 내러티브 창조는 뇌의 자연선택이었다.

선진국이란 단순히 기술 문명이 발달하고 돈이 많은 나라가 아니다. 시민 각자가 자긍심을 갖고 안전하고 평안하게 느끼며 사는 나라다. 정치적, 사회적 부패가 덜하고 법이 잘 지켜지며 언론이 비교적 공정하고 출판 수준이 높은 나라다. 이들은 우리가 선진화를 위해 해야 할 너무나 당연한 정의다. 고독한 개인의 창조력을 존중하고, 공감을 집착으로 착각하지 않으며, 타인에 대한 배려, 질서와 감각의 조화가 잘 이뤄진 사회가 선진국이다. 내가 외국에 나갔을 때 "당신은 어디에서 왔는가?"라는 물음에 "한국"이라고 자랑스럽게 대답할 수 있는 나라다. 그 물음은 바로 이 책의 서두에서 던진 '나는 누구인가'라는 질문과 결코 다르지 않을 것이다.

주註

서론

1 독일의 생물학자 윅스퀼Jakob von Uexküll은 다윈의 진화론에 반대하여 모든
  생물을 독특한 환경Umwelt과의 관련 속에서 조사하고 실험했다. 그의 비교생
  물학적 견해는 최근 환경론에서 다시 조명된다. Uexküll, Jakob von. "A Stroll
  Through the World of Animals and Men." *Instinctive Behavior*, Ed. and
  Trans. Claire H. Schiller, 5-80. 1934; New York, International Universities
  Pr. Inc, 1957.

2 *Sophocles 1*. Ed. and Trans. Hugh LLoyd-Jones. Cambridge: Harvard Uni-
  versity Press, 1994, 1997, 361, 363 참조.

3 니체의 초인을 대표하는 차라투스트라는 암울한 현실의 한계를 극복하는 용기를
  자연과 동물적 힘에서 찾는다. 운명의 힘이 거셀수록 이에 맞서는 인간의 힘도 강
  해진다고 주장한 에머슨의 수필 「운명Fate」을 니체는 젊은 시절에 늘 지니고 다녔
  다고 한다.

4 존재는 사후에 '차이'에 의해 만들어진다고 봤던 가라타니 고진은 『일본 근대문

학의 기원』에서 일본의 근대 주체의 형성이 근대 국가 확립을 위해 사건 이후에 만들어진 것이라고 주장한다.

5 마음이란 추상적인 느낌을 주는 단어다. 예전에는 논리나 이성은 머리에 있고, 감흥이나 마음은 가슴에 있는 것으로 표현해왔다. 그러나 심리학에서 마음은 심리 psyche이고 다분히 과학적 용어다. 뇌과학이 주목받는 최근에 마음은 뇌의 작용, 감흥과 의식의 상호작용으로 이루어지는 기억, 생각, 인지 등을 의미하게 되었다. 이 책에서 '마음'은 주로 뇌의 작용인 기억과 인지, 혹은 생각과 판단을 가리킨다.

6 Martin Heidegger의 *What is Called Thinking?*은 J. Glenn Gray가 영어로 번역했고 1976년 뉴욕의 HarperCollins 출판사의 Prennial에서 펴냈다. 이 글에서는 2004년판을 인용.

7 하이데거는 「The Question of Concerning Technology」에서 원래 '테크네'는 예술이라는 의미였으나 오늘날 기술은 자연을 파괴하는 쪽으로 나아가고 있다고 말한다. *Basic Writings*. Ed. David Farrell Krell. HarperCollins, 1977, 1993, 311-341.

8 하이데거가 쓴 『파르메니데스Parmenides』는 1992년에 인디애나대학 출판부에서 영역본으로 출간되었다. 하이데거가 장자의 「물고기의 마음」을 읽었다는 기록은 Graham Parkes의 "Thought on the Way" 참조. 이 글은 그가 편집한 책, *Heidegger and Asian Thought*, Honolulu: Hawaii UP, 1987의 105-154에 실려 있다.

9 Jung, Hwa-Yol은 중국 도가 사상의 관점에서 하이데거의 사상을 읽은 그의 글 "Heidegger's Way with Sinitic Thinking," *Heidegger and Asian Thought*, 217-244에서 이렇게 말한다: "For Heidegger, the old German word thanc is memory, and thinking that recalls is thanking."

10 『롤리타』는 부도덕하다는 이유로 출판이 거부되었고 작가는 원고를 불태웠다. 러시아 혁명으로 망명인이 된 그가 간신히 얻은 코넬대학 교수직을 잃을까 걱정했기 때문이다. 그러나 아내가 몰래 숨겨둔 원고 복사본이 훗날 그를 세계적인 작가로 만들었으니 기억과 마찬가지로 진실은 우연contingency의 손길에 이끌린다.

1장

1   자크 데리다는 『고문서 보관소의 열기Archive Fever: A Freudian Impression』
     (Chicago: Chicago University Press, 1995)에서 프로이트의 '기억의 흔적mem-
     ory-traces'(뇌의 기억들이 저장되는 뉴런)을 고문서 보관소에 비유한다. 그는 현
     대 디지털 문명이 지나친 사생활 침해로 이어질 것이라 우려하는 의미로 'fever'
     라는 단어를 사용한다.

2   William James, *The Principles of Psychology* vol. 1 & 2, Digireads.com
     Publishing 2010. Print. 원래 1890년 Dover Publisher에서 출간되었음. 아래에
     서 인용은 쪽수로 표기함.

3   프로이트는 『자서전』에서 마음을 인문학의 영역에서 자연과학의 대상으로 끌어
     내 탐색하겠다고 선언했다. *Autobiography*, Trans. James Strachey, New York:
     Norton, 1935, 117.

4   최근의 뇌과학자 Thomas Metzinger는 의식을 뉴런들의 상호작용으로 설명하면
     서 뇌가 활성화되는 시차로 인해 우리는 직접 실재를 경험한다고 생각하지만 사
     실은 재현이라고 말한다. *The Ego Tunnel*(New York: Basic Books, 2009), 11,
     15.

5   Charles Darwin, "A Biographical Sketch of an Infant." *Metaphysics, Mate-
     rialism, and the Evolution of Mind*, Chicago: University of Chicago Press,
     1980, 210.

6   프로이트는 "A Difficulty in the Path of Psycho-Analysis"(1917)에서 "자아는
     자기 집의 주인이 아니다Ego is not master in its own house"라고 표현한다.
     Standard Edition, Vol. 17, 143.

7   1896년 12월 6일, 프로이트가 플리스에게 보내는 편지 참조: "For conscious-
     ness and memory are mutually exclusive." *The Complete Letters of Sig-
     mund Freud to Wilhelm Fliess 1887-1904*, Trans. & Ed, by J. M. Masson,
     Mass, Cambridge: Harvard University Press, 1985, 208.

8   두 편의 논문을 소개하자면 Lars Nyberg, Roberto Cabeza, and Endel Tulv-
     ing, "PET Studies of encording and retrieval: The HERA Model." *Psycho-*

nomic Bulletin & Review 3.2(1996): 135-148. 다른 한 편의 논문은 Mark A. Wheeler, Donald T. Stuss & Endel Tulving, "Toward a Theory of Episodic Memory: The Frontal Lobes and Autonoetic Consciousness," *Psychological Bulletin* 121.3(1997): 331-354이다.

9   Friedrich Nietzche, "The Birth of Tragedy," 156, *Continental Aesthetics*, Eds. Richard Kearney&David Rasmussen, Mass: Blackwell Pub, 2001, 143-159.

10 동성애 해방에 공헌한 퀴어 이론은 "이상하다"라는 뜻을 가진 단어 queer를 "이상하지 않다"고 느낄 정도로 자주 반복하여 동성애를 정상화하려는 정치적 해방 운동이었는데, 이브 코소프스키 세즈윅Eve Kosofsky Sedgwick은 평생 독신으로 살았던 헨리 제임스가 자신도 모르게 억압한 벽장 속에 갇힌 동성애자였는지도 모른다고 해석했다. 그녀는 *Epistemology of the Closet*(1990)에서 마처가 두려워하는 '그것'을 동성애의 공포로 읽는다. 이와 달리 정신분석 이론가 Leo Bersani는 *Intimacies*(2008)의 'The It in the I' 장에서 둘의 대화를 성관계가 결핍된 가상적 대화, 그리고 '그것'을 정답이 무한히 지연되는 잠재성, 즉 제임스의 예술로 읽는다.

11 뇌과학이나 생물학을 인문학과 연결시키는 최근의 책들은 거의 모두 감정의 중요성을 강조하고 있다. 안토니오 다마지오의 『데카르트의 오류Descartes' Error』, 110, 123; Jaak Panksepp, "The Core Emotional Systems of the Mammalian Brain," *About a Body*(New York: Routledge, 2006), 14-32 참조.

12 Ernest Hemingway, "Man is not for defeat. Man can be destroyed but not defeated"는 『노인과 바다』(1952)에 나오는 말이고 "좋은 술에는 건배하지 말라"는 『태양은 다시 떠오른다』(1926)에 나오는 말이다.

2장

1   Antonio Damasio, *Self Comes to Mind*(New York: Pantheon Books, 2010), 290: "의식의 최종적 중요성은 기억의 방식에 의해 일어난다The ultimate conse-

quences of consciousness come by way of memory."

2   제럴드 에덜먼은 2008년에 출간한 『제2의 자연Second Nature』(New Haven: Yale University Press)에서 뇌와 몸과 생태 환경이 서로 뗄 수 없는 삼박자라는 점을 강조한다(25). 이 말은 제임스의 뇌과학 혹은 심리학에서 후설의 현상학이 발아된 것을 암시하면서 한 걸음 더 나아가 오늘날 인문학이 뇌과학과 환경 문제의 삼박자가 된다는 것을 예견한다. 그가 조금 더 살았더라면 문학과 과학, 그리고 환경을 연결하는 융복합적 연구의 모범을 보여주었을 것이라는 점에서 2014년 그의 죽음이 아쉽기만 하다.

3   Daniel L. Schacter, *Searching for Memory: The Brain, the Mind, and the Past*(New York: Basic Books, 1996).

4   Frederick Crews, *The Memory Wars: Freud's Legacy in Dispute*(New York: New York Review of Books, 1995). 거짓 기억 신드롬에 따른 프로이트 비판과 그를 뇌과학자로 보게 되는 과정을 담은 필자의 글을 소개한다. "Materiality of Remembering: Freud's Wolf Man and Biological Dimension of Memory" (*New Literary History* 41.1(2010): 213-232. 권택영, 『바이오 휴머니티』, 집문당, 2014, 35-66쪽 참조.

5   원문의 대화는 이저벨: "I only want to see for myself." 랠프: "You want to see, but not to feel." Henry James, *The Portrait of a Lady*(Oxford: Oxford University Press, 2009), 159. 이로부터 이 책에서의 인용은 쪽수(PL)로 표기함.

6   Gilles Deleuge & Felix Guattari, *A Thousand Plateaus: Capitalism and Schizophrenia*, Trans. Brian Massumi Mineapolis: U of Minnesota P, 1987, 41-53 참조. 들뢰즈가 말하는 '무엇이 되기becoming'라는 단어는 '동물로 되기'와 '인간이 되기'에서처럼 만물의 순환을 의미한다.

7   데리다의 글은 「프로이트와 글쓰기의 장Freud and the Scene of Writing」으로 *Writing and Defference*(Chicago: University of Chicago Press, 1978), 196-231에 실려 있다. 이 책은 원래 프랑스어로 1967년에 출판되었다.

8   자크 라캉은 세미나 11권에서 응시라는 개념을 상당히 중요하게 다룬다. 제욱시스와 페러시오스의 그림 내기를 비롯하여 책의 곳곳에서 정신분석의 기본 개념으로 응시를 언급한다. *The Four Fundamental Concepts of Psychoanalysis,*

Ed. J. A. Miller, Trans. Alan Sheridan. New York: Norton, 1981, 67-79, 82-89, 112-119.

3장

1   Emile Benveniste, "Animal Communication and Human Language." *Problems in General Linguistics*, 1971, 49.

2   프로이트의 글 「신비한 글쓰기 패드에 관한 소고A Notes upon the "Mystic Writing-Pad"」, *Standard Edition* 19: 231.

3   William James는 이렇게 말한다. "Remoter dates are conceived, not perceived." *The Principles of Psychology*, Vol. 1. 436.

4   Martin Heidegger, "The Question of Concerning Technology." *Basic Writings*, Ed. David Farrell Krell. HarperCollins, 1993, 1977. 311-341.

5   Henry James, "The Beast in the Jungle." *The Short Stories of Henry James*, New York: A Modern Library Giant, 1945. 548-602.

6   헤겔은 죽음과 삶의 변증법을 그의 저서 『정신의 현상학』(1807)에서 밝힌다. *Phenomenology of Spirit*, Trans. A. V. Miller, New York: Oxford University Press, 1977, 111-119. "Independence and Dependence of Self-Consciousness: Lordship and Bondage"

7   라캉과 도가 사상의 관계는 Elisabeth Roudinesco, *Jacques Lacan*, Trans. Barbara Bray, New York: Columbia University Press, 1997. "동양에 대한 열망"에 실려 있다. 351-355.

8   Douwe Draaism, *Why Life Speeds up as you Get Older*(2001). 김승욱 옮김, 서울: 에코리브르, 2005.

9   William James는 *The Principles of Psychology*에서 생각의 다섯 가지 특징을 열거했는데 이것은 모두 시간과 뗄 수 없이 연결되어 있다. 생각은 개인적이고, 끝없이 흐르고, 매 순간 변하고, 대상을 관계 속에서 인지하고, 어떤 것을 주관적으로 배제하고 선택한다는 것이다. 150쪽 참조.

4장

1   프로이트는 1905년에『성 이론에 관한 세 개의 글Three Essays on the Theory of Sexuality』을 발표했는데 이 글은 20세기 후반 페미니스트들에게 큰 영향을 미쳤다. "유아기 성"은 이 글의 두 번째 장이다. *Standard Edition*, 17권 123-230 참조.

2   작가의 주의력 결핍과 관련하여 Mathew Brucolli(1961)는 이 작품의 복잡한 창작과정을 3편의 원고와 18단계의 구성과정으로 발표한 적이 있다. Sergio Perosa(1965)는 *The Art of F. Scott Fitzgerald*(1965)의 102-116쪽에서 이 책의 창작과정을 잘 요약해놓고 있다. 필자는『포스트모더니즘이란 무엇인가』(민음사. 1990)에서「주체의식의 풍화과정」이라는 글로 이 작품을 분석했다.

3   1925년 출판된『위대한 개츠비』는 이듬해에 영화로 만들어졌으나 원작도 영화도 빛을 보지 못하고 곧 잊혔다. 1949년 앨런 라트 주연의 영화가 만들어진다. 작품이 인정받기 시작하면서 우리에게 비교적 잘 알려진 1974년 로버트 레드퍼드와 미아 팰로 주연의 작품이 있다. 2000년에도 만들어졌으나 실패했고 2013년 호화스러움의 극치를 보인 레오나르도 디카프리오 주연의 영화가 있으나 이것 역시 큰 감동을 주지 못했다. 다른 매체로 쉽게 옮겨지지 않는 어떤 것이 있기 때문이다.

4   나보코프는『롤리타』가 성공한 이후 1962년 영국 BBC와 인터뷰를 갖는다. 그는 자신이 싫어하는 것을 열거했는데 그 가운데 프로이트, 마르크스, 가짜 사상가들, 사기꾼들이 포함되었다. *Strong Opinions*(New York: Vintage International, 1990), 18.

5   Vladimir Nabokov, *Speak, Memory: An Autobiography Revisited*(New York: Vintage International, 1989), 73.

6   『롤리타』는 미국 출판사들이 삼류 어린이 성범죄 소설이라 하여 출판을 거부했다. 간신히 얻은 코넬대학 교수직을 잃을까 염려하여 나보코프는 원고를 불태웠는데 마당 한쪽 귀퉁이에 지금도 그 자리를 보전한다고 전해진다. 원고를 아까워한 아내가 복사본을 남겨놓아 프랑스의 삼류 출판사에서 출판했는데 프랑스 비평계의 호의적 평론으로 다시 미국에서 출판하여 베스트셀러가 된다. 초판은 1955년 미국 G. P. Putnam's에서 나왔고 그 후 1966년 Berkley Medallion Edi-

tion에서 출간된다. 현재 인용은 1966년판의 280쪽임.

7 프로이트의 「성욕에 관한 세 개의 에세이Three Essays on the Theory of Sexuality」, *Standard Edition*, Vol. 7, 135-243. 정상적인 성관계는 유아기 애정 성향과 사춘기 관능 성향이 정확히 만나는 데서 이루어진다고 프로이트는 말한다.

8 조나 레러Jonah Lehrer는 『프루스트는 뇌과학자였다』를 2007년 발간했고 대니얼 색터는 『기억을 찾아서』에서 프루스트의 무의식적 기억에 대해 언급하면서 맛과 냄새는 연약하지만 더 오래도록 남는다고 말한다. Jonah Lehrer, *Proust was a Neuroscientst*(New York: Houghton Mifflin, 2007): Daniel Schacter, *Searching for Memory: The Brain, the Mind, and the Pas*(New York: Basic Books, 1996), 27.

9 Annie Proulx, *Brokeback Mountain*, New York: Scribner, 1997 초판, 2005, 52.

10 Gerald M. Edelman, *Second Nature: brain science and human knowledge*, New Haven: Yale University Press, 2006.

11 S. Freud. "Mourning and Melancholia," *Standard Edition*, 14: 237-258.

12 오른쪽 뇌의 중요성에 대해서 최근에 나온 두 권의 책을 참조. Daniel J. Siegel의 *Mindsight: The New Science of Personal Transformation*, New York: Bantam Dell Books, 2010 그리고 Iain McGilchrist. *The Master and his Emissary : The Divided Brain and the Making of the Western World*, New Haven: The Yale University Press, 2010 참조.

5장

1 졸저 Teckyoung Kwon의 책, 『나보코프의 프로이트 흉내내기: 과학으로서의 예술Nabokov's Mimicry of Freud: Art as Science』 참조. 이 책은 2017년 5월 Rowman & Littlefield Lexington Books에서 출간되었다. 프로이트를 뒤엎기 위해 나보코프는 윌리엄 제임스의 심리학을 따르면서 작품마다 유아기 성, 오이디푸스 콤플렉스, 근친상간 터부 등 프로이트를 모방하고 동시에 뒤엎는다. 미(예

술)를 위한 정교한 속임수다.

2 반성완 편역, 「이야기꾼과 소설가」, 『발터 벤야민의 문예이론』, 민음사, 1983, 165-194.

3 Simon Baron-Cohen, 『공감 제로Zero Degrees of Empathy』, 홍승효 옮김, 서울: 사이언스북스, 2011, 223.

4 Frans de Waal, *The Age of Empathy: Nature's Lessons for a Kinder Society*(New York: Three Rivers Press, 2009), 208-209.

5 데브 팻나이크, 『호모 엠파티쿠스: 공감하는 인간』, 주철범 옮김, 서울: 이상 미디어출판사, 2016년, 157-161 참조. 원서는 Dev Patnaik, *Wired to Care*, New York: Person Education Inc., 2009.

6 에릭 캔델은 의식을 정신 집중으로 보고 해마에서 나오는 도파민 호르몬을 원인으로 보는 것에 비해 제럴드 에덜먼은 뇌의 한가운데 시상을 의식에 가장 가까운 기관으로 꼽는다. 위치가 조금 다르지만 둘 다 변연계 안에 있는 뉴런들이다. 권택영, 「인문학적 뇌」, 『바이오 휴머니티』, 아산재단 연구총서 제370집, 서울: 집문당, 2014. 103, 110쪽 참조.

7 Iacoboni, Marco. "Imitation, Empathy, and Mirror Neurons." *Annu. Rev. Psychol.* 60(2009): 653-670쪽 참조.

8 디사나야케는 『미학적 인간』(호모 에스테티커스)이란 책에서 예술이 어디에서 왜 시작되었는지 밝힌다. Allen Dissanayake. *Homo Aestheticus: Where Art Comes from and Why.* Siattle: Univ. of Washington Press, 1995. 153쪽 참조. Marco Iacoboni의 글 "Imitation, Empathy, and Mirror Neurons." *Annu. Rev. Psychol,* 60(2009): 653-670쪽 참조. Jaak Panksepp의 글 "The 'Dynamic Unconscious' May be Experienced: Can we Discuss Unconscious Emotions When There Are no Adequate Measures of Affective Changes?" *Neuropsychoanalysis,* 13.1(2011): 51-59 참조.

9 원래 하인츠 코후트는 1981년에 이 글의 원문을 발표했다. 2010년 정신분석에서 공감의 중요성을 분명히 강조하기 위해 핵심 부분이 다시 저널에 게재됨. Kohut, Heinz. "On Empathy." *International Journal of Psychoanalytic Self Psychology* 5(2010): 122-131. Kohut's final attempt to clarify the role of empa-

thy in psychoanalysis, 129.

10   이 책은 원래 1931년에 출간되었다가 저자의 사후인 1997년 다시 출간됨. Ous-
pensky, P. D. A *New Model of the Universe*. Tr. R. R. Merton, New York:
Dover Publications, 1997,orig. NY: Alfred A. Knopf, 1931, 48.

11   라캉은 세미나 20권의 부제로 앙코르Encore라는 단어를 붙였다. 지식이나 사랑
은 소통의 도구인 언어가 지닌 몸의 요구로 언제나 여분을 남긴다. 욕망에서는 욕
망의 대상(대상 a)이고 언어에서는 "기표의 놀이"다.

12   Simon Baron-Cohen, *Zero Degree of Empathy*, New York: Penguin, 2012.
이 책은 『공감 제로』라는 제목으로 번역되었다. 홍승효 옮김, 서울: 사이언스북스,
2014.

13   숀 겔러거, 『2016 세계 인문학 포럼 자료집』, "Once more without feeling: Arti-
ficial empathy" 500-511. 한국연구재단 지원으로 수원의 아주대학에서 2016년
10월에 열린 포럼이다. 505쪽 인용.

6장

1   Joseph LeDoux, *The Emotional Brain: The Mysterious Underpinnings of
Emotional Life*, New York: A Touchstone Book, 1996, 17: "Emotional re-
sponses are, for the most part, generated unconsciously. Freud was right
on the mark when he described consciousness as the tip of the mental
iceberg."

결론

1   Michaels S. Gazzaniga, 『윤리적인 뇌The Ethical Brain』(2005): "We have
good memories for the gist of an experience and poor memories for de-
tails."(121): "storing the crucial parts of experience may be the reason our

memory evolved to better remember the gist of events rather than the intricate details."(123)

2   Michaels S. Gazzaniga, 『윤리적인 뇌』, "the memories gloriously changes color and meaning as surely as the leaves of an October fall in Vermont. there is no stopping the process."(141)

3   Antonio Damasio, *Self Comes to the Mind*, New York: Panthon books, 2010, 295-296.

참고문헌

Badcock, Christopher. *Psycho Darwinism: The New Synthesis of Darwin and Freud*. New York: HarperCollins Pub., 1994.

Bahn, Geon Ho, Teckyoung Kwon & Minha Hong. "Empathy in Medical Education." *Psychology and Neurobiology of Empathy*. Eds. Watt, Douglas F. & Jaak Panksepp, New York: Nova Biomedical Publisher, 2016, pp. 229–258.

Bergson, Henry. *Matter and Memory*. Trans. Nancy Margaret Paul & W. Scott Palmer. New York: Dover Publisher(1912), 2004.

Benveniste, Emile. "Animal Communication and Human Language." *Problems in General Linguistics*, Trans. Mary Elizabeth Meek. Florida: University of Miami Press, 1971, 49–54.

Bersani, Leo. "The It in the I." *Intimacies*. Eds. Leo Bersani & Adam Phillips. Chicago: University of Chicago Press, 2008.

Blanchot, Maurice. *The Space of Literature*. Trans. Ann Amock. Lincoln: University of Nebraska Press, 1982.

Brothers, Leslie. "A Biological Perspective on Empathy." *The American Journal of Psychiatry*. 146.1 (Jan. 1989): 10-19.

Bruccoli, Matthew. *The Composition of F. Scott Fitzgerald's Tender is the Night*. dissertation. University of Virginia, 1961.

Crews, Frederick. *The Memory Wars: Freud's Legacy in Dispute*. New York: New York Review of Books, 1995.

Damasio, Antonio. *Descartes' Error: Emotion, Reason and Human Brain*. New York: Penguin Books, 1994.

———. *Self Comes to Mind*. New York: Pantheon Books, 2010.

Darwin, Charles. "A Biographical Sketch of an Infant." *Metaphysics, Materialism, and the Evolution of Mind*. Chicago: University of Chicago, 1980.

de Waal, Frans. *The Age of Empathy: Nature's Lessons for a Kinder Society*. New York: Three Rivers Press, 2009.

Deleuge, Gilles & Felix Guattari. *A Thousand Plateaus: Capitalism and Schizophrenia*. Trans. Brian Massumi. Mineapolis: University of Minnesota Press, 1987.

Derrida, Jacques. *Archive Fever: A Freudian Impression*. Chicago: Chicago University Press, 1995.

———. "Freud and the Scene of Writing." *Writing and Difference*. Chicago: The University of Chicago Press, 1978, 196-231.

Dissanayake, Ellen. *Homo Aestheticus: Where Art Comes from and Why*. Seattle: University of Washington Press, 1995.

Edelman, Gerald, M. *Wider than the Sky: the Phenomenal Gift of Consciousness*, New Haven: Yale University Press, 2004.

———. *Second Nature: brain science and human knowledge*. New Haven: Yale University Press, 2006.

Evreinoff, Nicolas. *The Theatre in Life*. Ed. & Trans. Alexander I. Nazaroff. New York: Brentano's, 1927. Reprint: Mansfield Centre, CT Martino Publishing, 2013.

Felski, Rita. "Remember the Reader." *Chronicles of Higher Education* 55.17(2008): B7-B9.

Fitzgerald, F. Scott(1925). *The Great Gatsby*. Oxford World's Classics. Oxford: Oxford University Press, 2008.

———— (1934). *Tender is the Night*. New York: Charles Scribner's Sons, 1962.

Freud, Sigmund. *Autobiography*. Trans. James Strachey. New York: Norton, 1935.

————. "Project for a Scientific Psychology." *The Standard Edition of the Complete Psychological Works of Sigmund Freud*, Ed. & Trans. James Strachey. New York: Norton, Vol. 1, 281–397.

————. "Screen Memories." *Standard Edition*, 3: 301–22.

————. "The Interpretation of Dreams." *Standard Edition*, 4 & 5: 1-621.

————. "Three Essays on the Theory of Sexuality." *Standard Edition*, 7: 123–243.

————. "Remembering, Repeating, and Working-Through." *Standard Edition*. 12:145–156.

————. "Mourning and Melancholia." *Standard Edition*, 14: 237-258.

————. "From the History of an Infantile Neurosis." *Standard Edition*, 17: 3–123.

————. "A Difficulty in the Path of Psycho-Analysis." *Standard Edition*, 17: 137-44.

————. "A Child is being beaten." *Standard Edition*, 17: 175-203.

————. "Beyond the Pleasure Principle." *Standard Edition*, 18: 1-63.

————. "Group Psychology and the Analysis of the Ego." *Standard Edition*, 18: 65-143.

————. "The Ego and the Id." *Standard Edition*, 19: 1-59.

————. A Notes upon the "Mystic Writing-Pad." *Standard Edition*, 19: 225-232.

————. "Civilization and It's Discontents." *Standard Edition*, 21: 57-145.

————. *The Complete Letters of Sigmund Freud to Wilhelm Fliess 1887-1904*.

Trans. & Ed. J. M. Masson. Mass, Cambridge: Harvard University Press, 1985.

Gallese, Vittorio. "The Root of Empathy." *Psychopathology* 36(2003): 171-180.

Gazzaniga, Michaels S. *The Ethical Brain.* New York: Dana Press, 2005.

Goldie, Peter. "Anti-Empathy." *In Empathy: Philosophical and Psychological Perspectives.* Eds. Amy Coplan & Peter Goldie. Oxford: Oxford University Press, 2011, 2014, 302-317.

Goldman, Alvin I. "Two Routes to Empathy: Insights from Cognitive Neuroscience." *Empathy: Philosophical and Psychological Perspectives.* Eds. Amy Coplan & Peter Goldie. Oxford: Oxford University Press, 2011, 2014, 31-44.

Hegel, G. W. F. *Phenomenology of Spirit.* Trans. A. V. Miller. New York: Oxford University Press, 1977.

―――. "Lectures on Aesthetics." *Continental Aesthetics.* Eds. Richard Kearney & David Rasmussen. Mass: Blackwell Pub., 2001, 99-126.

Heidegger, Martin. "The Question of Concerning Technology." *Basic Writings.* Ed. David Farrell Krell. HarperCollins, 1977, 1993, 311-341.

―――. *Parmenides.* Trans. Andre Schuwer & Richard Rojcewicz. Bloomington: Indiana University Press, 1992.

―――. *What is Called Thinking?* Trans. J. Glenn Gray. New York: Prennial, HarperCollins, 1976, 2004.

Hemingway, Ernest. "A Day's Wait." in *Winner Takes Nothing,* Charles Scribner's Sons, 1933.

―――(1926). *The Sun also Rises,* New York: Charles Scribner's Sons, 1969.

―――. *The Old Man and the Sea,* New York: Charles Scribner's Sons, 1952.

Iacoboni, Marco. "Imitation, Empathy, and Mirror Neurons." *Annu. Rev. Psychol.* 60(2009): 653-70.

James, Henry. "The Beast in the Jungle." *The Short Stories of Henry James.* New York: A Modern Library Giant, 1945. 548-602.

────── (1898). *The Turn of the Screw*. New York: Dover Publications, Inc. 1991,

────── . *The Portrait of a Lady*. Oxford: Oxford University Press, 2009.

James, William. *The Principles of Psychology* Vol. 1 & 2. Digireads. com Publishing 2010. 원래 1890년 Dover Publisher에서 출간되었음.

Jonasson, Jonas. *The 100-Year-Old Man who Climbed out the Window and Disappeared*. Trans. Rod Bradbury, New York: Hachette Books(2009), 2012.

Joyce, James(1914). *Dubliners*. New York: Penguin, 1975.

Jung, Hwa-Yol. "Heidegger's Way with Sinitic Thinking." *Heidegger and Asian Thought*. Honolulu: Hawaii University Press, 1987, 217-244.

Kandel, Eric R. *In Search of Memory: The Emergence of a New Science of Mind*. New York: Norton, 2006.

────── . *The Age of Insight*. New York: Random House, 2012.

Kant, Immanuel. "The Critique of Judgement." *Continental Aesthetics*, 5-27.

Katz, Robert L. *Empathy: Its Nature and Uses*. London: The Free Publisher of Glencoe, 1963.

Kohut, Heinz. "On Empathy." *International Journal of Psychoanalytic Self Psychology* 5(2010): 122-131.

Kwon, Teckyoung. "Materiality of Remembering: Freud's Wolf Man and Biological Dimension of Memory." *New Literary History* 41.1(2010): 213-232.

────── . "Nabokov's Memory War against Freud." *American Imago*. 68.1(2011 Spring): 67-91.

────── . "Love as an Act of Dissimulation in "The Beast in the Jungle"." *The Henry James Review*. 36.2(2015): 148-162.

────── . *Nabokov's Mimicry of Freud: Art as Science*. Larham, Maryland: Lexington Books, Rowman & Littlefield, 2017.

Lacan, Jacques. *Ecrits: The First Complete Edition in English*. Ed. J-A. Miller Trans. Bruce Fink. New York: Norton, 2006.

────── . *The Four Fundamental Concepts of Psychoanalysis*. Ed. J-A Miller,

Trans. Alan Sheridan. New York: Norton, 1981.

Lars Nyberg, Roberto Cabeza, and Endel Tulving. "PET Studies of encording and retrieval: The HERA Model." *Psychonomic Bulletin & Review* 3.2 (1996): 135-148.

LeDoux, Joseph. *The Emotional Brain: The Mysterious Underpinnings of Emotional Life*. New York: A Touchstone Book, 1996.

Lehrer, Jonah. *Proust was a Neuroscientst*. New York: Houghton Mifflin, 2007.

Leslie, Alan M. "Pretense and Representation: The Origins of Theory of Mind." *Psychological Review* 94.4(1987): 412-426.

Lodge, David. *Consciousness and the Novel*. Cambridge: Harvard University Press, 2002.

Lorblanchet, Michel. "The Origin of Art." *Diogenes* 54.2(2007): 98-109.

McGilchrist, Iain. *The Master and his Emissary: The Divided Brain and the Making of the Western World*. New Haven: The Yale University Press, 2010.

Metzinger, Thomas. *The Ego Tunnel*. New York: Basic Books, 2009.

Nabokov, Vladimir. *Lolita*(1955). Berkeley Medallion Edition, 1966.

——. *Speak, Memory: An Autobiography Revisited*. New York: Vintage International, 1989.

——. *Strong Opinions*. New York: Vintage International, 1990.

Nietzsche, Friedrich. "The Birth of Tragedy." *Continental Aesthetics*. Eds. Richard Kearney & David Rasmussen. Mass: Blackwell Pub, 2001, 143-159.

Nussbaum, Martha C. *Upheavals of Thought: The Intelligence of Emotions*. Cambridge: Cambridge University Press, 2001.

Nyberg, Lars, Roberto Cabeza, and Endel Tulving. "PET Studies of encording and retrieval: The HERA Model." *Psychonomic Bulletin & Review* 3.2(1996): 135-148.

Onega, Susana. "Affective Knowledge, Self-awareness and the Function of Myth in the Representation and Transmission of Trauma." *JLT* 6.1(2010):

83-111.

Ouspensky, P. D. *A New Model of the Universe.* Trans. R. R. Merton, New York:
   Dover Publications, 1997,orig. (NY: Alfred A. Knopf, 1931).

Panksepp, Jaak. "The Core Emotional Systems of the Mammalian Brain."
   About a Body. New York: Routledge, 2006.

────. "The 'Dynamic Unconscious' May be Experienced: Can we Discuss
   Unconscious Emotions When There Are no Adequate Measures of Affec-
   tive Changes?" *Neuropsychoanalysis* 13.1(2011): 51-59.

Panksepp, Jaak & Lucy Biven. *The Archaelogy of Mind: Neuroevolutionary
   Origins of Human Emotions.* New York: Norton, 2012.

Parkes, Graham. "Thought on the Way." *Heidegger and Asian Thought.* Ed.
   Graham Parkes. Honolulu: Hawaii University Press, 1987, 105-54.

Perosa, Sergio. *The Art of F. Scott Fitzgerald.* Ann Arbor: University of Michi-
   gan Press, 1965.

Proulx, Annie(1997). *Brokeback Mountain.* New York: Scrivener, 2005.

Rizzolatti, Giacomo & Craighero, Laila. "The Mirror-Neuron System." *Annu.
   Rev.Neuroscience 27*(2004):169-192.

Roudinesco, Elisabeth. *Jacques Lacan.* Trans. Barbara Bray. New York: Colum-
   bia University Press, 1997.

Schacter, Daniel L. *Searching for Memory: The Brain, the Mind, and the Past.*
   New York: Basic Books, 1996.

Scheurich, Neil. "Evolution, Human Enhancement, and the Narrative Self." *Lit-
   erature and Medicine* 27.1(2008): 1-18.

Sedgewick, Eve Kosofsky. *Epistemology of the Closet.* Berkeley: University of
   California, 1990.

Siegel, Daniel J. *Mindsight: The New Science of Personal Transformation.*
   New York: Bantam Dell Books, 2010.

Sophocles 1. Ed. and Trans. Hugh LLoyd-Jones. Cambridge: Harvard Univer-
   sity Press, 1994, 1997.

Tichener, Edward B. *Lectures on the Experimental Psychology of Thought-process*. New York: The Macmillan Company, 1909.

von Uexküll, Jacob(1934). "A Stroll Through the World of Animals and Men." *Instinctive Behavior*, Ed. and Trans. Claire H. Schiller, New York, International Universities Press. Inc, 1957, 5-80.

Wheeler, Mark A., Donald T. Stuss & Endel Tulving. "Toward a Theory of Episodic Memory: The Frontal Lobes and Autonoetic Consciousness". *Psychological Bulletin* 121.3(1997): 331-354.

가라타니 고진, 『일본문학의 기원』, 박유하 옮김, 서울: 민음사, 1997.

권택영, 『포스트모더니즘이란 무엇인가』, 서울: 민음사. 1990.

──── . 「인문학적 뇌: 기억과 인지에 관한 최근 담론」. 『정신분석』 24.1(2013):29-38.

다우베 드라이스마, 『나이 들수록 왜 시간은 빨리 흐르는가』, 김승욱 옮김, 서울: 에코리브르, 2005. Draaisma Douwe. *Why Life Speeds up as you Get Older*. Cambridge: Cambridge University Press, 2001.

데브 팻나이크, 『호모 엠파티쿠스: 공감하는 인간』, 주철범 옮김, 서울: 이상미디어출판사, 2016, Dev Patnaik. *Wired to Care*. New York: Person Education Inc., 2009.

리처드 도킨스, 『이기적 유전자』, 홍영남·이상임 옮김, 을유문화사, 2010. Richard Dawkins, *The Selfish Gene*, Oxford: Oxford University Press, 1976.

반성완 편역, 「이야기꾼과 소설가」, 『발터 벤야민의 문예이론』, 민음사, 1983, 165-194.

사이먼 배런코언, 『공감 제로』, 홍승효 옮김, 서울: 사이언스북스, 2011. Simon Baron-Cohen, *Zero Degrees of Empathy*, Penguin Books, 2011.

숀 겔러거Shaun Gallagher, 『2016 세계 인문학 포럼 자료집』, "Once more without feeling: Artificial empathy." 500-511, 한국연구재단 지원, 아주대학교, 2016년 10월.

제프리 잭스, 『영화는 우리를 어떻게 속이나?』, 양병찬 옮김, 서울: 생각의힘, 2015. Jeffrey Zacks, *Flicker*. Oxford: Oxford University Press, 2015.

인용된 영화

「겨울왕국Frozen」: 2013년, 크리스벅, 제니퍼 리 감독, 2014년 아카데미 장편 애니메이션 수상

「나는 부정한다Denial」: 2017년, 믹 잭슨 감독, 레이철 바이스 주연, 영국아카데미 작품상 후보.

「노인을 위한 나라는 없다No Country for Old Men」: 2008년, 에단 코엘, 조엘 코엘 감독, 하비에르 바르템 주연, 2009년 아카데미 작품상, 남우조연상, 감독상.

「다이 하드Die Hard」: 1988년, 존 맥티어난 감독, 브루스 윌리스 주연.

「로마의 휴일Roman Holiday」: 1953년, 윌리엄 와일러 감독, 그레고리 펙, 오드리 헵번 주연. 26회 아카데미 여우주연상, 각본상.

「레인 맨Rain Man」: 1988년, 배리 레빈슨 감독, 더스틴 호프먼, 톰 크루즈 주연, 1989년 아카데미작품상, 남우주연상, 감독상.

「리빙Leaving」: 2012년, 캘럼 터너, 헬렌 맥크로리 주연.

「리트릿Retreat」: 2011년, 칼 티베츠 감독, 시릴언 버피, 탄디 뉴턴, 제미 벨 주연.

「미션The Mission」: 1986년, 롤랑 조페 감독, 제러미 아이언스, 로버트 드니로 주연. 1986년 황금 종려상, 아카데미 최고 영화 예술상 수상.

「백 투 더 퓨처Back to the Future」: 1987년, 로버트 저메키스 감독, 마이클 폭스 주연.

「브로크백 마운틴Brockback Mountain」: 2006년, 이안 감독, 히스 레저, 제이크 질런홀 주연, 아카데미 감독상 수상.

「세븐Seven」: 1995년, 데이비드 핀처 감독, 브래드 피트, 모건 프리먼, 케빈 스페이시 주연.

「스파클Sparkle」: 2007년 영국 영화, 닐 헌터 감독, 밥 호스킨스, 숀 에번스 주연.

「이터널 선샤인Eternal Sunshine of the Spotless Mind」: 2004년, 미국, 미셸 공드리 감독, 짐 케리, 케이트 윈슬렛 주연.

「인사이드 아웃Inside Out」: 2015년, 미국, 피트 닥터 감독, 2016년 아카데미 장편 애니메이션 작품상 수상.

「컴플리트 언노운Complete Unknown」: 2016년, 그리스, 조슈아 마르스턴 감독, 레이철 바이스, 마이클 섀넌 주연.

「크리스마스, 어게인Christmas, again」: 2014년, 스위스, 찰스 포에켈 감독, 켄터키 오들리, 해나 그로스 주연.

「책상 서랍 속의 동화Not One Less」: 1999년, 장이머우 감독, 웨이민즈, 장후이커 주연 베니스 황금사자상 수상.

인용된 문학작품

김소월(1902-1934), 「예전엔 미처 몰랐어요」

김동리(1913-1995), 「찔레꽃」

레이먼드 카버Raymond Carver(1938-1988), 「대성당Cathedral」

로버트 프로스트Robert Frost(1874-1963), 「가지 않은 길The Road not Taken」

마크 트웨인Mark Twain(1835-1910), 『허클베리 핀의 모험The Adventure of Huckleberry Finn』

무라카미 하루키(1949-), 『상실의 시대』, 1987

박인환(1926-1956), 「세월이 가면」, 1956

블라디미르 나보코프Vladimir Nabokov(1899-1977), 『롤리타Lolita』

어니스트 헤밍웨이Ernest Hemingway(1899-1961), 『태양은 다시 떠오른다The Sun also Rises』 1926.

────. 『노인과 바다The Old Man and the Sea』, 1952

────. 『하루의 기다림A Day's Wait』, 1933

에밀리 디킨슨Emily Dickinson(1830-1886), 「하늘보다 더 넓은Wider than the Sky」

애니 프루Annie Proulx(1935-), 『브로크백 마운틴Brokeback Mountain』

윌리엄 워즈워스William Wordsworth(1770-1850), 「무지개Rainbow」

앨리스 먼로Alice Munro(1931-), 「소년과 소녀들Boys and Girls」

윌리엄 칼로스 윌리엄스William Carlos. Williams(1883-1963), 「빨간 외바퀴 손수레The Red Wheelbarrow」

제임스 조이스James Joyce(1882-1941), 『더블린 사람들Dubliners』, 1914.

윌리엄 셰익스피어William Shakespeare(1564-1616), 『햄릿 Hamlet』, 『맥베스Mac-
    beth』, 『오델로Othello』, 『리어왕King Lear』

스콧 피츠제럴드F. Scott Fitzgerald(1896-1940), 『위대한 개츠비The Great Getsby』

────. 『밤은 부드러워라 Tender is the Night』

토니 모리슨Toni Morrison(1931-), 『빌러비드Beloved』

허먼 멜빌Herman Meville(1819-1891), 「필경사, 바틀비The Bartleby Scrivener」,
    『모비 딕Moby-Dick』

헨리 데이비드 소로Henry D. Thoreau(1817-1862), 『월든Walden』

헨리 제임스Henry James(1843-1916), 『나사의 회전The Turn of the Screw』

────. 『여인의 초상The Portrait of a Lady』

────. 『정글 속의 짐승The Beast in the Jungle』

| ㄱ |

생각의 속임수
© 권택영

1판 1쇄	2018년 7월 20일
1판 2쇄	2018년 10월 1일

지은이	권택영
펴낸이	강성민
편집장	이은혜
편집보조	강민형
마케팅	정민호 이숙재 정현민 김도윤 안남영
홍보	김희숙 김상만 이천희
독자모니터링	황치영

펴낸곳	(주)글항아리	출판등록 2009년 1월 19일 제406-2009-000002호
주소	10881 경기도 파주시 회동길 210
전자우편	bookpot@hanmail.net
전화번호	031-955-8891(마케팅) 031-955-1936(편집부)
팩스	031-955-2557
ISBN	978-89-6735-529-6 03100

글항아리는 (주)문학동네의 계열사입니다.

이 도서의 국립중앙도서관 출판예정도서목록(CIP)은 서지정보유통지원시스템 홈페이지
(http://seoji.nl.go.kr)와 국가자료공동목록시스템(http://www.nl.go.kr/kolisnet)에서
이용하실 수 있습니다. (CIP제어번호 : 2018019588)

*이 도서는 한국출판문화산업진흥원 2018년 우수출판콘텐츠 제작 지원 사업 선정작입니다.